横浜国際関係史研究会
横浜開港資料館――編

昭和の日本とアメリカ

GHQ情報課長 ドン・ブラウンとその時代

日本経済評論社

ホノルル戦時情報局が作成した対日宣伝ビラ（第３章参照）
上　　ビラ2030「大東亜共栄圏は諸君の指導者の空想に過ぎない」
下右　ビラ2014「戦争に伴ふものは病である」
下左　ビラ2010〔此のリーフレットは爆弾であり得たのだ〕
シアトル市ブレークモア財団所蔵

ホノルル戦時情報局が作成した対日宣伝ビラ（第３章参照）

上右　ビラ2065〔此の戦争には勇気だけでは勝てない〕

上左　ビラ408〔明治維新に国民は皆陛下に忠誠を誓った〕

下　　ビラ2073「日本が老人と女子供ばかりの国となってもよいか」

シアトル市ブレークモア財団所蔵

ブラウンとニュージェントGHQ民間情報教育局（CIE）局長たち

1951年８月18日撮影。右から２人目がブラウン、その左がニュージェント、後列右側が、インボデン新聞出版係長。

横浜開港資料館所蔵「ドン・ブラウン・コレクション」

外国語図書の翻訳権競争入札風景

日本の出版関係者が図書を検討している。CIE 情報課が担当したこの入札制度は、1948年５月から51年５月までの３年間に計14回実施され、約1000冊が入札にかけられた。

横浜開港資料館所蔵「ドン・ブラウン・コレクション」

CIE 図書館の外観と閲覧室（旧日東紅茶ビル）

CIE 図書館は全国の大都市23カ所に設置された。外国語の図書、新聞、雑誌を渇望する多くの日本人が利用した。1946年、最初に設けられた東京放送会館から千代田区有楽町の日東紅茶ビルに移転した。

横浜開港資料館所蔵「ドン・ブラウン・コレクション」

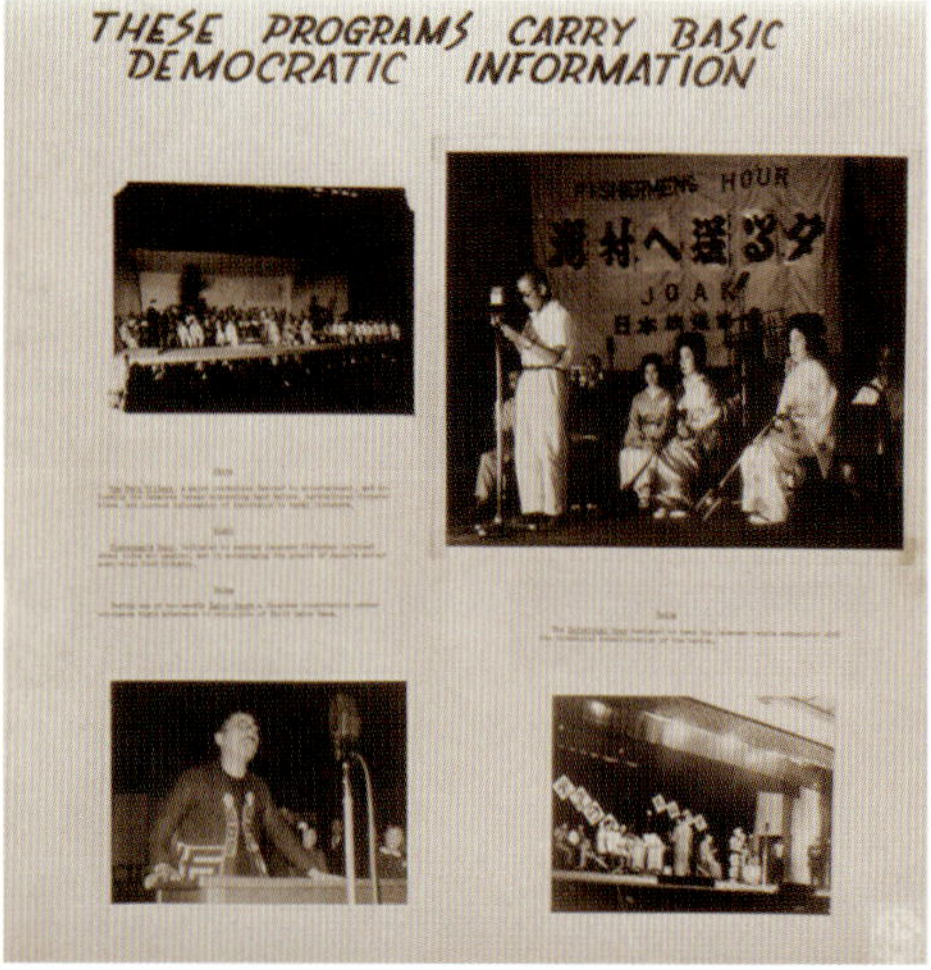

「CIE 情報課の活動」（*CIE, Information Division, activities*）

1948年作成。この報告書は、同タイトルの展示のパネルから作成したものと思われる。各部署の活動を写真で記録していて貴重である。掲載したのは放送係の活動を伝える頁。

横浜開港資料館所蔵「ドン・ブラウン・コレクション」

目次

主要略語表

CCD	Civil Censorship Detachment	GHQ・民間検閲支隊
CIC	Counter Intelligence Corps	GHQ・対敵諜報部隊
CID	Civil Intelligence Division	GHQ・民間諜報課
CIE (CI&E)	Civil Information and Education Section	GHQ・民間情報教育局
CINCPAC -CINCPOA	Commander-in-Chief, Pacific Command and Commander-in-Chief, Pacific Ocean Areas	米海軍・太平洋艦隊及太平洋方面司令部
CIS	Civil Intelligence Section	GHQ・民間諜報局
CMPE	Central Motion Picture Exchange	セントラル映画社
CPC	Office of Civil Property Custodian	GHQ・民間財産管理局
DS	Diplomatic Section	GHQ・外交局
ESS	Economic and Scientific Section	GHQ・経済科学局
FBIS	Foreign Broadcast Intelligence Service	米政府・外国放送諜報サービス
FCC	Federal Communication Commission	米政府・連邦通信委員会
FEA	Foreign Economic Administration	米政府・外国経済局
G2	General Staff-2	GHQ・参謀第２部
GHQ (／SCAP)	General Headquarters, Supreme Commander for the Allied Powers	連合国最高司令官総司令部
GS	Government Section	GHQ・民政局
ICPOA	Intelligence Center, Pacific Ocean Areas	米海軍・太平洋方面情報局
IDS	Information Dissemination Section	米陸軍・情報頒布局
IIIS	Interim International Information Service	米国務省・臨時国際情報局
IPR	Institute of Pacific Relations	太平洋問題調査会
IPS	International Prosecution Section	GHQ・国際検察局
JICPOA	Joint Intelligence Center, Pacific Ocean Areas	米海軍・太平洋方面統合情報局
LS	Legal Section	GHQ・法務局
OIC	Office of International Information and Cultural Affairs	米国務省・国際情報文化局
OSS	Office of Strategic Services	米政府・戦略情報局
OWI	Office of War Information	米政府・戦時情報局

第1章　欧米人ジャーナリストの日本政治論
――全体的君主制・「神の国」・政治的有機体

今井　清一

はじめに

横浜開港資料館は、ドン・ブラウン（Don Brown, 1905-80）が収集した多数の日本関係文献を譲り受け、「ドン・ブラウン文庫」として所蔵し公開している。

ブラウンは一九〇五年にオハイオ州に生まれ、ピッツバーグ大学で英文学を学んだ。一九三〇（昭和五）年に来日し、アメリカ系英字紙『ジャパン・アドバタイザー』紙で国際ジャーナリストとして活動したが、やがて戦時体制下の報道統制が強化されるなか、四〇年一〇月に同社が『ジャパン・タイムズ』紙に吸収合併されると、ブラウンも退社し、帰国した。帰国後の四二年九月に政府情報機関の戦時情報局（ＯＷＩ）ニューヨーク支部に入り、おもに日本軍に投降を呼びかける宣伝ビラの作成にたずさわった。四五年一二月、ＧＨＱの一員として再来日し、民間情報教育局（ＣＩＥ）情報課に入り、翌四六年に情報課長となり、五二年の占領終了まで課長職にあって、さまざまなメディアの「民主化」政策に関わった。占領終了後はアメリカ極東軍（ＦＥＣ）渉外局に移り、一九八〇（昭和五五）年に名古屋で死去した。また戦後直ぐから、明治期に外国人によって設立された民間の日本研究組織である日本アジア協会の運営にもたずさわった。

「ドン・ブラウン文庫」の多くは、欧米人の編著になる日本および日本人に関連した文献である。横浜開港資料館は同文庫とブラウンののこした文書の一部を使って、「ある知日家アメリカ人と昭和の日本——ドン・ブラウン文庫一万点の世界」（二〇〇三年）と「ドン・ブラウンと戦後の日本——知日派ジャーナリストのコレクションから」（二〇〇五年）の二回の企画展示を行なったが、当横浜国際関係史研究会はこれに協力するとともに、横浜開港資料館との共同編著で『図説　ドン・ブラウンと昭和の日本』（有隣堂、二〇〇五年）を刊行した。私はそのコラム「外国人記者の日本政治論——W・フライシャー、バイアス、ゾルゲ」を担当し、一九三〇年代から太平洋戦争勃発前夜にかけて日本で活動したこれら三人の欧米人記者の著作をとりあげ、それらに共通する日本独特の天皇制の見方と、ファッショ化過程の分析にふれた。

これと前後して、慶應義塾大学名誉教授の内山秀夫氏は、これらの著書を次々に翻訳された。『ニューヨーク・タイムズ』兼『ロンドン・タイムズ』の記者として二三年間在日し開戦前夜に帰国したヒュー・バイアス（Hugh Byas）が、開戦直後に刊行した *The Japanese Enemy*, A. A. Knopf（一九四二年）と *Government by Assassination*, A. A. Knopf（一九四二年）は、内山秀夫・増田修代共訳で『敵国日本』（刀水書房、二〇〇一年）と『昭和帝国の暗殺政治』（刀水書房、二〇〇四年——以下『暗殺政治』で引用）として刊行されていた。内山氏は続いて『ジャパン・アドバタイザー』主筆で『ニューヨーク・ヘラルド・トリビューン』特派員を兼ねたウィルフレッド・フライシャー（Wilfrid Fleisher）が一九四〇（昭和一五）年末に帰国して開戦前夜に刊行した『火山島』（*Volcanic Isle*, Double Day, Doran and Co. 一九四一年）を、『太平洋戦争にいたる道』（刀水書房、二〇〇六年——以下原著名『火山島』で引用）の訳書名で、東アジア政治経済史の研究者で戦後にGHQ経済分析官となるトーマス・ビッソン（Thomas A. Bisson）の『日本における民主主義の展望』（*Prospects for Democracy in Japan*, Macmillan 一九四九年）を『敗戦と民主化』（慶應義塾大学出版会、二〇〇七年）の訳書名で刊行した。

これらの訳書には、原著に加えて、原著者が同じ頃に発表した論文が補論として訳出された。バイアスの『敵国日本』には、彼が『イェール・レビュー』（*The Yale Review*）一九四三年三月号に執筆した「日本問題」が、ビッソンの訳書には彼が米国外交政策協会の機関誌『外交政策報告』（*Foreign Policy Reports*）に一九三〇年、三二年、三五年に掲載した日本政治論が付け加えられた。有益な補論である。

翻訳のおかげでこれらの全体に目を通して比較検討するのも容易で助かった。厚く感謝する。これらの本からの引用は、主な引用または要約のあとに訳書の頁数を入れた。ただ引用文中の訳語は、好みもあるので、私なりに訳したところもある。ところで内山氏は二〇〇八年四月に亡くなられ、ご意見を乞うことができなくなった。残念である。はるかに謝意を呈したい。

ビッソンは、米国外交政策協会の東アジア問題の専門家で、中国で国共提携の動きが強まる中で一九三六年夏に開かれた太平洋問題調査会（ＩＰＲ）のヨセミテ会議では、総会で中国問題について演説した。翌年、北東アジアへの研究旅行中に日中戦争が起こると、彼は日本の中国侵略と日中関係の将来を見通す『中国のなかの日本』（*Japan in China*, Macmillan Co. 一九三八年五月）を出版した。その後ＩＰＲでも活発に活動し、機関誌『太平洋問題』（*Pacific Affairs*）の副編集者に加わった。横浜開港資料館の「ドン・ブラウン文庫」にある同誌一九四四年冬季号には「政治的有機体としての日本」（'Japan as a Political Organism'）がある[1]。

本章では、これらと次に述べるリヒャルト・ゾルゲ（Richart Sorge）の諸論文とを主な材料として、戦時下の日本で活動した欧米人ジャーナリストの日本政治の分析を考察する。

第1節　全体的君主制と受任制度

本節の表題は、ゾルゲがドイツの『政治学雑誌』（*Zeitschrift für Politik*, Berlin）一九三九年八～九号に載せた「日本の政治指導」からとった。リヒャルト・ゾルゲはもっぱらゾルゲ事件で知られているが、一時はフランクフルト大学の社会研究所に所属し、社会科学者として活動する道も開けていた。だがその後モスクワのコミンテルンに移り、ゾンテルの名で『新ドイツ帝国主義』（*Der neue deutsche Imperialismus*, Verlag Carl Hoym Nachfolger, Hamburg, 一九二八年）を出版したあと、激動する東アジアを諜報活動の舞台に選んだ。一九三三（昭和八）年に『フランクフルター・ツァイトゥング』特派員として来日し、『地政学雑誌』（*Zeitschrift für Geopolitik*）に「日本の軍部」（一九三五年八月号）、「日中戦争中の日本経済」（一九三九年二・三月号）等のすぐれた論文を発表した。これらについては、『現代史資料24 ゾルゲ事件4』（みすず書房、一九七一年）に石堂清倫の訳と解説がある。なおリヒャルト・ゾルゲ著、勝部元・北村喜義・石堂清倫訳『二つの危機と政治』（御茶の水書房、一九九四年）も参照した。

「日本の政治指導」は以下のようにいう。

日本には国会とそこに代表を送る選挙制度はあるが、その審議、同意または拒否の権能は極めて限られており、独立した立法力を持たない。政府も議会に責任を負わず、天皇だけに責任を負い、対外政策と国防や国家官吏の任命という重要な領域が国会の決定権を離れたところにあり、中には内閣と大臣の任務に入っていない国務さえある。それらの任務は天皇の特権に属し、実際には国会や大臣によってではなく、特別の人物の一団によって決定される。

このように西欧民主主義的な意味での発展を許していない日本憲法の規定は、日本の統治制度を立憲君主制よりも絶対君主制に似たものにしている。憲法は天皇が自発的な恩恵として天皇の大権の一部の行使を制限したものに過ぎず、人民に一定の政治的機能を行使する権利の主張を与えたものではない。さらに天皇は神道宗教の最高の祭司であると同時に、最高神の直系の子孫として、人民の祖先崇拝に基づく礼拝の対象となっている。この考え方は日本では一般的である。日本の君主制は「全体的君主制」と呼ぶのがふさわしい。

他方で天皇が政治的指導と軍事的指導との頂点に立つばかりでなく、国家の全体を代表する神でもあることは、天皇が日常の政治生活に介入してその責任を負うことを禁じている。天皇が神としての権威を保ちつづけるためには、すべての日常的なものの上に超然としていなければならない。そこで天皇の名において行動し、国民の政治生活の必要な諸任務を実際に処理する「受任者」の制度が必要となる。まれな例外の場合にだけ、天皇は「御前会議」を開いてみずから政治決定に関与する。(2) それ以外は重要事件でも、すべて「受任者」が天皇の名において行動する。こうした仕組みから、日本政治では、受任者のポストをどの勢力が握るか、その権限をどのように行使するかが政治抗争の課題となる。

だが、このような分裂は、社会的に見れば、受任者が主に明治国家の樹立に貢献した貴族と官吏と軍の狭いサークルに属していることで緩和される。その後、大ブルジョア層と現代日本の精神生活の指導者が台頭したが、それらは受任機関の外輪部にようやく入り込めるだけである。これら受任者のすべては、人民のはるか上方に超然としている。第一次世界大戦後に支配的な金融勢力が国政のなかで優位を占めようとして国会内の政党の援助で行なった闘争は最も劇的に進行したが、軍は満州事変と大ブルジョアジーの主要代表者に対する暗殺計画によってこの新興層を決定的に打ち負かした。最後の元老である西園寺公が老齢で行動力がなくなった今では、受任者たちの間の重みは強く軍に傾いている。だが軍が受任者の間で公然たる優位を要求するかどうかは極めて疑わしい。端的にいうと、軍が首相の選任などの受任制度を変革して権力を独占するか、そこまではしないかという問題である。前者の場合は、日本の統治制度の「無比の特質」を失わせることになろう。

日本の「全体的君主制」の「受任制度」は、受任機関相互の力関係によって、政治活動の上では、ある程度民主主義的または全体主義的な特徴を帯びることがあるとしても、それは実際のところ独特な日本的作品である（六四二〜六四四頁）。

以上がゾルゲの見解だった。

こうした基本的な見方は、ゾルゲばかりでなく、バイアス、フライシャー、それにビッソンについてもほぼ共通してとられており、第二次世界大戦の敗戦後にいちはやく天皇制の特質を論じた丸山眞男の「超国家主義の論理と心理」（『世界』一九四六年五月号）と「軍国支配者の精神形態」（『潮流』一九四九年五月号）にもこれと通じるところがある。だがそれらの間には評価や見通しの相違や対立もある。

第2節　神輿政府とその担い手

バイアスの『敵国日本』は、日米開戦後の第一回交換船によって日本に持ち込まれたが、戦局が悪化する中でひそかに抄訳され、謄写本が数部作られて近衛グループなど東條英機内閣に反対する少数者の間で回覧された。やがてこれを憲兵が探知して弾圧に乗り出し、関係者を拘引し、原書も謄写本も押収されたが、謄写本が一部だけ残った。これが敗戦の年の暮に出た『世界』一九四六年一月創刊号と二月号に「敵国日本」の題で掲載された。この数奇な道を辿った翻訳は、極秘に閉ざされた戦時日本の政治の実態を、敗戦直後の日本人にかいま見させ、強い衝撃を与えた。

『敵国日本』の冒頭には日米開戦の日から三日間の日記が引用され、それは「日本海軍は対米戦争に勝算ありと信じている」で始まる。バイアスは海軍軍人との長い交友から、日本は「自分の利益のみを考慮する、用心深い日和見主義者」で、自国が勝つと確信できたから、状況を見守る「日和見的機会主義」から海軍が動いたのだ、私（バイアス）は状況を見守る可能性の方がわずかに多いと想定していた。だがこの戦争は、太平洋を挟んだ広大な地域にまたがり、シベリアまでも視野に入れた未曾有の規模の航空戦争である。日本人が出会うのはアメリカの巨大な発明力、技術力、設計能力、工業力だ。戦争の速度のすさまじさに日本は耐えられなくなるだろう、と記す。

バイアスは、つづく「日本を動かす人たち」（Who runs Japan）の章を、日本の議会政治の発達について書かれたものは、軍事政権の成立によって、自分のものも含め大部分が反古になってしまったと反省し、これをどう位置づけたらよいのかと、自問することから始め、以下のように述べる。

日本人は、天皇は神である、天皇は日本国民が帰一する唯一の中心点で、すべての力は天皇に発する、という。たしかに天皇は権力の流れ出る源泉であるが、自分では権力を行使しない。天皇は他人の作った法令に署名するだけの、独裁のできない独裁者である。天皇は自分の治世の出来事に対して天皇の先祖たち「皇祖皇宗」に対して重い責任を負っている。だが、大臣たちの行動に対しては何の責任も負わない。天皇はその責任のある地位についている人たちから補佐され進言をうける。しかし天皇は、このように重大な責任を負う臣下を自分で選択することはできない。それは、彼らを選ぶことを任務としている人たちによって選ばれる。到るところに責任の委任と分配がある。そこに何かの中心原理があるとすれば、「神輿政府」の原理である、とする（六五～六六頁）。

「神輿政府」は、figurehead government の訳語である。figurehead とは、船首につけて威厳を示し悪魔などから船を守ろうとする鷲や獅子などの像のことで、名前だけの統領、実権を持たない最高責任者の意味があるとされる。さきの『世界』一九四六年一月号の抄訳では、「傀儡」つまり操り人形と訳されている。一九四八（昭和二三）年四月の研究会で、東京大学社会科学研究所の林茂教授がこの本の要約を発表し、丸山眞男がこれをメモしたノートには「ロボット政府」と記されている[3]。内山ら訳の『敵国日本』では「名義人政府」であるが、次の『暗殺政治』では、章名‘Imperial Figurehead’が「神輿としての天皇」と訳された。

バイアスは、日本社会の基礎は家族制度で、政治にもそれがしみこんでいる、日本の国家は、ミツバチの集団を集めたようなもので、個人の意思よりも強い巣箱の精神が支配する、それらの上に作られているのが神輿政府である、とする。そして、政府を実際に動かす勢力として、宮中勢力、内閣、軍部を検討する。まず宮中勢力は天皇と大臣・高官との仲介者であるが、太古からの天皇制をリベラルな帝国の立憲君主制としようとした企ては、青年将校らの軍事行動で砕かれ、天皇はまたも一部族の神輿となり、木像のような物言わぬ存在になってしまったとする。次に内閣は、満州事変以前は一つの政府であったが、今は官僚機構にすぎない。宮廷貴族の名門で当時の首相中では傑出した近衛文麿は、新体制運動で軍部を包み込んだ強力政権作りを企図していたが、軍部に拒否され、自分でも興味をなくしてしまった。第三の軍部は、憲法で与えられた特権的地位に加えて、国民の心理的支持を持つ最強のグループである。政府中枢と天皇に直接影響力を揮えるのだから、ことさら影響力を確保するための政党を持つ必要はなく、また陸軍自体は前面に出ることで責任を負わされることを避けようとする。その指導者はヒエラルヒーによって地位についた者だから、卓越した人物である必要はない、とする（八四、九二頁）。

日本陸軍については、ドイツをモデルにして創設され、下士官が兵卒を殴ることを認める習慣が取り入れられたとし、兵卒は、その埋め合わせとして、今度は中国にいる外国人に対して日本軍衛兵の前を通るときには帽子を取れと命令し、帝国陸軍にそれなりの敬意を示さなかった者に対しては、男女を問わず誰でも殴り飛ばすことが許された、とする。(4) そして陸軍の暗部としては、社会主義著述家の大杉栄夫妻とその甥を殺害した憲兵の甘粕正彦大尉が国民的英雄と報じられ、軍法会議での短い刑期が入獄中さらに短縮され、出獄後は満州国の民政部警務司長となったこと、ならびに日中戦争で二人の中尉が百人切り競争をしたことが新聞で書きたてられたが、陸軍はこれを否認しなかったこと、この二つの事例をあげる。

そして次のようにつづける。日本人の致命的な欠陥は、戦略的近視眼よりも心理的な視野の狭さである。陸軍の将校は視野の狭い教育を受け、素朴な帝国主義的使命への信念を強固にしているに過ぎない。中国人の心理も理解しない。日本兵士の蛮行が中国で作り出したのは、日本人が夢見た新秩序ではなく、敵意に満ちた強烈なナショナリズムだった。日本海軍の軍令部では、軍事問題の計算に周到な検討が重ねられる。だがアメリカ人の精神を理解していない、とする（一三九頁）。

日本軍は奇襲攻撃、特に開戦劈頭のそれに最大の重要性をおく。それは周到に準備され秘密は完全に保たれる。だがその後は何ら目新しい戦術は持たず、兵士たちは情け容赦なく犠牲にされる。彼らは規則や命令に対しては実に忠実であるが、状況が変化してこれに適応した新たな規則を考え出さなければならない状況になると、破綻してしまう。そこで衝動的にとられるのが「死の選択」である。これで事態が打開できることもあれば、倒れてのち已むとなってしまうこともある（一四一頁）。

以上がバイアスの見通しである。

陸軍についてはゾルゲの意見も紹介しよう。日本では日中戦争中に権威主義的な国家指導で二三万にたらぬ小陸軍からドイツ軍、赤軍なみの大陸軍に発展させた。軍部は日中戦争のための臨時軍事費を軍備拡張に流用したのである。だが、重工業の発展が遅れ、国内資源も乏しく、国際収支も厳しい中での戦争経済の運営は困難で、大国民軍の維持整備も容易ではない、と評した(5)。

一九二〇年代初頭に諜報将校として日本に勤務し、その後も対日諜報に関わってきたザカリアス（Ellis M. Zacharias）は、諜報活動でも競争相手だった山口多門提督がミッドウェー海戦で抵抗手段を使い果たさない内にカッコよく死ぬように死に急いだことに注目した（回顧録『密使』(6)、原著 *Secret Missions*, G. S. Putnam's Sons, 一九四六年）。日本軍の誇称した精神的優位感は、敗北を見ると本能的な心理的劣等感へと急激に変化する、日本人は、精神的訓練がいかに完璧であるように見えても、心理的影響力に動かされやすい国民であると、彼は考え、ミッドウェー海戦における日本軍の失敗は、戦争の新しい局面の前触れとなったとする。絶対不敗を一方的に信じ込まされて来た日本人と日本軍のアキレス腱が見抜かれたのである。

バイアスの『敵国日本』が載った数号あとの『世界』一九四六年五月号には丸山眞男「超国家主義の論理と心理」（のち『現代政治の思想と行動』未来社、一九五六年収録）が掲載された。これは、日本を占領した連合国が「超国家主義」などと呼んでいた天皇制支配の精神的側面に鋭い分析のメスを入れて注目を浴び、天皇制論の古典となった。バイアスとは違う角度からの研究であるが、着眼点はよく似ている。

丸山はまず、日本の超国家主義は、精神的権威と政治的権力を併せ持つ天皇が価値の源泉であるところに問題があるとして、それが生み出す病理を展開する。天皇が精神的権威を独占しているので、国民には信仰の自由や良心の自由など内面的な自由は保障されない。国家の命令は絶対価値を持つ国体から流出するものとして、人びとの私生活にも自在に浸透する。政治権力と精神的権威を併せ持つ国家の活動は常に正義と一致するものとされ、国家を超えた道義的基準は認められない。国家の命令に従うことは無条件に善とされ、これに反するとされたことは、権力と「世論」を後ろ盾に厳しく攻撃された。

政治制度の面を見ると、各政治機構は、絶対的権威である天皇にタテにつながり、天皇がそれらを統合する建前になっている。各勢力は、天皇により近づき、その権威に与かることで、自己の地位を高め、勢力を増大しようと、激しく競り合い、対立する。「最高価値たる天皇に近い」ことが偉いという価値意識に裏付けられているので、「自己の利益を天皇のそれと同一化し、自己の反対者を直ちに天皇に対する侵害者と見做す傾向」が生まれ、各官僚機構とりわけ軍部の激しい独善意識とセクショナリズムとなる。同時に、そこでは戦争への突入を自分で決定したのだという政治責任がはっきりと自覚されず、何者かに押されてずるずると戦争に突入したとしか意識されない。ここに無責任体制の根がある。

政治社会は価値の源泉である天皇からの距離に従って上下関係に編成され、あらゆるものが「上には追従し、下には威張る」という抑圧委譲の法則が一般化する。威張る相手をもたない二等兵でも、外地に赴けば皇軍として優越的地位に立ち、往々現地人や外国人に対する蛮行に走る。これは上記のバイアスの指摘と相通じる。

だが天皇の権威も、天皇によって創出されたのではなく、万世一系の皇統を受け、皇祖皇宗の遺訓によって保障されるもので、天皇もそれによって縛られる存在だった。これが国体である。対外的には「八紘一宇」のスローガンのように、「万国の親国」の日本が各国を身分的秩序の中に位置づけることが目標とされた。だが、今やその国体が崩壊して自由な主体となった日本国民にその運命を委ねたと、来るべき変革を展望してこの論文は結ばれる。

丸山はその三年後に「軍国支配者の精神形態」（『潮流』一九四九年五月号、のち前掲書収録）を書いた。極東国際軍事裁判、いわゆる東京裁判ではA級戦争犯罪人被告二〇余名が侵略戦争のための共同謀議を行なったとして訴追され有罪とされた。これら多様な被告が、侵略戦争をそれぞれに推進したことは認めても、「共同謀議」ということには、違和感を持つ人が少なくなかった。丸山は、極東国際軍事裁判の速記録を読みぬいて神輿、役人、無法者（浪人）の三類型を抽出し、被告らが時には対立しながらも、侵略戦争を推進してゆく上で、それぞれの時期にそれぞれの態様で働き、協力しあったことを、これを用いて説明した。この論文の方は「これは昔々ある国に起ったお伽話ではない」といわゆる逆コースを憂慮して結ばれる。

当時丸山は、元老西園寺公望の政治秘書の「原田熊雄日記」の編纂に当たっていたが、そこで松平康昌のヒアリングから強烈な印象を受けた。松平は二・二六事件直後に木戸幸一の後をついで内大臣秘書官長となり、異例に長く敗戦直後までその職にあった。彼はいう。「最初の満州事変のころ、景気よく神輿を担いでワッショワッショと行った。しばらく行くとくたびれてしまって神輿を下ろしてしまった。すると別のやつが現れて、また神輿を担いでワッショワッショと行った。これまたくたびれて神輿を下ろしてしまう。また新しい担ぎ手が現れる」。「満州事変から大東亜戦争の終りまで一貫して日本の国策というものがあり、それでもっていったのではない。神輿を担いで下ろす、また次のやつが神輿を担ぐというその連続だ」と。丸山は、さきの三類型の着想をどこから得たのか覚えていないが、この松平の話が意識下にあった、これが無責任体制の話にもつながる、という。(7)

三類型にもどると、神輿は権威を、役人は権力を、浪人は暴力をそれぞれ代表する。国家秩序の中の地位から見れば、神輿は最上位で、役人がそれに続き、無法者は最下位にある。しかしこの体系の行動は、無法者から発して逐次上昇することが多く、神輿はしばしば単なるロボットであるとされる。これは行動様式による分類で、一人の指導者の中に神輿的な面や役人、無法者的な面が混在することもある。トップの神輿は天皇であるが、究極には国体と考えられる。これらの具体的な関係については、これらの論文を収録した『現代政治の思想と行動』上（未来社、一九五六年）の「追記および補註」で補足されている。(8) 無法者や出先軍が独断で「既成事実」を作っても、それが支配層の意図や利害ないしは日本帝国主義の基本的方向と「背反」（傍点原文）していたら、国策にまでは上昇しないであろう、支配層でリベラルとされた人々も国家主義を信条としていたとして、国体主義者の国家観と根本的なへだたりはなかったとする。だがこれには、本質論にすぎるとして異論を唱える向きもあろう。

神輿の譬えは、さまざまな連想を呼び起こす。この原稿を『潮流』に載せた編集者の橋川文三は、日中戦争前夜に中国国民政府外交部長だった張群の言葉をかりていう。お祭りの神輿は、普通は世話人つまり役人が音頭をとって引き回すのが常だが、時として担ぎ手たちが世話人の制止を振り切って、普段から憎まれている大店などに飛び込んで暴れることがよくある。日本の行き方は、留学時代に見たお祭りの神輿に似ている。中国では日本のお神輿を誘導しているのは軍部の力だと見ているものが多いが、軍部の思うとおりに動くものではない。お神輿は、結局は目的地に到着するが、途中では電信柱にぶつかりそうになったり、あちこちの店に飛び込もうとしたりする。橋川は、こうした無責任な担ぎ手の大衆の動きに注目する。神輿が象徴している権威が国体で、これは空気のようにとらえどころのないものであるが、これを体現するのが浪人の大御所頭山満で、みこしを支える無形の「氏子」の総代にあたるとする。そして無法者はこれを振り回して無責任にすべての異端者を非難するが、神輿を武器に直接に攻撃を加えたのは、権力の座にある軍や新たな装いで登場した官僚だったとする。(9)

他方、『丸山眞男集』第三・四巻の解題を担当した植手通有は、神輿の統合力を指摘する。「祭礼に出てくる実際の神輿は担ぐ人の呼吸が合わなければ担げないように、神輿は担がれることによって人々を統合するものである。したがって統合力を失えば降ろされる」(10)。これは後のビッソンの説と対応する。

「神輿を担ぐ」という言葉は、人をおだててまつりあげる意味にも用いられる（松村明編『大辞林』三省堂、一九八八年）。その人の名前と権威が利用されるのであるが、これを騙《かた》った暴力や詐術も横行する。天皇や国体の名を騙った脅迫や殺人について、バイアスは『暗殺政治』で「日本の軍隊」とならべて「日本の愛国主義殺人団体」の章を設けている。ここでは「黒龍会の守護神――頭山満」が詳しく取り上げられ、無法者が軍部と結んで殺人を犯すと頭山邸に匿われ、大赦で減刑されることや、彼が日本の侵略のお先棒を担いでぼろもうけをしたことなどが具体的に描かれる。そこには「リーダーと無法者」「愛国主義と犯罪」などの節があり、「愛国主義の無法者は、彼らを不快にする集会を粉砕することをよろこびとしている」との指摘もある（二〇〇頁）。

第3節　暗殺政治と翼賛政治

バイアスの『暗殺政治』の時代は、ものごころがつき始めていた私の成長期と重なるので、身辺の記憶と重ね合わせてみよう。本論の筋から離れることは注にいれる。

一九二三（大正一二）年九月の関東大震災の時に生まれた子どもの学校生活は、暗殺事件とその背後にある戦争とほぼ時期的に重なっていて、画期も対応している。私は甲子園のできた翌二四年の早生まれで、同じ学年になる。小学校に入ったのは一九三〇（昭和五）年四月、ロンドン軍縮条約が結ばれた時で、その秋には浜口雄幸首相がこれに反対した右翼の青年に狙撃されて重傷を負い、翌年に没した。郷里の前橋市は生糸の街だったので、大恐慌の打撃は深刻だった。その直後の三一年九月に出先軍の関東軍が独断で満州事変を起こした。若槻礼次郎民政党内閣はこれを抑えられずに総辞職し、犬養毅政友会内閣に代わった。翌年初めに戦火が上海にも飛び、「肉弾三勇士」が賛美される中で、右翼と農村の青年らが井上準之助前蔵相や団琢磨三井合名理事長を射殺した血盟団事件が起こり、さらに犬養首相が海軍青年将校と陸軍士官候補生に首相官邸で射殺される五・一五事件が続いた。小学校卒業の直前には二・二六事件が起こり、陸軍青年将校が部隊を率いて反乱を起こし、岡田啓介首相を襲撃（人違いで未遂）、斎藤実前首相、高橋是清蔵相を殺害し、鈴木貫太郎侍従長に重傷を負わせ、数日間首都中心部を占拠したあと鎮圧された。六年間に五代の内閣の三人の首相と前首相が殺され、もう一人の首相も襲撃されて危うく逃れ、他にも蔵相、前蔵相や財界の巨頭が暗殺された。まさに首相暗殺の時代だった。

小学校の時期で思い出すのは一九三四年秋の北関東陸軍大演習である。天皇陛下がおいでになるというので大騒ぎだった。群馬県庁が天皇の御座所となり、県庁は近くの利根川のほとりにあった前橋中学校に移り、中学校は市の南郊の田んぼの中に新築された。天皇の車列である鹵簿が近づくと、道の両側に敷かれたむしろに土下座した民衆は、両手をついて最敬礼をし、そのあと頭をあげて鹵簿を目で見送った。天皇を見下ろすのは畏れ多いと、二階から見ることは禁止され、雨戸が閉められた。左翼運動の前歴者などは演習地域から所払いされた。桐生市では先導の警部が行先の順序を間違えて案内した鹵簿誤導事件が起こり、その警部は自殺を図ったが未遂ですんだ。天覧体操、つまり天皇の前で小中学校の生徒たちが行なう体操のマスゲームでも、指揮者の教員が体操の順序を間違えて混乱を起こした。緊張が過ぎたのであろうが、無責任な子どもたちは天皇の権威によりかかってこれを非難し、ふだん威張っている先生たちへの不満をぶつけた。大演習が終わると、御座所の拝観に行かされたが、整列して敬礼させせられるなどのことはなかった。

天皇機関説問題が起こったのは、その翌年だった。六年生だった私は、キカンセツと初めて聞いた時には、帰還説、つまり天皇に国民に戻れというのだと考え、勇ましい説だなと思っていた。先生のごてごてした説明で機関説と判ったが、国家の最高機関といわれても、その意味やそれでなぜ悪いのかは、判らなかっただろう。

二・二六事件は、それまでの事件と違って、厳しく鎮圧され、青年将校は非公開の軍法会議で裁かれ、一五名がまもなく銃殺された。軍部がこの事件で政権を制圧すると、若い過激分子のテロで政権を奪おうとする動きは一段落し、軍の中枢機関が政府と宮廷勢力や財界に直接に圧力をかけて国策を動かすようになった。

広田内閣ができるとすぐに準戦時体制への移行が始まり、国民の生活にも直ちに影響が及んだ。

『一戋五厘の旗』（花森安治著、暮しの手帖社、一九七一年）とあるように、新兵は一銭五厘の葉書ですぐに召集できると軽視されたが、私たちが中学二年生になる一九三七年四月には葉書が二銭に値上げされた。六月に国民的な人気のなかで近衛文麿内閣ができたが、七月には日中戦争が始まり、すぐに大規模な召集が行なわれ、戦争が一挙に身近になった。その直後に上海戦で多数の戦死者の遺骨が送還され、市民に衝撃を与えた。年末には中国首都南京の陥落が全国各都市の提灯行列で祝われたが、そこでの惨劇は知らされず、戦争が終わる気配もなかった。翌三八年には鉄類と綿花の輸入が困難になり、輸入品の物不足が始まった。四〇年に予定されていた東京オリンピックは返上され、万国博覧会も中止になった。当時学校教練用に貸与されていた日露戦争直後からの三八式小銃は軍隊に引き上げられた。翌年秋からは国産の米や炭なども不足した。国民消費が切り詰められる半面、日中戦争の軍費の筈の臨時軍事費が大幅に軍備拡張に振り向けられ、陸海軍とその航空部隊が拡張された。だがそれは秘密のヴェールに包まれていたから、国民は物不足が深刻になり、多くの人びとが軍に徴集され、軍需産業に徴用されるのを見聞きするだけだった。

太平洋戦争への突入は、中学校から旧制高校や専門学校への進学後だった。緒戦の勝利の頃はさして統制も強化されなかったが、ガダルカナル戦以後、連合軍の反攻が激化すると、四三年には決戦非常措置で文科系学生の徴兵猶予が停止され、いわゆる学徒出陣となった。同じ学年でも二三年一二月一日までに生まれた者はこれに入り、四三年末に徴集されたが、それ以後の出生者の徴集は翌年で、この違いが場合によっては生死を分けた。

バイアスの『暗殺政治』は、この間のいかがわしい暗殺事件が黙認され、犯罪者に対する大規模な減刑嘆願運動まで起こされたことから説き起こす。軍人とこれと結ぶ愛国主義団体が国際主義的な文民リーダーを暗殺の血祭りにあげ、青年将校らを裁く軍法会議は被告らの主張の宣伝の場となった。天皇の受任者がその権威をうけて統治の実務に当たるシステムに対して、軍に不都合な受任者を「君側の奸」として非難し攻撃するのが「天皇親政」の実態であった。

『暗殺政治』は、陸軍省調査班の部員が執筆し三五年四月二三日に在郷軍人会が刊行、一五万部を配布したというパンフレット(11)を用いてその理念を説明する。いわく、大日本帝国の「大原理」は、「国民の翼賛による天皇政治」であるというのが、国民的信念である。西欧の憲法は、国家を個々人の福利を推進する機関とみなしている。日本の国家は、天皇を中核として幸福な全体を形作っている有機的実体で、その理想を実現する天皇を翼賛するのが臣民の義務である。治者と被治者、天皇と国民の利益が対立することはありえない。法律学者は天皇がその権力を乱用する恐れがあると懸念するのは、天皇政治の真髄を理解していないからだとする。

これに対してバイアスは以下のように警告する。

天皇は、権力の発する最高の源泉であるが、これを実際には行使せず、受任機関の進言に基づいて行動する。天皇を中核とする有機的実体で満足できるならばよいが、実際に問題が起こると法律的な機構が必要になる。日本の統治のあり方は、多様な利益に関わる一般国民を代表している政府が政策を決定するのか、国民に天皇を「翼賛」(原語はassist）する権利を強制できる有力なグループに担がれている神輿としての天皇がそうするのか、が問題になる。憲法の民主主義的な面を嫌っている軍部が、自己主張するために権力をにぎり、国民に天皇を「翼賛」する権利を強制したら、神輿として担がれる天皇には手に負えなくなって危険だ（二三六〜二四一頁）。

国体明徴運動が日本の憲法理論を駆逐すると、第一代の神武天皇が発したという伝説上の詔勅にある、世界をひとつの家にするという意味の「八紘一宇」が帝国主義を推進するスローガンとなった。陸軍のスポークスマンは、神武天皇が武力を用いたのは、それに従わぬものを平定するためであって領土的な侵略のためではなかったとした。そして日中戦争を起こしたのも、中国の誤った考え方を放棄させ、我々の新秩序建設に協力させようと軍事行動に踏み切ったのだと説いた。実際には中国を精神的に屈服させ、日本のいいなりに従わせることが目標とされたのである。

「神輿としての天皇」の章は、「人としての天皇」、「神としての天皇」、「大祭司としての天皇」、「象徴としての天皇」、「帝王としての天皇」の五節で構成されている。

天皇は質素な生活を送っており、ヨーロッパの宮廷が社会の頂点にある華麗なサークルを維持しているのと異なり、模範的な家族を主宰するにすぎない。昭和時代が始まった頃には天皇は生まれによって皇位についた尊い人物として尊敬するに止まっていた。それがやがて地上のあらゆる国の親であるという国民的誇大妄想に取り付かれた。三六年には対外文書の称号もそれまでの「日本国皇帝」から「大日本帝国天皇」と改められた[12]。天皇がこの世界に君臨する神だとすれば、まもなくアジアを血なまぐさい戦争に引き入れることになるが、その点は欧米諸国ではあまり注意されなかった、とする。

明治憲法を作った藩閥政治家たちは、彼らが樹立した政権の統一性を保持し、民主主義思想の高まりを防ぐために、古代の神を起源とする宗教的な神話を利用した。それ以後、民衆の政治思想を宗教的、神権的な思想に融合させる働きかけが進められ、天皇が神とあがめられ、これを意味する国体という象徴がふりまわされた。アジアを支配下に置こうとする異常な野心も発達した。こうした神としての天皇の権力と権威の恩恵のすべてを獲得したのは、それを実際に行使する軍部と官僚、特に軍首脳部だった。

日本の政治では、勤勉な日々を送っている生きた天皇ではなくて、神の属性で飾り付けられた天皇が担ぎ出され、天照大神から受け継がれた無限の力を持つとされるが、それは彼の財産とはならない。彼は国家統合の象徴だから、最も力のある集団が決定したことに反対することは、国家を分裂させることになるので許されない。荘重に飾られた神輿である天皇は、船を推進する諸力を制御するぐらいの力しかもてない。

神輿としての天皇を信仰として国民に押し付けることはできても、その世界征服の政策が成功する保証はない。日本の軍首脳部が恐れねばならないことは、失敗である。それを田畑で働く農民に隠すことができなくなるまでは、彼らは何でもできると思っている。

以上のようにバイアスは論じる。

第4節　外国人記者の交友と外字紙弾圧

フライシャーの『火山島』（一九四一年）は、前年の一九四〇（昭和一五）年が日本の皇紀二六〇〇年に当たり一一月に式典が挙げられたが、この機会に九月に締結された日独伊三国同盟の祝賀会が一緒に行なわれたと書きおこす。この『火山島』も「天皇は、その名前ですべてのことがなしとげられるけれども、彼自身の権力を揮うことのできない飾り物（figurehead）なのである」（七頁）とする。彼は、天皇が皇太子として欧州旅行をした際に米国の記者を代表する形で表敬訪問したことを想起しながら、今の天皇は皇居内で事実上の囚人生活を送っており、外出は公式行事に限られ、隔年の園遊会も日中戦争が始まってからは開かれないとする（一五頁）。

天皇は三国同盟には反対だったようだが、天皇は同盟を結ぶとともにこれに満足の意を表す詔書まで出した。外交問題に関する詔書は珍しく、三三年の国際連盟脱退の時に出されただけだ。その時の詔書は今や連盟と手を分つと雖も、「固より東亜に偏して友邦の誼を疎かにするものにあらず」という弁明的なものだったが、こんどは「万邦をして各々その所を得しめ」るのが日本の大事業だとし、臣民に国体観念を明徴にし協力して天皇を扶翼せよと積極的に呼びかけるものだった。フライシャーは、多数派の帝国主義者は天皇が全国家体制の源泉として存在すべきであると考えているが、急進的な全体主義者は天皇を独裁者のためのシンボルにしようとしていると評した（二二一〜二三頁）。

フライシャーは、第一次世界大戦中に初めて来日し、やがて父が社主だった『ジャパン・アドバタイザー』に入ったこともあって、日本の指導者たち、特に一九二〇年代に活躍したいわゆる穏健派で国際派の人々に接触する機会に恵まれていた。満州事変開始直後に起こった血盟団事件では、井上準之助前蔵相が二月九日の晩に選挙演説に出かける途中で暗殺されたが、彼はその晩、芳沢謙吉前駐仏大使の犬養内閣外相就任を祝うマルテル仏国大使の晩餐会に出ており、食後の談話中にひそかに知らされた。続く三井合名理事長の団琢磨が暗殺される前々日には、社主の両親が、美術の愛好家で鑑定家でもある団男爵を自宅に招いて夕食を共にしたばかりだった。団は日米友好の中心的な主張者だった。二人の暗殺は、一〇人近い傑出した政治家と実業人の暗殺をたくらんだ血盟団員によって行われたことが明らかになったが、その首謀者井上日召は、「警察も踏み込めない八〇歳の反動主義指導者頭山満の邸に潜伏していたが、出頭するように説得されて自首した」（五九頁）。

三六年の二・二六事件の前日には翌日未明に襲撃される斎藤実内大臣夫妻と鈴木貫太郎侍従長夫妻を主賓としたグルー米国大使の晩餐会に列席した。晩餐後に一同はまだ珍しかったトーキーの娯楽映画「お茶目なマリエッタ」を接待室で見て愉快に過ごし、斎藤が帰ったのは正式のパーティーにしては異例の深夜近くだった。斎藤子爵夫妻は席次順に並んだ招待客すべてと順々に握手し、最後に位階をもたない唯一の客のフライシャーが斎藤と握手をした（六〇頁)。斎藤と鈴木が自邸で襲撃されたのは翌朝の午前五時半ごろだった。二〇〇二年に早稲田大学で開かれた「斎藤實展」に来られた近親の方の話では、斎藤はその晩に葉山の令息別荘に戻る予定だったが、深夜になって疲れるのをおそれて東京四谷の自邸に泊まり、そこで襲撃にあったので、家人は深く悔やんだとのことだ。

四〇年七月に第二次近衛内閣が成立して新体制が樹立されると、「ムッソリーニのローマ進軍とヒットラーの政権獲得に匹敵する出来事に思えた」(八三頁)。度重なる大赦によって刑期を軽減されていた浜口首相の狙撃犯や井上元蔵相や団三井合名理事長の暗殺犯などが皇紀二六〇〇年の祝典による恩赦で釈放され、意気揚々と出獄してきたと、バイアスもフライシャーも指摘する。

『日召自伝』(日本週報社、一九四七年)によると、井上日召は三八年一一月一六日に無期から二〇年に、四〇年二月一一日の大赦令で二〇年から一五年に減刑され、同年一〇月一七日皇紀二六〇〇年の祝典に際しての大赦令で仮出獄となった。翌四一年四月二九日の天長節にはさらに大赦の恩典にあずかり「判決の効なからしむ」の特旨をうけ、前科もなくなったという[13]。

フライシャーは『ジャパン・アドバタイザー』主筆なので、新聞の発行業務についても詳しく触れている。外務省では二〇年来、情報部長による記者会見が外国人記者と特派員に向けて週三回開かれた。彼は印象に残った人物として二七年に初代の専任情報部長となった小村寿太郎侯爵の長男小村欣一と次代の斎藤博とを挙げているが、ここでは彼が述べる余談を記そう。

小村の妹の夫である佐分利貞夫は二九年に駐華公使になったが、リベラルで大上段に振りかぶる役割を好まなかった。彼は同年一一月に帰京し新しい指令を受理したあと、「頭を射って死んだ姿で、宮の下のホテルの一室で朝発見され」(二〇一頁)、そばに拳銃があった。この謎の死を警察は自殺としたが、幣原喜重郎外相ら多くの知人が疑惑を抱いた。フライシャーはその前夜に外務省の彼のオフィスでインタビューした。「私たちは自殺にまで追い詰められて悩んでいる人物という感触がないままに中国の状況を論じた。もし自殺を計画していたら、佐分利はなぜわざわざアメリカ人記者を迎え入れて中国問題を論じあおうとしたのか、疑問に思っている」[14]。この時、佐分利が語った内容に関心があるが、それは書かれていない。

斎藤博については、前任者の誰よりも英語が上手でアメリカ人に理解をもっていたとする。駐米大使だった彼が三九年二月にワシントンで客死すると、ルーズベルト大統領は巡洋艦アストリア号で遺骨を送還する意思を発表し、日本もそれを受け入れた。日本側では、横浜での大歓迎デモや明治神宮スタジアムでの軍艦乗組員歓迎レセプションなどの大掛かりな行事を予定したが、グルー駐日大使は、遺骨の送還は敬虔な弔意に基づくものだとして歓迎行事を思いとどまるよう懸命に働きかけた。日本側はひどく落胆した。その上アストリア号が日本に到着した三九年四月一六日にルーズベルト大統領はヒットラーとムッソリーニに宛てたメッセージで「極東のある独立国家の広大な領土が隣国によって占領されている」と日本非難を述べたので、かえって日本を枢軸に押しやる結果を招いた。もし日本で親米大デモが演出されていたら、日本がやがて枢軸に傾いてゆくのが難しくなったであろう。日本の世論は大体最初は政府製だが、それが一度根を下ろしてしまうと、政府もそれを意のままに動かせなくなる、とフライシャーは述べる（二〇二～二〇三頁）[15]。

米国政府としては、中国侵略を拡大し天津租界封鎖などで英仏に中国援助を断ち切るよう圧力を掛けていた日本への宥和政策ととられることをおそれたのであろうが、フライシャーはその点に注意していないようだ。

斎藤の次に情報部長になった白鳥敏夫は満州事変が起こると、権力を伸ばした軍部と密接な関係にあることから「ずばり物言う情報部長」（二〇四頁）として有名になった。「白鳥の外国人記者会見は連日行われ、時にはセンセーションを引き起こす話題を作り出したから外国人記者はこの会見を欠席できなかった」（二〇五頁）。つづいて三四年四月の天羽声明で知られた天羽英二情報部長から内閣情報局に移管される前の最後の情報部長須磨弥吉郎まで、エピソードも交えて、フライシャーは日本の情報政策の推移を写しだす。

日本では早くから検閲制が、あらかじめ活字にできないニュース項目を編集長に通知し、これに反すると発禁にするというやり方で実施されてきた。ところが、外国人記者にはこの発禁項目の命令が、かえって信頼できる情報源となった。やがて日本の当局にもそれがわかったらしく、一九三一年から三六年まで一日に何回も出された発禁命令は、四〇年には月一、二回にまで減った。発禁命令の出場所は警視庁、内務省、それに東京地方裁判所検事の三箇所だった。ついで電話送稿が始まると、電話会社間の契約で検閲が禁止されていたため、日本当局は通話を待たせることで送稿を妨害した。そこでフライシャーはあらかじめ送信内容を知らせ検閲をさせてから、電話送信をすることで切り抜けた。その体験で、検閲にも厳しかったり緩やかだったりと、波があることが判った。

『ジャパン・アドバタイザー』に対する圧力は、連合国側の立場に立つ同紙の報道に対する枢軸のドイツ人、イタリア人の抗議から始まった。第二次近衛内閣が成立した四〇年夏の軽井沢ではドイツ人、イタリア人が我物顔に振舞い、英米人住民はできるだけ大通りをさけた。二〇年来、夏のハイライトであったテニス・トーナメントは、日本人選手も不謹慎だと非難されるのを恐れて参加しなかったので、自然消滅を迎えた。こうした中で、七月二七日にはロイター通信特派員（東京支局長）メルビン・コックスと一五人の英国人がスパイ容疑で憲兵隊に逮捕され、コックスは二日後に謎の飛び下り「自殺」を遂げた。彼は一九三〇年の来日前に中国で一八年間を過ごし、新聞記者会見でも中国人に対する同情を隠さず、英国の立場をひるむことなく主張し、粘っこい質問をして、政府のスポークスマンを困らせ、日本当局の憎しみを買っていた。

この事件の後、『ジャパン・アドバタイザー』への圧力が強まり、フライシャーにも警察の尾行が張り巡らされた。外国人記者を対象とする記者会見を毎週行なってきた海軍省も出し抜けに中止を通告してきた。ついで八月一七日の同紙に掲載された皇太子の写真がブレていて「不敬」に当たるなどの警視庁の警告が続き、日本人スタッフが尋問され米国人スタッフの逮捕を警告された。フライシャーは新聞発行を続けることをあきらめ、ジャパン・タイムズ社と譲渡交渉を始め、『ジャパン・アドバタイザー』紙は、四〇年一一月一日の創刊五〇周年を目前にして同社に売り渡され、『ジャパン・タイムズ・アンド・アドバタイザー』紙となった。フライシャーはその年の内に日本を去った。

日本では「穏健派」が力を取り戻す可能性はなく、民衆も支配階級に掌握された道具で、国の運命に関して発言権はもたない。その「東亜新秩序」は融通無碍で、実力如何によって政策が左右される。枢軸諸国が敗北するか、日本が軍事的な敗北を喫する以外に自由主義的な動きが発展する可能性はない。

日米開戦直前に刊行された『火山島』はこう結ばれる。

第5節　「政治的有機体としての日本」

フライシャーはいわゆる穏健派の指導者と近く、穏健派と急進派ないし極端派との対立を評価するが、T・A・ビッソンは、これと対照的な見方を打ち出す。上記の「政治的有機体としての日本」は、一九四四（昭和一九）年六月の米軍のサイパン島上陸とマリアナ海空戦での日本軍の敗北で、七月に権力を独占していた東條内閣が倒れて小磯国昭・米内光政協力内閣が成立したあと、『太平洋問題』（*Pacific Affairs*）一九四四年冬季号に載せたもので、九月、ニューヨークにての執筆日付がある。

この論文は、ナチス党が権力を全面的に掌握して独裁と戦争を推進してきたドイツの場合と、それにあたる独裁政党を持たない日本との比較から次のように始まる。

陸軍中心の東條軍事内閣がより穏健に構成された小磯国昭・米内光政内閣に交代したことは、一見したところ軍部独裁がある程度後退したように見える。だが日本では、政治の責任は一つの中心に集中せず、いくつものグループに拡散している。これらのグループは、おたがいにそれぞれの役割を果たすことで、統一された柔軟な権威的システムを作り出すように相互に適応し合っている。ドイツの場合と違って、日本ではシステム全体のなかから戦うべき敵を特定しようとすると、不完全で誤った診断を犯す惧れがある。このことをよく認識しないと、日本の政治組織の中の特別な「悪魔」を見誤る危険がある。それはまた日本政治の特徴である狭い支配者連合の独裁を基礎付けかつ強化する経済構造の独特な不均衡を見逃すことになりかねない。今のところ、戦後の日本政治の変革に関する議論は主として天皇、軍部または憲法に集中している。このシステムの制度上また機能上の全体的分析を考慮しないまま特定の変更が主張されていることが多いが、それは深刻な欠点を持っている、システム全体の巨視的な像を頭において見ないと、実施される変革の効果を的確に予測することは難しい。

最も犯しやすい誤りはいわゆる穏健派と急進派との対立を強調しすぎることで、それは制度の評価を不必要に混乱させる。この点は日本側ではよく承知していて、戦後にこれをどううまく利用しようかと考えている。この点を厳しく警戒しないと、日本側のやり方が成功を収め、日本の外交が軍事的敗北を覆すような成功を収めるかもしれない。

日本の政治システムの複雑さは、それが封建的、神政的ならびに民主的要素の混合物であることに由来する。各構成要素はそれぞれに制度的構造とその行動様式をもっている。これまでの評価は、前二者の要素を過小評価する誤りをおかしている。日本には欧州諸国のモデルに倣って作られた議会と政府があるが、それは外見上のことで、その裏に真の構造がある。政党とそのリーダーは、一九二〇年代のごく短期間を除いては、連立体制の中で一定の役割を演じたに過ぎない。天皇によって与えられ、それ故に廃止されない議会は一定の取引力をもっているが、それは人民の護民官としてではなく、支配集団の中で一定の地位を維持するために過ぎない。政党はそのライバルとある程度分化しているだけの存在である。

日本の政治決定は、四つの主要集団すなわち宮廷勢力を含む官僚、軍部、財界ならびに政党幹部の意見を考慮し、勢力関係のたえざる変動を反映したコンセンサスによって行なわれ、それらの勢力関係の変化を反映している。普通これら四者は、内閣と行政機構全体の中の特定の分野をそれぞれに握っている。連合のバランスが取れているときは、閣僚の椅子の分配も通常のやり方に従う。財界は大蔵か商工の一つか二つを占め、政党は鉄道、逓信、農林の少なくとも二つを占める。かつては政党が握っていた内相のポストはここ一〇年間ほとんどそうではなくなった。官僚のポストは外務のほかははっきりせず、内相と経済閣僚の間に散らばっている。内閣外の内大臣と枢密院議長の椅子は官僚の指定席である。

一つの集団が権力を強化すると、普通他の勢力が握っていたポストが奪われる。東條内閣では東條大将が首相、陸相、内相、軍需相、さらに一時は参謀総長を兼任した。これで日本の政治制度が軍部独裁に変わったという論者がいたが、やがてそれは間違いだと判明した。東條内閣は軍事独裁に近づいてはいたが、そこにまでは達していなかった。任期中も他の連合集団と絶えず戦わねばならなかったし、最後には大臣ポストの配分をめぐる月並みの対立で、他の連合集団にとって代わられた。

集団間の力関係の変化が、政治的影響力に振動を与えることは、集団代表のバランスを維持し、極端な変動を防ごうとする意味をもっている。一つの集団の絶対的優位やその決定的な清算を防ぐことができる。連合集団は、全体として国内の独裁と海外への日本の使命の推進を補強するよう努力する。それがいつも立ち戻る政治規範は、すべての集団がそれにふさわしい権威の分野を割り当てられる「黄金の均衡点としての中庸」（原語は golden mean）である。以上のようにビッソンはいう。

この解釈を作業仮説として認めると、先の問題は解決する。日本のすべての集団が本来的に穏健派だったり極端派だったりするわけではない。上記の四つの集団のそれぞれに穏健派と極端派とがある。日本の支配連合の利益は穏健派の提携によって守られるときもあれば、極端派のそれで維持されると判断されるときもある。連合集団の中に不一致が生まれ、それが激しい論争になることもある。ただこの政治的メカニズムはするどい対立を効果的に吸収するように作られている。ナチスの政治秩序の厳格さとは対照的に、支配集団の対立を内閣などの構成に反映させることで支配集団の平衡を維持する柔軟性がある。このように穏健派も極端派も含めた支配集団の中には、たとえ暗殺や武力蜂起が起こるようなことがあっても、政治的連続性が断ち切られることはない。支配連合は危機を迎えても新たな基礎の上に再建され、以前のように作動する。

今日までの政治的危機はすべて支配集団間の不一致に基づくものであって、一九一八年の米騒動がその唯一の例外である。まず四つの支配集団は、国内における支配的地位が真の民主的権利を要求する人民勢力によって覆されないよう団結している。全体としての独裁体制を維持する必要が、集団間の抗争に優先する。

第二に帝国の神聖な使命がすべての集団の政策の基本である。外交政策について言えば、穏健派も極端派もこの点では一致している。両者の相違は方法の違いであって、目的の違いではない。日本の穏健派は、平和主義者ではなく、よき国際主義者でもなく、日本の膨張には積極的である。外交政策は諸集団を分裂させる要因よりも、団結させる要因となってきた。それはまた民衆の不満を、国内の支配体制に向ける代わりに、国外の敵にたくみにかつ容赦なく振り向けるための有効な手段とされてきた。

第三には天皇が支配連合を結びつける求心的な圧力として重要な役割を果たす。彼は連合独裁の最も頑強な堡塁である。彼は一八八九年憲法で議会を人民に贈ったが、同時に治安維持法にいたる治安立法の血なまぐさい独裁で、それ以外の組織的な活動を無意味なものに押さえつけた。そして支配民族の神聖な使命を説くことで、支配集団の継続的な統一を保持する役割を果たした。

日本の政治システムは、柔軟性と張力のある強さをもつことで、生物の有機体に似ている。その権威主義は支配勢力である財界と軍部と官僚と政党幹部の間でいつも繰り返される適応の所産である。この集団独裁では、誰もが独裁者として論議の余地なく全権力を握っていると自任することはできない。指導者はそれぞれの時点での集団間の調整をおこない、それらの勢力均衡の一時的な代表として機能するだけである。指導者の位置は、それぞれの集団の盛衰に応える集団間の適応という流動する基礎の上に立っていて一時的である。システムの中心は、首相ではなく、天皇である。天皇は、連合集団の統一と継続性の維持を可能にする支配体制の中枢を占める。天皇に比べると東條も相対的にちっぽけな存在になり、政治の舞台から儀式もなしに押し出される。システムは新たな適応を行ない、次の一時的な指導者が権力の座につき、今までのやり方が続けられるだろう。

こうビッソンはいい、さらに注記して次のようにつづける。

今回のような東條の退陣は全く予測できなかったが、それは連合国の対日宣伝戦術の有効性について適切な疑問を提起した。天皇システム全体よりも天皇の悪しき軍国主義助言者の代表としての東條に攻撃の砲火を集中することは、いくつもの角度から疑問になった。東條が突然姿を消すと、攻撃は、もう一人の天皇の悪しき軍国主義助言者としての小磯に向けられる。しかし誰にも穏健派として認められる陸軍か海軍の大将が小磯に代わったとしたら、どうするのか。その時にこの穏健派をやはり天皇の悪しき助言者の一人として攻撃するのか。天皇システムそのものを直接攻撃することは勧められないのか。連合国がそのような挑戦方法を取るならば、日本人に問題点を分かりやすく示し決定的な利益が得られるだろう。そうしなければ、日本の独裁者も人民も、連合国が天皇システムそのものに反対せず、戦後もその永続化を認めると考えるだろう。「悪しき助言者」という考え方は、天皇そのものには悪い点はなく、道義的に適切な助言者が得られさえすればよかったのだという結論に導かれてしまう。ここで付言すると、実際に一九四五年四月には穏健派海軍大将の鈴木貫太郎内閣が出現した。

ビッソンは、すべての有機体と同じく日本の政治システムも成長と発展の時期を経過している、そこで最も重要なことは、日本の国家構造における封建的、のちには封建かつ神政的要素の根強さであると強調する。内山がビッソンの訳書『敗戦と民主化』に付した最初の補論「日本における民主主義」(一九三〇年)は、一九二八(昭和三)年の天皇ヒロヒトの即位式を取り上げ、日本の国家宗教である神道は有史以前の祖先信仰に根ざすが、明治維新後に再建され、天皇は神の体現であり愛国心の焦点になっていると指摘した。ただこの時点では、浜口民政党内閣に代表される政党政治が日本の経済構造を民主的に支配するための政治抗争をすすめる可能性を見ていた。だが第二、第三の補論では見方が変わる。井上準之助蔵相のデフレ政策が世界恐慌の中で行き詰まり、幣原外相も満州問題を打開できないなかで、軍部が満州事変のクーデターを起こした。この危機は単なる軍部の策動ではなく、一九三〇年以降の日本の支配勢力間の激烈な政治闘争の結果である。資本家、地主、天皇制官僚、軍部の四グループは、危機の中で互いにするどく対立したが、彼らの支配的地位をとりわけ社会革命の脅威から守るという基本的な要請では強く結束していた、とする。

五・一五事件でできた斎藤妥協内閣は、軍首脳と資本家が協力を進める舞台となった。私なりに想像をめぐらすと、二・二六事件で虐殺された高橋蔵相や斎藤内大臣など「穏健派」の牽制と協力がなかったら、一九三〇年代前半の軍国への道は困難にぶつかり、中途で行き詰まっていたかもしれない。

敗戦を前にした危機の段階では、天皇制を構成する諸勢力は、無条件降伏を要求するポツダム宣言の受諾をめぐって、解体される軍部、特に本土決戦になおも期待をかける陸軍が鋭く反対し、対立は爆発点に達した。そこにはクーデターの危機もあったが、内乱にいたらずに処理された。支配層のすべての諸勢力が、天皇の権威に依存しており、対立しながらも、協力せずには危機を乗り切れないことを悟っていたのである。[16]

連合国の対日政策は、天皇の権威と受任制度をたくみに利用してしぶとく生き残りをはかる天皇システム全体を問題とすべきであり、たとえ激烈なやり方でも一部分の変革ではだめだと、ビッソンは考えていた。そして日本の人民の従順さを叱責することが最近のはやりとなっているが、それは必ずしも的確ではなく、一九三六年と三七年の総選挙にも戦争と独裁に反対の動きが見られると指摘し、人民の新たな動きに期待していた。さらに占領政策では、古い体制の支持者であるいわゆる穏健派は排除し、旧体制に反対ないし批判的態度をとった自由主義者を起用すべきだ、とした(17)。

結局のところ日本は、ビッソンが危惧していた方向へと進んだことを、彼自身も『敗戦と民主化』で認めた。アメリカは日本の旧勢力を媒介にして民主化政策を進めたため、旧勢力の力を削減するすべての措置が骨抜きにされ、日本降伏後の初期対日政策の公表された目的を達成するのに失敗した、と彼は論じている（一五二頁）。

おわりに

これまで四人の在日欧米人ジャーナリストや日本研究者の太平洋戦争直前から戦時中にかけての日本政治論の著書や論文を検討し、多くの共通点を見つけた。

(1)　天皇は政治的軍事的指導の頂点に立つばかりでなく、日本全体を代表する神でもあるので、天皇の権威を傷つけないよう日常政務を処理する複数の受任機関が置かれている。これらは、主に寡頭的な諸勢力から選ばれ、受任ポストの争奪と受任機関相互間の勢力争いとして政争が展開される。

(2)　一九三〇年代の軍国主義の中で青年将校や右翼による国際主義的な政党人・財界人の暗殺をてこに、軍部が政治的主導権を握り、天皇を絶対的な権威をもつ「神輿」に押し立てて、「神の国」のご加護に頼った「翼賛」政治を樹立し、「八紘一宇」をめざす戦争を始めた。

(3)　各論者は、日本の議会政治を過大評価してきたことを自省し、神政的、封建的側面を重視する必要を説く。穏健派の評価は分かれるが、穏健派も自由主義・社会主義的勢力の弾圧と帝国膨張の政策では方法に若干の相違があるものの、寡頭的な政治的有機体の維持を図る点では変わらないという主張が優勢である。

これらの著作は日本の権力の及ばない欧米で刊行されたが、日本国内では敗戦後にようやく天皇制を論じる自由が生まれた。その直後に書かれた丸山眞男「超国家主義の論理と心理」をはじめとする著作は、これらの論点に対応していて、両者の着眼点に共通する点が多いのは興味深い。日本側の著作は事後からの理論的な整理と研究で、続いて事件の究明と新たな論点の提示が進められた。さきに取り上げた丸山の両論文は、太平洋戦争期を取り上げており、主に(2)のテーマに集中しているが、これらの論文を収録した『現代政治の思想と行動』上・下（未来社、一九五六・五七年）の補註で、それ以前の時期の支配層の思想と無法者との関係を取り上げる。内閣に責任を集中して天皇に責任が及ばないようにする重臣リベラリズムは、(1)の立場での対応であるが、それには限界があると批判する（松沢・植手編『丸山眞男回顧談』二〇〇六年、上・二〇二頁以下、下・四三頁以下）。ついで丸山はこうした日本政治の底流について研究をすすめ、日本では古代から天皇と役人とが担当する正統性と政策決定とが二元的に切断されていて神輿政治の生まれやすい状況があったこと、さらにそこでは役人が、天皇に「つかえまつる」政治を行ない、「翼賛」の原形となったことなどを論じた。これは一九七五年にオックスフォード大学のセント・アントニー・カレッジの研究会で報告され、ついで「政事《まつりごと》の構造」（初出一九八五年、『丸山眞男集』第一二巻、一九九六年収録）にまとめられた。升味準之輔「ナショナリズムの構造」（『岩波講座現代思想3』、一九五七年）も少し違う角度から同様な問題を取り上げ、柳田國男にも師事した神島二郎の論述にもこれと絡み合うことが散見する。

ここでとりあげた欧米人ジャーナリストの著作は、実際に事件が起こった直後にそれらを整理しながら書き上げたものであるが、それがその後の日本での研究の問題点を先取りしているのはさすがである。それだけ彼らの目には当時の日本政治の特異性がはっきりと見てとられたのであろう。

今なお「神の国」が元首相らに公言され、そこには、天皇をいただく日本のすることはすべて正当だとする含意があり、他国に一〇〇万を超える軍隊を七年間もおくって占領と鎮圧作戦に当たりながら、しかも侵略戦争ではなかったとする強弁までも横行している。しかもこうした軍国主義的な潮流に反対する運動は、暴力的な攻撃に脅されている。さらに憲法自体が基本的人権の保障をはかるために国家権力の行使を制限する基本法であることを否認しようとする言説が、議会人の間にも出ている。こうした今日の政治状況から見て、ここに出てくる事象についても「これは昔々ある国に起こったお伽話ではない」といわねばならない。

本章では、日本がアジア太平洋戦争を拡大した渦中にあって鋭く事態を観察した欧米人ジャーナリストの日本政治論のごく一部だけをとりあげたが、最近までの天皇制や王権、さらには昭和天皇の研究が提示した論点とも重なることが少なくない。さらに立ち入って検討する必要があろう。

注

（1）　敗戦前後については、連合国側内部の天皇観の対立を鳥瞰した武田清子『天皇観の相剋――一九四五年前後』（岩波書店、一九七八年、増補版、一九九三年）とこの時期の天皇制論を集成した山極晃・中村政則編、岡田良之助訳『資料日本占領1　天皇制』（大月書店、一九九〇年）に大いに助けられた。ビッソンが『太平洋問題』一九四四年春季号に載せた「日本にとっての平和の代価」は、前者の第三章「太平洋問題調査会の天皇論」で取り上げられ、後者もこれを収録する。だがこの「政治的有機体としての日本」は、前者の第四章「『天孫民族の世界制覇』観とオーストラリア」にマクマーン・ボール『日本――敵か味方か？』が引用した部分が載せてあるだけである。

（2）　一言付け加えると、その場合もあらかじめ定められた手順どおりに議事が進められ、天皇の意思が実際の決定を左右することは、極めて稀である。ただ受任の範囲と受任者との関係いかんでは、受任者が天皇の意向を推察して、それを自己の責任で行なう決定に反映させることはありうる。

（3）　丸山眞男『自己内対話』（みすず書房、一九九八年）三一頁。

（4）具体的には、一九三九年夏の日本軍による天津英仏租界封鎖事件の時のことをさすと思われる。
（5）「日中戦争中の日本経済」（『現代史資料24　ゾルゲ事件4』）六一八〜六二一頁。
（6）ザカリアス著、土居通夫訳『密使』（改造社、一九五一年）二五〇頁。
（7）「原田熊雄日記」は原田熊雄述『西園寺公と政局』全八巻と別巻（岩波書店、一九五〇〜一九五九年）として刊行された。松平康昌のヒヤリングは、松沢弘陽・植手通有編『丸山眞男回顧談』下（岩波書店、二〇〇六年）四三頁。なお「超国家主義の論理と心理」は『丸山眞男集』第三巻、「軍国支配者の精神構造」は同第四巻（ともに岩波書店、一九九五年）に収録。
（8）『現代政治の思想と行動』（未来社、一九五六年）「第一部追記および補註」は『丸山眞男集』第六巻（岩波書店、一九五六年）二四七〜二九六頁収録。
（9）「『みこし』をかつぐ人びと」（橋川文三編『日本の百年4　アジア解放の夢』筑摩書房、一九六二年）。張群の言葉は陸軍軍人根本博「南北支那飛脚記」（『文藝春秋』一九三六年三月号）からの引用。
（10）『丸山眞男集』第四巻、植手通有解題三七六頁。
（11）これは、陸軍省軍事調査部長山下奉文の名で、一九三五年四月一五日に帝国在郷軍人会本部から発行されたパンフレット『大日本帝国憲法の解釈に関する見解』のようである（「所謂『天皇機関説』を契機とする国体明徴運動」『現代史資料4　国家主義運動Ｉ』みすず書房、一九六三年、三八八、三九四頁）。
（12）昭和一一年四月二四日外務大臣有田八郎「我国国号及元首御称呼に関する件」等。外務省ではこの通達と前後して変更を行なったが、宮内省と賞勲局では六月一日より実施した。この点については横浜市立大学本宮一男教授のご教示を受けた。謝意を表する。
（13）『日召自伝』（日本週報社、一九四七年）三一一〜三一二頁。その頃、小石川植物園で開かれた上毛学友会の一九四一年度大会で思いがけず井上日召と会った。井上は私の出た前橋中学校の一九〇五（明治三八）年の卒業で、資本論を初めて完訳した国家社会主義者の高畠素之はその一年上、詩人の萩原朔太郎は一年下だった。学友会の幹事の誰かが連絡したのだろうが、井上は裏口に現われて、集まった幹事たちに囲まれてしばらく話したのち、会場に出ることは断って帰った。近衛首相に頼まれて用心棒格で近衛の住む荻外荘に起居していたころだろう。鋭い目が印象に残った。
（14）佐分利公使が死んだのは、箱根宮ノ下の富士屋ホテルである。この事件はそれ以上究明されず、佐分利の赴任で好転に向かった日中関係は、その死によって再び緊張を加えた。松本清張「佐分利公使の怪死」（『昭和史発掘　3』文藝春秋、一九六五年）は他殺の疑いが濃いと詳説する。外務省発行『外務省の百年』上巻（一九六九年）は、中国では、日中協調を望んだ佐分利が日本政府の強硬方針への転換に失望しての自殺ではないかと噂され、それが小幡公使のアグレマン拒絶問題を引き起こしたようだと、中国側の見方を紹介する。そこでは佐分利の死を痛切に悼む王正廷外交部長の動静を詳しくとりあげている（「佐分利公使の死と小幡公使のアグレマン問題」）。
（15）当時私は前橋中学の四年生で、関西への修学旅行に横浜港から移民船モンテビデオ丸で神戸港まで乗船したが、横浜港に碇泊していたアストリア号には気づかなかった。級友で俳優になった小林桂樹が二〇年ほど前のクラス会で紀行文を披露した中にアストリア号の白い船体が見えたとあったので、驚いて訊ねると、引率の英語の先生が話していたとのことだった。のちに校長にもなったこの大村先生は、旧制四高出の東大の新人会員で、石堂清倫の知人だったと後に判った。

(16)　阿南陸相の秘書官だった林三郎の「終戦ごろの阿南さん」(『世界』一九五一年八月号)は、この間の事情を的確に伝える。日本政府の条件付ポツダム宣言受諾通告に対して八月一二日に天皇の地位に関して明言を避けた米国の回答が来ると、最高戦争指導会議は真っ二つに割れ、一四日まで決定できなかった。陸軍省中枢の軍務課課員は天皇制護持のクーデターを計画し、阿南陸相に承認を求めた。阿南陸相は諾否を明言せず、後に間接に断った。一四日朝、米軍機がポツダム宣言受諾交渉の内容を知らせるビラをまくと、下からの動きが起こることを怖れて、急遽天皇の発意による御前会議が開かれ、「聖断」による受諾が決まった。阿南はしばらく動揺の色を見せたが、やがて平静を取り戻した。阿南は閣議で受諾の決定に署名したあと、外務大臣に鄭重に挨拶し、鈴木首相には大好きな葉巻の箱を贈った。一五日未明、阿南はクーデターを起こして失敗した軍事課将校らを諭したあと、一四日夜の日付の遺書を残して自決した。林は、阿南がきっぱりとクーデター計画を抑えるべきだと考えていたようであるが、阿南は板ばさみになる立場を選び最後に自決することで、中堅将校が団結して激発することを防いだとも考えられる。政治的有機体の生き残り策ともいえる。

(17)　そこには斎藤隆夫、加藤勘十、田川大吉郎、鹿地亘、美濃部達吉、岡野進(野坂参三)、石本男爵夫人(加藤静枝)、尾崎行雄の名があげられている。

第2章　明治天皇聖蹟顕彰運動の地域的展開——神奈川県を事例に

寺嵜　弘康

はじめに

横浜開港資料館で所蔵する「ドン・ブラウン・コレクション」の中に、一九三〇年代に箱根関所阯を撮影した一枚のモノクロ写真がある（図2-1）[1]。裏面に貼付された英文タイプ打ちのキャプションには「W・ロバート・ムーア撮影　日本―本土（本州）―箱根の湖（芦ノ湖）」（Photograph by W. Robert Moore　JAPAN-HONDO（HONSHU）-LAKE HAKONE）とあり、外国人の撮影した写真であることがわかる。写真の中心点には大きく葉を広げた樹木があり、その下に撮影者が乗車してきたのであろうセダンタイプのフォードとおぼしき自動車が停車する。その左端に、幹が湾曲していることから「見返りの松」と呼ばれ幕末の写真にも写されている有名な松樹が存在感を示している。松の根本には一つの石碑が立っており、「史蹟箱根関阯」と読める。右側には個人経営の「考古館」に関所関係資料を陳列している旨の説明板が江戸時代の高札のように立っている。

このような箱根関所阯の写真自体は、幕末から明治期にかけて外国人観光客用の土産写真として多数撮影されているので珍しい風景とはいえない[2]が、この写真が奇妙なのは、せっかくの美しい箱根湖畔の風景の中に自動車を入れて撮影していることである。いわゆる観光土産写真であれば自然風景以外の人為的な存在を排除して撮影するのが普通

図２－１　1930年代の箱根関所阯

であると思われるが、この撮影者はどうして自動車を入れたのであろうか。偶然撮影しただけなのか、何らかの意図があったのだろうか。江戸時代、江戸から箱根関所に行くには箱根八里と呼ばれた急峻な坂道を人力のみで登るしか手段はなかったのに、昭和初期にはモータリゼーションの普及により簡単で苦労せずに箱根関所まで行くことができるようになったという、文明進歩の象徴として自動車を写し込んだのかも知れない。いずれにせよ箱根関所阯と自動車という和洋の二つの文化の対比が一枚の写真の中で見ることができる点で興味深いものである。

ところで、この「史蹟箱根関阯」は「史蹟名勝天然記念物保存法」（以下、「保存法」と略す）[3]にもとづき文部省が一九二二（大正一一）年三月指定した史蹟で、その管理者は箱根町他二箇村組合である。史蹟に指定されると管理者はその保存維持の責任を有し、標柱や注意札の設置をはじめ、必要に応じて境界の表示や柵、覆屋などの設置が義務づけられていた。箱根関所阯では、この写真のように道路との境界に木柵が構築され、石造の標柱が立てられているが、注意札は標柱の左に建てられていたため残念なことに画面から切れている。標柱の左側面には二四（大正一三）年五月に建立された旨が刻まれている[4]。

このような史蹟名勝天然記念物の指定は、「保存法」施行以後一九五〇（昭和二五）年の文化財保護法施行までの間に、全国各地（台湾や朝鮮を含む）で一五八〇件を数えており[5]、現在でも「保存法」による指定と記された標柱を各地で目にすることができる。以上のような全国的な史蹟名勝天然記念物の指定と保存の事業については、文化庁が編集発行した『文化財保護法五十年史』に詳しく、また、田中琢氏、高木博志氏、丸山宏氏などにより同法に関する制度的、文化史的な意義について評価が与えられている[6]。筆者も神奈川県や関東近県における史蹟名勝天然記念物の保存活動について分析したことがある[7]。

一九三三（昭和八）年から「集中的」ともいえるように史蹟指定がおこなわれた明治天皇聖蹟については、朴晋雨氏や北原糸子氏の研究成果がある[8]。両氏が指摘するように明治天皇聖蹟指定は天皇制イデオロギーによる国民教化の一手段として推進されたのであるが、北原の指摘するように「実態報告をふまえた研究[9]」が少ないことから、明治天皇聖蹟を顕彰する側（個人や団体）の動向について地域から実体を明らかにすることが必要であると思えるのである。明治天皇聖蹟が「戦前の天皇制イデオロギーによる国民教化のシンボリックな事例」であるため「歴史上なかったことにするような叙述のあり方[10]」は問題であるとの北原の指摘に全く同感である。北原が東京府を対象に分析することに対して、本章は、東京の近隣である神奈川県を対象として、明治天皇聖蹟指定とは切り離した、地域個人や団体による明治天皇聖蹟を顕彰する動向、具体的には聖蹟調査、聖蹟記念碑の建立などといった顕彰運動について明らかにすることを目的とする。

第１節　神奈川県における明治天皇聖蹟

表２－１（章末）は神奈川県における明治天皇聖蹟の一覧表である。神奈川県教育会（以下、県教育会と略す）が編

集発行した『明治天皇神奈川県聖蹟地一覧表』[11]を基礎に、現在の市町村でまとめ直し、さらに記念碑の有無などを補足したものである。ここには九三箇所の聖蹟を記載しているが、本章執筆段階で全ての聖蹟所在地について現状を確認したわけではなく、神奈川県において明治天皇聖蹟顕彰運動が展開した昭和十年代での聖蹟地を示すものであることを予めお断りしておく。

さて、神奈川県における明治天皇聖蹟[12]として挙げられているのは、他県の事例と同様に、明治天皇の行幸の目的地とその途次の休憩地や宿泊地に関するものである。最も多いのは一八六八（明治元）年と六九年の東幸と再幸時のもので、東海道沿道での行在所、小休所、野立所、飲食用の井戸（御膳水）などである。ついで横須賀造船所の進水式への行幸、海軍観艦式や陸軍大演習への行幸、横浜駅開業式や日本競馬会競馬場への行幸に関する場所が聖蹟として扱われている。地理的には東海道の沿線の箱根から川崎までの市町村に聖蹟が多くみられ、軍港横須賀、陸軍演習がおこなわれた鎌倉や厚木などにも聖蹟地がある。

これら聖蹟地には、聖蹟であることを示す記念碑や標柱が建てられ、現在もなおその存在を確認できるものが少なくない。「保存法」で指定された横須賀、鎌倉、藤沢、厚木の四件には管理者による標柱の建設が義務づけられていたのは当然として、それ以外の未指定の聖蹟地についても何らかの記念碑や標柱が建てられている場合がある。横浜市域の聖蹟では早いもので一九二二（大正一一）年には戸塚町有志による石碑の建立があったように、多くは青年団や氏子、有志といった団体または集団による建碑であるものの、標柱の多くは三五（昭和一〇）年三月に横浜史料調査委員会[13]が建設したものである。横浜史料調査委員会は前年度から史跡の由緒などを記載した「案内板」建設を計画しており[14]、三五年一月に市内二九箇所の史蹟に木製の標柱の建設を決定した[15]。そのうち一一箇所が聖蹟地であった。

なお、横浜史料調査委員会が史蹟の標柱建設を計画した背景には、三五年三月から山下公園を会場に開催される復興記念横浜大博覧会に多くの観光客の来訪が予想されていたため、観光対策としての側面も見て取れるが、この点については別稿で取り上げるとして、本章では除外して考えている(16)。

川崎市域では、東幸時における聖蹟地の他に小向梅林への行幸があった。一八八四（明治一七）年三月一九日、明治天皇は観梅のために橘樹郡小向に行幸しており、これを記念して、一九三一（昭和六）年六月、梅林の所有者増山周三郎が個人で記念碑を建立し、石碑には鈴木貫太郎揮毫による「明治天皇臨幸御観梅跡」が刻まれている。なお増山が制作したパンフレット「小向梅林の縁由」(17)によれば、明治天皇の観梅した梅林自体は経年老枯し、残存した梅樹も日露戦争前後に本牧三溪園へ、さらに杉田梅園へと移植されたため、小向の梅園は往時の樹影は見る影もなくなっていた。増山がその地を所有するに及んで梅林を復興し、聖蹟の保存管理に努めたという。この地は町村制施行時に御幸村となり、現在の川崎市幸区の地名もこれを由縁として名付けられた。

小田原には、東幸時の聖蹟、箱根温泉行幸時の聖蹟があり、当時の小田原町では官民挙げて明治天皇聖蹟顕彰運動がおこなわれたが、これについては次節で述べる。箱根町もまた東幸と温泉行幸時の聖蹟地がある。

横須賀は、横須賀造船所をはじめ海軍関係の施設があり、明治天皇の行幸は進水式、観艦式など一七回を数える。回数の多さをに比べ聖蹟の箇所はそれほど多くないことは、進水式のように同じ場所に何度も行幸したためである。この行幸回数との関係があるかどうかは不明であるが、横須賀では県内の他の地域に比べて少し早い時期から明治天皇顕彰の動きがみられた。横須賀の特徴は個人や有志による顕彰運動が市役所を動かし、ついには官民挙げての聖蹟顕彰運動へと展開していったことである。この点も次節で述べる。

平塚、茅ヶ崎、大磯、二宮では東幸時の聖蹟がほとんどである。藤沢は、七度の行幸地である清浄光寺を除けば、一八九一（明治二四）年陸軍大演習時の聖蹟地だけである。鎌倉では一八七三（明治六）年の陸軍演習、厚木は一八八一（明治一四）年の陸軍演習の際の聖蹟地である。津久井郡の聖蹟は、八〇年六月の山梨・三重・京都への巡行の際に甲州街道を通過した明治天皇が、神奈川県内の小原町、吉野駅、與瀬宿、小淵村にて小休した聖蹟地である。

以上の神奈川県内の聖蹟九三箇所のうち、五四箇所に木製または石造の記念碑や標柱が建立されていることが判明している。明治・大正期に建立されたものは七基で、残りは昭和初期から昭和一〇年代にかけて建立されたものである。建立の主体についてはデータが不充分なため断定できないが、昭和一〇年以前は個人や小規模な集団が多く、昭和一〇年代以降は行政や官民一体の団体によるものへと変化し、顕彰運動自体も大規模になっていった。このことは昭和期にはいると明治天皇聖蹟の顕彰が個人的なレベルから組織的なレベルへと変化していったことを意味するのであろう。その変化の契機となったのが、明治天皇聖蹟保存会と文部省による明治天皇聖蹟調査と史蹟指定の動向であった。

前者の明治天皇聖蹟保存会は、明治天皇の聖蹟を保存し聖徳を顕彰することにより「国民精神の振作涵養」に貢献することを目的に一九三〇（昭和五）年四月に創立され、事務所を文部省内に置いた。会長は侯爵一条実孝、副会長に侯爵西郷従徳などが就任した。[18] 具体的な活動としては聖蹟保存の奨励、保存施設の指導、聖蹟調査、聖徳顕揚の事業とあり、地域での聖蹟顕彰運動に対する中央からの指導的な役割を果たす組織であった。

後者は、第六四帝国議会において明治天皇聖蹟の保存経費が議決され「史蹟名勝天然記念物保存法」により史蹟指定されることになったが、[19] それに先立つ一九三二（昭和七）年七月に文部省は全国の道府県知事に対して明治天皇聖蹟調査を指令しており、[20] その結果全国から報告された聖蹟数は一三七五箇所にも及んだ。[21] 文部省では、これらの中から実地調査をおこない、三三（昭和八）年一〇月二一日開催の史蹟名勝天然記念物調査委員会の審査を経て明治天皇聖蹟八六件を保存法によりまとめて史蹟に指定したのである。このうち神奈川県内で史蹟指定された明治天皇聖蹟は二件で、「明治天皇鎌倉御野立所」と「明治天皇横須賀行在所阯」である。[22]

さらに史蹟名勝天然記念物保存協会の活動も明治天皇聖蹟顕彰運動に一役買っていた。一九一一（明治四四）年に結成された史蹟名勝天然記念物保存協会は、明治天皇没後まもない一二年八月二八日開催の評議員会にて明治天皇遺蹟の保存について協議し、道府県に明治天皇遺蹟について調査依頼を実施している。調査結果は保存協会の機関誌『史蹟名勝天然記念物』第一巻第一号（大正三年九月）から二〇回にわけて掲載されている。このような経緯もあり、史蹟名勝天然記念物保存協会は明治天皇聖蹟保存会と共催して「明治天皇聖蹟第一次発表記念講演会」を一九三三（昭和八）年一一月三日に日比谷公会堂で開催し、その様子はラジオにて全国中継された(23)。

以上の文部省、明治天皇聖蹟保存会、史蹟名勝天然記念物保存協会の動向が、神奈川県内の各地域に大きな影響を与えたことは間違いなかろう。

第２節　明治天皇聖蹟顕彰運動の展開

神奈川県での明治天皇聖蹟顕彰運動の主体として考えられるのは、県や市町村の行政、神奈川県教育会や史蹟名勝天然記念物保存協会神奈川県支部などの半官半民の団体、青年団、在郷軍人会、氏子会、有志などの団体や集合体、そして聖蹟保存組織が挙げられる。

ここでは神奈川県、県教育会、史蹟名勝天然記念物保存協会神奈川県支部、聖蹟保存組織という四つの聖蹟顕彰運動のあり方を取り上げることにする。

１　神奈川県

神奈川県は、県内の史蹟名勝天然記念物を調査するため、一九三〇（昭和五）年に神奈川県史蹟名勝天然記念物調査会を設置した(24)。調査委員九名が委嘱され、彼らによる調査の成果は『神奈川県史蹟名勝天然記念物調査報告』として毎年発行されている。しかし、明治天皇聖蹟については積極的に調査した様子はみあたらず、『神奈川県史蹟名勝天然記念物調査報告』の第三輯に、調査委員の吉岡正雄が「明治天皇御聖蹟妻田村永野氏邸」を執筆しているだけである。前節でふれた、一九三二年に文部省が実施した明治天皇聖蹟の全国調査に対して神奈川県はどのような回答をしたのか、史料が残存していないため明らかにならないが、おそらくは主立った聖蹟のみを報告したものと推定される。なぜならば、一九三六（昭和一一）年以降は、県教育会が明治天皇聖蹟調査事業を開始する際に、その調査委員として県史蹟名勝天然記念物調査会委員のうち四人が兼任していることからみても、県としては県教育会に委ねて独自の明治天皇聖蹟について調査事業をおこなっていないからである。[25][26]

ところが、一九四〇（昭和一五）年に紀元二六〇〇年を記念した事業が計画される際には、突如「神奈川県聖蹟顕揚施設費」が予算化されたのである。予算要求の理由書には、

我カ神奈川県ハ皇室ト極メテ深キ関係ニ在リ従ツテ山村僻地ニ至ル迄聖駕ヲ迎ヘ奉リシ迹尠カラス而シテ是等ノ聖蹟中既ニ保存ノ途確立セルモノ多々アリト雖モ尚未ダ其ノ機ニ会セザルモノアリ今ニシテ之カ方途ヲ講セザレバ終ニハ湮滅ニ帰スル虞ナキヲ保シ難シ仍テ紀元二千六百年記念事業トシテ是等ノ聖蹟ヲ調査シ之ガ保存ノ施設ヲ講ジ以テ此ノ光栄ヲ永ク後世ニ伝ヘムトス[27]

と、事業の目的を述べているように、聖蹟の保護が急務であるとして、聖蹟誌の編集発行と、記念碑などの保存施設の整備の二本立ての事業内容であった。その見積もり額は二万六〇〇〇円で、紀元二六〇〇年と符合する点が、何分にも辻褄合わせ事業であるかに思える。

実際に紀元二六〇〇年記念事業として予算化された時には、表2－2のように記念事業費は一九四〇（昭和一五）年度と四一年度の二箇年継続事業とされ合計で三万三八〇〇円と増加しており、さらに林務課所管の紀元二六〇〇年

表2－2　神奈川県紀元2600年記念事業費

（単位：円）

（款）紀元2600年記念事業費	昭和15年		昭和16年		合　計	
	予算	決算	予算	決算	予算	決算
（1項）紀元2600年記念事業費	27,500.00	12,327.54	6,300.00	8,509.37	33,800.00	20,836.91
聖蹟顕揚費	8,900.00		0.00		8,900.00	
宝刀奉納費	6,500.00		0.00		6,500.00	
忠臣顕彰費	5,000.00		0.00		5,000.00	
郷土史編纂費	7,100.00		6,300.00		13,400.00	
（2項）紀元2600年記念植林事業費	164,169.00	151,597.35	144,641.00	116,879.63	308,810.00	268,476.98
合　計	191,669.00	163,924.89	150,941.00	125,388.40	342,610.00	289,313.29

出典：『神奈川県公報』。

記念植林事業費も追加され二箇年で三四万二六一〇円という巨額な総事業となった。なお記念植林事業は四〇年度から一五箇年継続事業で総額二三三万三〇三七円という膨大な計画であったが、四四年度で事業は中断している。

明治天皇聖蹟に関係する記念事業費の内訳は、聖蹟顕揚費・忠臣顕彰費・郷土史編纂費・宝刀奉納費の四本で、そのうち宝刀奉納費は、天神地祇の守護に感謝を表するため、県内の官国弊社や県社の計一〇社に宝刀を奉納し、「県民の敬神思想」を振起するためである[28]。一九四一年度の紀元二六〇〇年事業費の予算として計上されたのは、継続事業の植林事業費と郷土史編纂費だけで、聖蹟顕彰碑としてはかなりの減額を見た。郷土史編纂事業自体は、執筆を担当した中道等が戦後、一九四五年一一月三〇日の『神奈川新聞』への投稿のなかで「二箇年の時日を要して神奈川県郷土史は先頃完成したのであるが用紙や印刷の必迫した状態から未だ上梓運びに至っていない[29]」と述べているように、原稿は脱稿していたようである。

以上のように神奈川県としての明治天皇聖蹟の顕彰については、主体的に実施したのは紀元二六〇〇年記念事業の中で位置づけられたものの、予算削減などにより継続的な運動としては展開されなかったのである。

2　神奈川県教育会

県教育会は、明治天皇聖蹟の顕彰運動に大きな役割を果たした団体のひとつである。県教育会は県内公私立学校の教職員からなる任意団体であるが、知事を会長に推戴し、県費補助金を得るなど実質的には官制団体であり、県の教育政策に大きな影響力を有していた。一九三六（昭和一一）年が県教育会の創立五〇年にあたり、『神奈川県教育会五十年史』の編集発行をはじめ多様な記念事業を計画したが、そのひとつに明治天皇聖蹟調査事業があった。「聖蹟を保存し聖徳を顕揚し奉るは蓋し民心を作興し忠愛の志気を涵養する」ことになるので、「聖蹟を調査し之が保存の施設を講じ以て此の光栄を永く後世児孫」に伝えることを目的としていた[30]。

県教育会による明治天皇聖蹟調査事業の内容は①県内の現地調査、②関係資料関係文献の調査、③関係者の聞き取り、④聖蹟の保存顕彰を、「昭和一五年紀元二六〇〇年祭マデニ完成ノ予定」で実施するもので、必要経費は臨時予算の創立五十周年記念事業費中に聖蹟調査費三〇〇円を計上していた[31]。一九三六年二月一八日に明治天皇聖蹟調査委員八名を委嘱し、四月二八日から活動を開始している。委員に選ばれたのは次のとおりで、校長及び教諭三名、県史蹟名勝天然記念物調査会委員四名、県教育会主事が一名で、赤木愛太郎湘南中学校長が委員長を務めた。

赤木愛太郎　湘南中学校長
永野　茂　厚木中学校長
桑名藤五郎　湘南中学校教諭
中山　毎吉　県史蹟名勝天然記念物調査会委員
磯貝　正　県史蹟名勝天然記念物調査会委員兼県教育会主事

堀江　重次　県史蹟名勝天然記念物調査会委員
吉岡　正雄　県史蹟名勝天然記念物調査会委員
桜井　諗　県教育会主事

明治天皇聖蹟調査委員会の最初の仕事は『明治天皇神奈川行幸年表』の編集発行であった。五月に迫った五〇周年記念式典の記念品で配布する予定もあり急ぎ制作しなければならなかったことから、文部省嘱託で明治天皇聖蹟保存会主事の矢吹活禅が編集した『明治天皇行幸年表』（大行堂、一九三三年）の中から神奈川県関係分を抜粋した内容で制作したものと思われる(32)。

次いで八月二八日から一〇月一〇日までの七回にわたり日曜日などを利用して、県内の明治天皇聖蹟九三箇所全部の現地調査を実施し、史料の採訪、遺物の写真撮影などをおこなった。箱根・小田原方面から調査を開始し、相模湾沿岸部、県央、三浦、横浜を経て、湘南でいったん調査を終了し、現地調査の概要を磯貝正が県教育会機関誌『武相教育』に「神奈川県下における明治天皇聖蹟を調査して」と題し一六回連載している。県教育会主事でもあった磯貝が明治天皇聖蹟調査の中心的な役割を果たしていたが、一九三八（昭和一三）年六月八日に三八歳という若さで急死してしまうと(33)、聖蹟調査事業の責任者は桜井が継承し、機関誌『武相教育』の特集号として『行幸の阯』を第一輯から第一四輯まで全一三冊を発行した。これらは聖蹟調査委員会の正式報告書に相当するものであり、紀元二六〇〇年を期して発行予定の『明治天皇神奈川県行幸誌』の基礎資料とされたが、結果的に『明治天皇神奈川県行幸誌』は未発行のままで、そのかわりに『明治天皇神奈川県聖蹟地一覧表』が印刷発行されたのである。

明治天皇聖蹟の県内現地調査がいったん終了し、引き続き関係記録や史料の調査に移るが、それも一九三八（昭和一三）年一二月には終了したので、いよいよ県教育会では聖蹟の保存施設の設置事業にとりかかった。保存施設とは、標柱の建立や囲柵の設置のことで、三八年度の事業計画[34]では、「地元中等学校、小学校、青年団、軍人分会等と合同して」、藤沢遊行寺、戸塚区八坂神社、神奈川区州崎神社の三箇所の明治天皇聖蹟に「模式的保存施設」を設置するとあり、同年度の事業報告[35]には遊行寺の藤沢行在所阯の保存計画が進捗中であると記載されているように、地元の関係団体などの協力を得て標柱などの建設がおこなわれたものと思われるが、具体的には不明な点が多い。

さらに後述するように明治天皇聖蹟小田原町保存会などでの保存施設の整備に際して県教育会は聖蹟調査委員が積極的に指導や調査協力を惜しまずにおこなっていたのは、県教育会のスタンスとして聖蹟調査や関連資料の調査とその公表により、明治天皇聖蹟の顕彰の重要性をアピールし、地域の人々による顕彰運動の具体化として保存施設の整備を目指したものといえよう。

県教育会明治天皇聖蹟調査委員長の赤木が、『武相教育』に寄稿した「奉祝紀元二千六百年　記念　明治天皇神奈川県行幸誌　将に成らんとす」という文章で、教育会による明治天皇聖蹟調査を次のように総括している[36]。

御阯は啻に調査し奉るを以て足れとせず、更に進んで之が保存法を計画し、永遠に偉大なる聖徳の侭湮滅に委し何等保存施設も講ぜらるるに至らず実情なり〔……〕希くは皇紀二千六百年を迎ふるに当り、適切なる計画を立て之が保存施設を完成し、以て聖徳を永劫に顕揚せられんことを

県教育会が目標とした期限までに『明治天皇神奈川県行幸誌』の完成はみなかったものの、明治天皇聖蹟の資料の調査と紹介により、教育界をはじめ聖蹟顕彰の意義を伝えることに成功したと考えられよう。

3　史蹟名勝天然記念物保存協会神奈川県支部

史蹟名勝天然記念物保存協会の神奈川県支部は県庁の社寺兵事課内に事務所を置く半官半民的な組織である[37]。神奈川県史蹟名勝天然記念物調査会とは車の両輪のような関係で、後者が史蹟名勝天然記念物の調査と保存を担当し、前者が一般への普及啓発事業を担当するといえる。一九三二（昭和七）年二月からほぼ毎月一回、「史蹟めぐり会」という現地見学会を共催して実施しているが、四一（昭和一六）年二月には一〇〇回を迎えている。その一〇〇回の見学先を見ると、明治天皇聖蹟がはじめて登場するのは、三三（昭和八）年一二月一七日に実施の第二二回史蹟めぐり会であり横浜市神奈川区方面で、明治天皇行在所阯を訪ねている[38]。これ以降、明治天皇聖蹟を含む例会は県内で一六回、県外で三回を数える。とりわけ三七（昭和一二）年の後半からは頻繁に明治天皇聖蹟地が含まれるようになる。この例会を主宰したのが県史蹟名勝天然記念物調査会委員の石野瑛[39]である。

石野は、史蹟名勝天然記念物調査会の中では「皇室に関係深き史蹟」「人類学及考古学上重要なる遺跡」を担当し[40]、考古学から現代史まで幅広く手がける神奈川県郷土史界の大家の一人で、著作物も多い。石野は自ら創立した武相学園から一九六一（昭和三六）年七月に『明治天皇と神奈川県』[41]という書物を上梓し、その序文で、自ら一九四〇年から四二年にかけて「専ら明治天皇の神奈川県行幸のことを調査し、原稿用紙千数百枚におよんだ」が、一九四五年四月一五日の空襲で学園仮校舎が、五月二九日の横浜大空襲で自宅が焼け、蔵書類も総て焼失してしまい、その原稿「聖駕のみあと」も焼失してしまったと思いこんでいたところ、戦後のある日その原稿と永江維章撮影の聖蹟写真が見つかった。一九六一年が明治天皇没後五〇年にあたるので、この書を刊行し「大帝の聖徳を仰ぎ奉るの料」とする、と述べている。史蹟めぐり会を主宰し毎回参加者を引率していた石野が、人知れず明治天皇聖蹟について原稿を書き温めていたのである[42]。

4　聖蹟保存組織

①横須賀市明治天皇行在所記念碑建設委員会

横須賀市には造船所[43]で軍艦が建造され、その進水式などのため明治天皇の横須賀行幸は一五回に及んだ。明治天皇の横須賀最初の行幸時に行在所となったのが向山官舎と呼ばれる洋館であったが、一八八一（明治一四）年頃には洋館は取り壊されていたといわれる[44]。日清・日露戦争を経て「軍港都市」として急速に人口増加が進んだ横須賀は、住宅地の需要も増加していた。平地に乏しく丘陵が海岸部に迫る横須賀では、山頂などの空き地は開発され住宅地へと転じている状態であった。この向山の明治天皇行在所阯もまた民間に払い下げられて住宅地へと転じていたのが昭和初期の実情である。

このような状況を目の当たりにした市民の中に、明治天皇の聖蹟を保存しようとする動きがあらわれた。行在所阯の一部分一六坪を所有する地主ら有志五名は向山の行在所阯に石碑を建設し、その土地とともに一九二九（昭和四）年二月一二日に横須賀市に寄附を申し出た[45]。その石碑は現存していないが加藤寛治海軍大将の揮毫で「明治天皇行在所阯」と刻まれていたようである。ついで三一年六月二七日には、石碑の周囲に石垣を構築し横須賀市に追加寄附を申し出ている[46]。このような市民による聖蹟保存の動きに対して、横須賀市当局の反応は鈍く、寄附の正式受領の手続きはおこなわれないままであった。

しかしながら宅地化の動きはさらに聖蹟地に迫ることから同年一二月には、地元の汐入、汐留、元町の有志及び市議などが協議し、聖蹟地をさらに保存する運動に乗り出すことになった。すなわち一六坪の敷地を二〇〇坪に拡張し、小公園を造成しようとする内容である[47]。この保存運動は、直接市当局へも働きかけをおこない、土地の取得への市の関与を求めた。すると市当局としては、一九三二年が明治天皇二〇年祭にあたることから、いつまでも等閑視するわけにもいかず、かといって市の直轄事業とすることも困難であったが、聖蹟保存施設の必要は認識するようになったのである。同年三月、市役所内で部会長会議が開催され、全市民の浄財寄附による行在所阯の保存拡張を決定した。部会とは、いわゆる町内会に当たる組織のことで三三の部会が存在していた。このように当初の地元有志の運動が全市へと拡大し、ついには市当局を巻き込んで、同年九月の「明治天皇行在所記念碑建設委員会」の結成へとつながったのである。組織の構成員は表2－3のとおりであるが、委員長には大井鉄丸市長が、副委員長には助役と市会幹部、委員には市内三三の部会長が任命され、賛助員として市内各種団体代表者を網羅した全市的な組織構成である。

創立趣意書には、

本市汐留町向山は畏くも、明治天皇明治四年十一月より明治八年三月に亘り国防施設御巡覧の砌、前後三回御駐泊遊ばされ殊に明治六年十二月十七日には、皇后宮御同列にて御駐泊遊ばされたる由緒尤も深く御遺跡として洵に他に類を見ない所であります。斯かる聖蹟を保有することは、本市の無上の光栄でありますので、私どもは相図って、大帝の二十年祭を期して

表2－3　明治天皇行在所記念碑建設委員会

委員長	市　長
副委員長（2名）	助　役 市会議員
委　員（33名）	部会長（33）
賛助員	市会議員一同 横須賀公私立中学校長一同 横須賀市立小学校長一同 在郷軍人横須賀分会長 消防組頭 横須賀自衛団長 西郷自治会長 横須賀医師会長 横須賀歯科医師会長 横須賀産婆会長 横須賀婦人会長 愛国婦人会横須賀幹事部長 横須賀報徳会代表 横須賀各宗連合会長 天理教教友会長 青年団長（8） 連合女子青年会長 横須賀海洋少年団長 明治会支部長 横須賀隣人会長

注：『行幸の阯』第八輯により作成。同じ肩書・職業の者は合計数を（　）内に表記した。

其地に御聖徳を顕彰し奉り以て国民精神の振作涵養に努むることとなったのであります。何うか右趣旨を了承の上、奮って御援助を賜はらんことを切に希望いたします。

と述べ、聖蹟地の存在が横須賀市にとっての光栄であるとし、二〇年祭を期して聖蹟の顕彰により国民精神の振作涵養に努めることを宣言した(48)。

建設委員会では、小公園用地の取得をおこなうと共に、一九三二（昭和七）年一一月三日までに明治天皇行在所記念碑を建設したうえで、永久に保存されるようそれらを市に寄贈するという事業内容を計画し、経費は土地買収六〇〇〇円、記念碑二〇〇〇円、付属工事一〇〇〇円、記念式典他一〇〇〇円の合計一万円と見込み、その収入は市内各部会や陸海軍、学校、工廠、民間団体からの寄附金を充てるというもくろみであった。しかし土地取得での障害もあって石碑の建設は行在所阯よりも小高い場所に建設されるなど、予定よりも一年遅れの三三（昭和八）年一一月三日の明治節に竣工式を挙行するに至ったのである。なお、この際建立された石碑は、高さ四メートルの花崗岩を塔身とし、その上には直径〇・八メートル余りの花崗岩製の円球が乗り、ブロンズ製の金鵄が円球に止まるという斬新なデザインで、塔身正面には東郷平八郎元帥の揮毫による題字が「明治天皇御駐蹕」と刻まれている。加藤寛治海軍大将による「聖蹟」という題字の記念碑一基が、同時に向山行在所阯に建立された。

実際の収支は、収入が見込みを上まわり一万八四六二円七八銭、支出は一万八四四二円六七銭、残余金二〇円一一銭という決算であった。建設委員会では同年一二月二〇日に石碑と付属小公園一式を横須賀市に寄附申出をおこない、横須賀市は同月二三日開催の市会に緊急提案のうえ可決し、正式に横須賀市の財産となったが、その反応の早さは、三一年六月の時と比べて雲泥の差である。

この一方で、竣工式に先立つ三三年一二月九日に、向山の行在所阯八五坪余は「史蹟名勝天然記念物保存法」により史蹟に指定され、横須賀市が管理者として指定されている[49]。この背景には三二年八月に横須賀市は向山行在所阯の指定を要請していた[50]こともあって、翌三三年八月一八日には文部省による実地調査がおこなわれ、史蹟指定が内定していたという[51]。横須賀市では史蹟標柱と注意札を三六年四月に建立した。

横須賀での明治天皇聖蹟顕彰運動は、神奈川県内でも先駆的に実施されたもので、聖蹟の顕彰が国民精神の振作涵養につながるというこの運動の本質を体現しており、さらに運動体を全市に拡張した点で、小田原町への継承も見られる。

②明治天皇聖蹟小田原町保存会

小田原町における明治天皇聖蹟顕彰運動の契機は、秋田県から報徳講習会の講師として小田原に招聘された個人から、小田原町では聖蹟が閑却されているとの指摘を受けたことにはじまる[52]。小田原町振興会では明治天皇聖蹟の保存顕彰の必要性を痛感し、一九三六（昭和一一）年八月一一日振興会内に調査委員会を設置。県教育会で設置されていた明治天皇聖蹟調査委員の一人に小田原中学校の堀江重次教諭がいたことから、県教育会の「指導」を受けながら、小田原町として明治天皇聖蹟の保存顕彰を実施することを決定した。三七（昭和一二）年二月一一日開催の小田原町建国祭において「明治天皇御聖蹟保存事業ヲ挙町一致協力ヲ以テ皇紀二千六百年迄ニ完成センコトヲ期ス」と町長は宣誓し、三月二六日に小田原町長の主導により明治天皇聖蹟小田原町保存会が創立した。

明治天皇聖蹟小田原町保存会の趣意書には、明治天皇聖蹟の保存顕彰の意味を次のように述べている。明治天皇は「不世出なる英明の天皇」で、日本国民は誰も「忘れは相成らぬ御方」であるとし、「聖蹟とし云へば一木一石の微と雖も之を保存し顕彰する」ことが必要だという。小田原町には五箇所の聖蹟があることは「町としては無上の光栄であり、また町民としては子々孫々に語り伝ふべき大なる誇」であるはずなのに、この聖蹟の保存顕彰

表2－4　創立当時の明治天皇聖蹟小田原町保存会の役員

役職	構成
会　長	町　長
副会長 （2名）	小田原振興会副会長 第三尋常高等小学校長
常任理事 （9名）	県会議員 報徳二宮神社宮司 在郷軍人分会長 東海新報社長 青年団長 区長兼支部長（4）
理　事 （71名）	町会議員（21） 第一尋常高等小学校長 第二尋常高等小学校長 在郷軍人副分会長（2） 青年会副団長（3） 実業連合会長 松原神社宮司 仏教団幹事 聖十字教会 道徳教会 愛国婦人会（2） 小田原婦人会（2） 国防婦人会（2） 支部長（31） その他（1）
顧　問 （39名）	元小田原町長（2） 小田原駅長 小田原警察署長 小田原刑務所長 小田原税務署長 小田原郵便局長 小田原中学校長 小田原女学校長 工芸指導所長 林野局出張所長 陸軍少将 陸軍大佐 海軍大将 海軍中将 海軍少将（4） 貴族院議員 衆議院議員（2） 判　事 県会議員 医師会長 歯科医師会長 小田原振興会長 箱根振興会長 箱根登山鉄道専務 富士箱根自動車専務 日本電力出張所長 明和銀行専務 男　爵 その他（6）

注：『明治天皇聖蹟小田原町保存会』により作成。同じ肩書・職業の者は合計数を（　）内に表記した。

施設がないのは「誠に畏れ多いことであるのみならず町民自ら其の光栄を忘れ其の語り伝ふべき誇を捨て顧みないと同様遺憾此上ないこと」である。小田原町民の「第一の精神的急務は何を措いても実に此の明治天皇御聖蹟保存顕彰の事を挙ぐべきだと確信」し、紀元二六〇〇年までにそれを完成することを誓った。この事業完成には「小数篤志家の手にのみ委ぬべきもの」ではなく「須らく全町民の熱烈なる忠誠の念と協力一致の力」が必要であると訴えている。

保存会の会員は一口年額一円二〇銭以上を三箇年にわたり醵出するものと規則にあるが、実質的には後述のとおり全戸が加盟する組織であった。表2－4のように、会長には小田原町長が、副会長には小田原振興会副会長と小田原第三尋常高等小学校長が就任し、町会議員や各種団体の長など七〇余名が理事を務めた。顧問には小田原駅長や警察

表２－５　明治天皇聖蹟小田原町保存会建設の記念碑一覧

名　称	宮ノ前行在所阯	本町行在所阯	内侍所奉安所阯	御幸ノ浜	足柄県庁行幸阯
所在地	大清水本陣阯	片岡本陣阯	松原神社	御幸ノ浜	第二小学校足柄県庁阯
碑　文	明治天皇小田原行在所阯	明治天皇聖蹟	内侍所奉安所阯	明治天皇臨幸記念碑	明治天皇行幸所
揮毫者	近衛文麿	平沼騏一郎	西郷従徳	荒木貞夫	大久保忠言
石　材	相州小松石	自然石	龍王御影石	相州小松石	稲田御影石
建碑年月日	1940年６月15日	1939年４月29日	1939年10月２日	1939年11月12日	1939年11月12日
落成年月日	1940年10月８日	1940年10月８日	1940年10月８日	1940年10月８日	1940年10月８日
副碑文	宮ノ前聖蹟由来	本町聖蹟由来	な　し	御幸ノ浜聖蹟由来	な　し
記念碑	明治天皇聖蹟小田原保存会誌	な　し	な　し	な　し	「明治天皇駐蹕阯」碑は1934年建立

署長をはじめとする官公庁関係者、小田原と関係のある衆議院議員や貴族院議員、県会議員、さらに陸海軍人たち合計四〇人余が顧問に就任している。さらに小田原町は三六区に分かれたいわゆる町内会組織を有しており、各区ごとに小田原町保存会の支部長と幹事が置かれた。支部長には区長が宛職として任命されたのである。小田原町保存会がこのように綿密な組織体制を施したのは、五箇所の聖蹟に保存施設を整備するためには、各種団体や篤志家だけでなく一般町民からの拠金を要したことと、多くの町民が事業に関与する意識を持たせるためであったと、一九四〇年一〇月八日に挙行した五箇所の聖蹟保存施設竣工式において小田原町保存会江島平八副会長が事業報告で述べている。

小田原町の五箇所の聖蹟は表２－５のとおりである。そのうち宮ノ前行在所阯（図２－２）や本町行在所阯（図２－３）、御幸ノ浜（図２－４）は所有者から土地や建物を譲り受けるための移転補償をおこなう必要があった。このため事業の総経費は三万円を予定していたが、決算時には収入が三万六〇〇〇円余、支出が三万五〇〇〇円余で、八〇〇円余の残金を生んでいる。

小田原町保存会では事業の運営にあたり、県教育会の明治天皇聖蹟調査委員会や東京にある明治天皇聖蹟保存会などと密接に連絡・協力して実施している。とりわけ県教育会の明治天皇聖蹟調査委員とはしばしば座談会や協議会を開催したり、その一人である堀江重次は五箇所の「聖蹟の由来」を執筆するなど、密接に関係を有している。明治天皇聖蹟保存会とは、同会会長西郷従徳や主事矢吹活禅

図２－２　宮ノ前行在所趾

図２－３　本町行在所趾

図２－４　御幸ノ浜

図２－５　内侍所奉安所趾

との関係が深い。とりわけ矢吹は、文部省宗教局嘱託として史蹟名勝天然記念物保存協会の事務局員を務める一方、聖蹟保存会の主事も兼ねており、明治天皇聖蹟保存顕彰運動の中核的存在であった。これら中央との関係を有しながら小田原町保存会の事業は進んでいった。一九三八年六月一一日に小田原町保存会が主催した「明治天皇聖徳顕彰講演会」には西郷と井上清純貴族院議員の両名が講演している。そのほか設計に関しては東京市公園課長井下清の指導を受け、他地域での聖蹟の保存施設を実地調査するなど、検討を重ねた。

これらの結果、五箇所の聖蹟地にそれぞれ石碑や副碑を建立し、造園などの整備を完成させ、一九四〇年一〇月八日、明治元年に明治天皇が小田原宮ノ前行在所に行幸したのと同じ月日を期して「明治天皇聖蹟施設竣工式」を挙行した。その後、残務処理や竣工後の植木などの手入れ、『明治天皇聖蹟記念誌』の刊行をおこない、一九四二年七月三〇日をもって五箇所の明治天皇聖蹟を、前年一二月二〇日に市制を施行した小田原市に寄贈し、明治天皇聖蹟小田原町保存会は解散した。

現在五箇所の聖蹟地には、御幸ノ浜を除いて松原神社の内侍所奉安所跡（図2－5）など小田原町保存会が建立した石碑類が残されている。御幸ノ浜だけは石碑は倒されており、石碑面左三分の一、揮毫者名も「陸軍大将男爵荒木」と刻された部分のみが残存しているだけである。小田原市では一九五七（昭和三二）年三月三〇日に宮ノ前、本町、御幸ノ浜の三箇所を史蹟として指定し、木柱と解説板を設置している。

おわりに

本章では、一九三〇年代中頃からはじまる神奈川県における明治天皇聖蹟顕彰運動が、地域のどのような個人や団体を担い手として展開されていったのか、その活動実態を聖蹟調査や聖蹟記念碑の建立といった具体的事例を通して考察することとし、聖蹟調査の中心的な組織であった神奈川県と神奈川県教育会、史蹟名勝天然記念物保存協会神奈川県支部、横須賀市と小田原町における聖蹟保存組織の活動を取り上げた。

神奈川県は、一九三〇（昭和五）年に神奈川県史蹟名勝天然記念物調査会を設置し、さらに四〇（昭和一五）年の紀元二千六百年記念事業の一環として聖蹟誌発行や記念碑整備などに取り組んだが、継続的な事業とならなかった。神奈川県教育会は、県内公私立学校の教職員から構成された官制団体であり、県内各地の聖蹟調査を積極的に実施して、その報告書を機関誌『武相教育』誌上で発表するなど神奈川県内各地における顕彰運動に指導的役割を果たした。史蹟名勝天然記念物保存協会神奈川県支部は、神奈川県社寺兵事課と関係の深い半官半民組織であり、聖蹟を史蹟見学会先に頻繁に選んで一般の人々への普及啓発に貢献した。また聖蹟保存組織として、県内で先駆的な動きを示した横須賀市と、その影響を受けて設立された小田原町の二つの組織の成立と活動を取り上げた。両組織は、市長・町長をトップに仰ぎ、市会・町会議員、各種団体の長、有力者が名を連ねているなど類似点を指摘できるが、詳細に見ていくと地域と聖蹟の関わりの違いから、設立の経緯やその後の展開に違いが見られた。

本章は特定の時期と地域とに限定した考察となったが、神奈川県内の他の市町村での運動の状況、さらに戦後に実施されたGHQの占領政策によって人々の聖蹟に対する意識がどのように変容したのか否かを、実態に即して検証することを今後の課題としたい。

注

（1）　横浜国際関係史研究会・横浜開港資料館編『図説　ドン・ブラウンと昭和の日本』（有隣堂、二〇〇五年）二三頁。
（2）　明治天皇聖蹟保存会編『明治天皇聖蹟――大阪行幸東京行幸之巻』（同会発行、一九三三年六月）にも同方向からの写真が掲載されている。
（3）　大正八年法律第四十四号（内閣印刷局『法令全書』）。

(4) この標柱は、箱根町が実施した箱根関跡保存整備事業の際に撤去された。箱根関所は二〇〇七（平成一九）年三月に復元工事が完成し、一般公開され往時を偲ぶことができる。
(5) 文化庁編『文化財保護法五十年史』（ぎょうせい、二〇〇一年）。
(6) 田中琢「遺蹟遺物に関する保護原則の確立過程」（『小林行雄博士古希記念論文集刊行委員会編考古学論考』平凡社、一九八二年）、高木博志「史蹟・名勝の成立」（『近代天皇制の文化史的研究』校倉書房、一九九七年）、丸山宏『史蹟名勝天然記念物』解説（復刻版、不二出版、二〇〇三年）。
(7) 拙稿「戦前期における史蹟名勝天然記念物の保護活動について」（『かながわ文化財』第九七号、神奈川県文化財協会、一九九八年三月）、拙稿『戦前期における文化財認識と保護主体に関する研究』（二〇〇二〜〇五年度科学研究費研究成果報告書、二〇〇六年三月）。
(8) 朴晋雨「明治天皇の『聖蹟』保存について」（『歴史評論』第四七八号、一九九〇年二月）、北原糸子「東京府における明治天皇聖蹟指定と解除の歴史」（『国立歴史民俗博物館研究報告』第一二一号、二〇〇五年三月）。
(9)(10) 同前、北原「東京府における明治天皇聖蹟指定と解除の歴史」参照。
(11) 神奈川県立図書館所蔵。孔版印刷で刊記がないが、『武相教育』第九六号（一九三八年五月発行）所収の磯貝正「神奈川県下に於ける明治天皇聖蹟を調査して（十五）」の「聖蹟地一覧表」と同内容であることから、一九三八（昭和一三）年三月までに印刷発行されたものと推定。
(12) 聖蹟とは、明治天皇聖蹟保存会の西郷従徳の言葉を借りていうなら「御所、離宮、御用邸、大本営、行在所、御昼饌所、御小休所、御野立所、天覧所、重臣邸など行幸臨幸などの地」と「昭憲皇太后の遺跡、功臣諸公の遺跡」であるという（西郷従徳「明治天皇聖蹟の保存に就て」『史蹟名勝天然記念物』第八巻第一号、一九三三年一月）。
(13) 松本洋幸「一九三〇年代の横浜市政と史蹟名勝保存――横浜史料調査委員会を中心に」（大西比呂志・梅田定宏編著『「大東京」空間の政治史　一九二〇〜三〇年代』日本経済評論社、二〇〇二年）。
(14)『横浜貿易新報』一九三四年八月一三日。
(15)『横浜貿易新報』一九三五年一月一八日。
(16)『ようこそかながわへ　20世紀前半の観光文化』（神奈川県立歴史博物館、二〇〇七年）参照。
(17) 一九三二年一一月発行、横浜市中央図書館所蔵。
(18)『史蹟名勝天然記念物』第五巻第六号、一九三〇年六月。
(19) 鳩山一郎文部大臣は昭和八年度予算を審議する衆議院予算委員会において明治天皇聖蹟保存施設経費について次のように述べている。「明治天皇ノ聖蹟ヲ史蹟トシテ指定致シマシテ、適当ナル保存ノ施設ヲ講ジマスル為メ、之ニ要スル経費二万七千余円ヲ計上致シタ」（『第六十四回帝国議会衆議院予算委員会第二分科会議事録（速記）第三回』一九三三年二月七日）。

(20)『官幣社　寺院仏堂　史蹟名勝　教務』昭和七年（埼玉県立文書館所蔵）
　発宗五六号
　　昭和七年七月二十三日
　　　　　　文部省宗教局長
　　　埼玉県知事殿
　　　　明治天皇聖蹟調査ニ関スル件
　　　　　　記
　　貴管内ニ於ケル明治天皇聖蹟至急御調査ノ上左記ニ依リ八月二十日迄ニ到達スル様御回報相煩度
　一、行幸及臨幸アラセラレタル所、行在所、御昼餐所及御小休所ハ次ノ様式ニ依ル
　　種別　所在地　所有者　当時ノ建造物ノ存否、当時ノ建物ノ現在ノ用途破損程度其他現状ノ概略　保存施設ノ有無
　一、御野立所及御召換所ハ次ノ様式ニ依ル
　　種別　所在地　所有者　現状　保存施設ノ有無
(21) 古谷清「明治天皇聖蹟の指定に就て」（『史蹟名勝天然記念物』第八集第一二号、一九三三年一二月）。
(22) 文部省『明治天皇聖蹟　史蹟調査報告　第八輯』一九三五年三月。
(23)『史蹟名勝天然記念物』第八巻第一〇号、一九三三年一〇月。
(24) 前掲、注（6）参照。
(25) 一九三五（昭和一〇）年刊。
(26) 一九三五年四月に文部省は明治天皇を含む歴代天皇の聖蹟や皇室関係の遺跡調査を道府県に通知（埼玉県文書館所蔵『明治天皇関係書類』）すると、神奈川県では横浜市に対して「聖蹟並皇室関係御遺跡調査依頼」をしたことが判明している（『横浜史料調査委員会事務報告　昭和十年』一九三五年一二月、横浜市中央図書館所蔵）。
(27) 一、事業ノ概要
　1. 聖蹟ヲ調査編纂シ県下市町村、学校其ノ他ニ頒布シ聖徳ヲ偲ハムトス
　2. 聖蹟保存施設
　　記念碑ノ建立或ハ夫々適当ナル施設ヲ為シ聖蹟ヲ永久ニ保存セムトス
　二、経費概算
　　聖蹟顕揚施設費　　金二六、〇〇〇円
　　聖蹟誌編纂費　　金一三、〇〇〇円
　　　二、六〇〇円　一冊五円

聖蹟保存施設費　金一三、〇〇〇円
五二ケ所　一カ所二五〇〇円
「昭和十四年　十一月通常県会議案・諮問案原稿」（神奈川県立公文書館所蔵）

(28)「昭和十五年　通常県会議案原稿」（神奈川県立公文書館所蔵）、神奈川県議会事務局編『神奈川県会史』第六巻、一九五九年。

(29)『神奈川新聞』一九四五年一一月三〇日。

(30)『武相教育　行幸の阯』第一輯（『武相教育』第百号、神奈川県教育会、一九三八年一〇月）。

(31)『武相教育』第七三号、一九三六年四月。

(32)確証はないが、構成や表現がほぼ同一。

(33)磯貝の略歴や活動については石野瑛「史蹟名勝天然記念物の調査と保存事業」（『史蹟名勝天然記念物調査報告書』第十輯、神奈川県、一九四二年）参照。

(34)『武相教育』第九六号、一九三八年五月。

(35)『武相教育』第一〇五号、一九三九年四月。

(36)『武相教育　行幸の阯』第八輯（『武相教育』第一一三号、一九四〇年二月）。

(37)前掲、注（7）参照。

(38)『相武研究』第一〇年第四号（神奈川県郷土研究連盟、一九四一年四月）。

(39)前掲、注（7）参照。石野瑛は沖縄県那覇小学校校長を経て早稲田大学史学科に入学し、在学中の一九二〇（大正九）年一〇月から二二年三月まで横浜市史編纂係嘱託、その後神奈川県立横浜第二中学校教諭、四二（昭和一七）年、武相中学校を設立し理事長兼校長。四三（昭和一八）年、神奈川県聖蹟顕揚忠臣顕彰会調査主任。

(40)神奈川県振興課編纂『神奈川県史蹟名勝天然記念物要覧』（一九四四年、横浜市中央図書館所蔵）。

(41)武相学園、一九六一年七月三〇日。

(42)石野「聖蹟のみあと」の原稿は現在、神奈川県立金沢文庫に所蔵されている。

(43)明治二二年に横須賀鎮守府造船部、同三六年横須賀海軍工廠。

(44)(45)桜井諗「横須賀行在所阯を向山に訪ねて」（前掲、『行幸の阯』第八輯）。

(46)寄贈申出の書面には次のように記載されている。
「明治天皇ノ御駐輦ヲ永遠ニ記念致シ度心願ニ依リ右向山海軍用地（高キ山）ヲ現地主肥後富一郎名義ニ払下ゲラレ之レヲ開拓シテ今日ニ至リシモノ此開拓ニ重関係アル肥後富一郎、山田清麿、飯田清治、工事請負者佐野茂徳、記念碑建設者代表斎藤六兵衛等ハ国民トシテ忘ルベカラザル記念碑ヲ斎藤ノ発起ニ依リテ建設シ昭和四年二月十二日廣ク国民ノ記念ト致シ度御市ニ碑並ニ土地共寄附ヲ申出置候モ爾来約二年半未ダ採否ノ御沙汰ニ接セズ候ニ就テハ茲ニ当時申出置キ候記念碑土地ノ外更ニ前記ノ通リ玉垣ヲ建設シ併セテ貴市ニ寄附致度候條速ニ御採納被成下度待チ侘ビ居次第ニ有之候」（前掲、『行幸の阯』第八輯）。

(47)『横浜貿易新報』一九三一年一二月八日。

(48) 前掲、『武相教育　行幸の阯』第八輯。

(49) 前掲、注(22)。

(50)『横浜貿易新報』一九三二年八月二一日。

(51)『横浜貿易新報』一九三三年八月二〇日。

(52) 以下の叙述は『明治天皇聖蹟記念誌』（明治天皇聖蹟小田原町保存会、一九四二年）による。

表２－１　神奈川県内明治天皇聖蹟地一覧

所在地			聖蹟地		記念碑・標柱		
現在市町村		昭和15年当時	区分	名称	種別	除幕年月	建立者・備考
横浜市	中区	海岸通	休憩	横浜税関監視部			
		北仲通	臨幸	灯台寮	木標	昭和10．3	
			休憩	東海鎮守府	木標	昭和10．3	横浜市
		桜木町	行幸	横浜駅	木標	昭和10．3	
		日本大通	休憩	神奈川県庁			
		花咲町	臨幸	瓦斯器械所	木標	昭和10．3	
		簑澤町	行幸	日本競馬会競馬場	木標	昭和10．3	横浜市
		宮崎町	泊輦	横浜離宮	木標	昭和10．3	
	神奈川区	神奈川通	泊輦他	石井源左衛門宅	石碑	昭和３．11	青木町青年団・青木青年修養団
		斉藤分町	膳水	河野大助所有			
		宮前町	内侍所	洲崎神社境内	木標	昭和10．3	
	保土ヶ谷区	岩間上町	膳水	御所台の水			
		天王町	内侍所	橘樹神社境内	石碑 木標	昭和７．９ 昭和10．3	橘樹神社氏子 横浜市
		保土ヶ谷町	休憩	金子伝左衛門宅			
			休憩・膳水	苅部清兵衛宅	木標	昭和10．3	横浜市
		保土ヶ谷町境木	休憩	若林長四郎宅	木標	昭和10．3	横浜市
	鶴見区	生麦町	休憩	八木下平兵衛畑	木標	昭和10．3	横浜市
	戸塚区	大正村山谷	休憩他	西村屋渡辺佐平二			
		戸塚	休憩	安藤重右衛門宅	石碑	昭和18．4	戸塚区聖蹟保存会
			休憩	江島文右衛門宅			
		戸塚町	泊輦他	沢辺九郎右衛門宅	石碑 石碑	大正11．8 昭和18．4	戸塚町有志 戸塚区聖蹟保存会
			膳水	川崎屋秋山源太郎			
			輦奉安	八坂神社	木標	昭和18．3	横浜市
	栄区	小菅ヶ谷	野立	茨木嘉兵衛宅			
川崎市	幸区	小向	行幸	小向梅林	木標 木標 石碑	明治43．2 大正10． 昭和６．６	？ ？ 個人
	川崎区	砂子	膳水	青木一夫所有			
		下新宿	内侍所	紀ノ国屋平兵衛裏畑			
		東	休憩	田中兵庫宅	石碑	昭和12．6	川崎市
小田原市		小田原町幸町	臨幸	御幸の浜	石碑	昭和15．2	
			泊輦	片岡永左衛門宅	石碑	昭和15．2	明治天皇聖蹟小田原町保存会
			泊輦	清水金左衛門宅	石碑	昭和15．2	
			臨幸	足柄県庁	石碑 石碑	昭和９．５ 昭和15．2	小田原町第二小学校 明治天皇聖蹟小田原町保存会
			内侍所	松原神社	石碑	昭和15．2	
		酒匂村	休憩	鈴木新左衛門宅		昭和15.11	明治天皇聖蹟酒匂村保存会
		酒匂村小八幡	休憩・膳水	瀬戸利兵衛宅	石碑	昭和15.11	
横須賀市		稲岡町	休憩	横須賀鎮守府			
		鴨居	休憩	高橋勝七宅			
			行幸	観音崎砲台			
		汐入町	泊輦	藤倉五郎兵衛宅			
		泊町	休憩	横須賀海兵団			
		西浦賀町	休憩	西岸小学校	石碑	昭和３．４	有志
		船越	休憩	水平屯所			

所在地		聖蹟地		記念碑・標柱		
現在市町村	昭和15年当時	区分	名称	種別	除幕年月	建立者・備考
横須賀市	山王町	膳水	禁廷水井			
	緑が丘諏訪山公園	泊輦	向山官舎　＊S８.11	石碑 石碑	昭和４．２ 昭和８．11	個人、昭和11年３月に再建 明治天皇行在所記念碑建設委員会
	楠ヶ浦町	行幸	横須賀造船所			
	長浦	行幸	水雷試験場			
平塚市	馬入	休憩	鈴木新太郎畑地			
		休憩	杉山泰助宅			
	平塚	休憩	桔梗屋加藤七郎兵衛	石碑	(昭和17)	?
藤沢市	江ノ島	臨幸	立花屋廣澄			
	亀井野	野立				
	御所見村用田	休憩	伊東祐吉宅	石碑	不明	?
	渋谷村上和田	野立				
	高倉	休憩	井上欣平	木碑	明治32.10	?
	西富	泊輦他	清浄光寺　＊S18.12	木碑	昭和12.12	?
	藤沢	泊輦他	寺田三郎兵衛宅	石碑	昭和15.-	個人
	藤沢町	泊輦他	三橋慎助			
	藤沢町大久保	野立				
	藤沢町車田	野立	鈴木勇次郎			
厚木市	荻野村上荻野	野立	第一天覧所	石碑	大正４．11	?
	荻野村中荻野	野立	第二天覧所	石碑	大正４．11	?
	妻田村	泊輦・膳水	永野茂宅　＊S10.11	石碑	昭和11．４	文部省
	南毛利村高松山	野立	第三天覧所	石碑	明治21．４	村民有志、昭和14年５月復旧工事
茅ヶ崎市	小和田	休憩	新倉長左衛門畑地	木碑	昭和12.-	
	茅ヶ崎	休憩	松屋佐藤清左衛門			
		休憩	重田八郎右衛門宅	木碑	昭和11.11	?
鎌倉市	小袋谷	野立				
	二階堂	参拝	鎌倉宮	石碑	大正10．６	?
	雪ノ下	参拝	鶴岡八幡宮			
		野立	大臣山　＊S８.11	石碑	昭和３．11	鶴岡八幡宮奉賛会、在郷軍人会鎌倉町分会
		泊輦	筥崎博尹			
相模原市	小原町底澤板橋	休憩	小林庄右衛門宅			
	吉野町	休憩	吉野十郎宅			
	与瀬町	休憩	坂本荘太郎宅	石碑	昭和15．２	
		膳水	佐藤実三所有地			
大磯町	大磯北本町	泊輦他	小島才三郎宅	木碑	昭和３．10	大磯研究会外町内有志
		膳水	岡本家別荘内			
	大磯南浜岳	臨幸	官有海岸砂地	木標 石碑	昭和３．- 昭和９．１	郷土研究会 ?
	大磯南本町	休憩	山秀楼山本秀三			
	大磯神明町	内侍所	神明神社境内	石碑	昭和３．４	
	国府村国府本郷	休憩	吉川平兵衛	木碑	昭和13．２	青年団、在郷軍人会他
箱根町	温泉村宮ノ下	泊輦	奈良屋安藤兵治	石碑	昭和２．４	箱根保勝会
	箱根町	休憩	柏屋駒佐五右衛門宅	石碑	?	
	元箱根村	休憩	川合右近宅	石碑	昭和９．８	個人
		野立	箱根神社前湖畔	石碑	大正14．８	?
	湯本町塔ノ沢	休憩	福住喜平次宅			
	湯本町畑宿	休憩	茗荷屋金指畑右衛門			
		休憩	荻野勘蔵宅	石碑	(昭和15)	
	湯本町畑宿笈平	休憩	醴茶屋ノ地	石碑	昭和４．11	箱根振興会他、昭和６年11月再建

所在地		聖蹟地		記念碑・標柱		
現在市町村	昭和15年当時	区分	名称	種別	除幕年月	建立者・備考
箱根町	湯本町湯本茶屋	休憩	天野門右衛門宅			
二宮町	梅沢山	休憩・膳水	松屋和田作右衛門			
	海岸	休憩	和田銀七宅			
藤野町	小渕村小渕下	休憩	秦松太郎宅	石碑	不明	小淵村青年団。昭和22年相模ダム完成により水没

注：１）本表は、神奈川県教育会編『明治天皇神奈川県聖蹟地一覧表』（昭和11年発行）、同会編『行幸の阯』第１～14輯（昭和13～16年）、明治天皇相武聖蹟敬仰会編『相武聖蹟行幸の阯』（発行年不明）、『横浜貿易新報（神奈川県新聞）』などにより作成し、現地確認などにより補正した。

２）＊は史蹟指定で、それに続くＳと数字は指定された「昭和年月」を意味する。

第3章　ホノルル戦時情報局の対日宣伝ビラ——画家フランシス・ブレークモアの貢献

森岡　三千代

はじめに

第二次世界大戦中に連合軍やアメリカ軍が展開した対日心理戦については日本現代史やメディア史、社会文化史などすでに多方面からの研究が進んでいる。宣伝ビラについても、ビラ本体の紹介や系統的分析、ビラに対する日本兵や市民の反応、さらにビラ作成に関わった軍人や民間人の活動についてなど多くの論文が発表されている。しかし、これまでの宣伝ビラの研究においては、日本軍を降伏させる目的で作られた心理戦の道具としての内容や評価に重点がおかれ、図版を担当したアーチストの役割は詳しい分析の対象になっていない。宣伝ビラ制作はあくまでも集団作業であったし、プロパガンダという特殊な枠内での創作は自由な自己表現としての芸術活動とは異なるから、当然かもしれない。

しかし、ホノルルの戦時情報局中部太平洋作戦部（Office of War Information Central Pacific Operations, 以下ホノルルOWI）で宣伝ビラの作成に従事したフランシス・ブレークモア（Frances Blakemore, 1906–97, 以下フランシス）は、五年間の滞日経験を通じて得た知見と画家としての誇りをもって、与えられた任務に取り組んだ。フランシスのビラには日本の風俗に関する知識や彼女個人の人間性そして画家としての感性が反映されている。彼女が宣伝ビラをも自分の

「作品」として大切にしていたという事実は、ホノルルで制作されたビラを画帖に丁寧に貼り込み、他の対日心理戦に関する資料と共に亡くなるまで半世紀にわたって大事に保存していたことが証明している(1)。本章は、フランシスが残したプロパガンダ資料や宣伝ビラを紹介し、対日心理戦における米軍の日本人理解や彼女のプロパガンダ・アーチストとしての個性や貢献を考察する。

第1節　フランシス・ブレークモアの経歴

フランシスは、一九〇六（明治三九）年イリノイ州でジョージ・ウィズマー（George Wismer）夫妻の長女として生まれた。父親はレストラン経営者、母親は結婚前に高校で美術の教師をしていた。一九〇八年に公募抽選で八〇エーカーの自作農場権を得て、一家はワシントン州東部のスポケーン市に移住したが、不幸にも父親が一五年に交通事故で亡くなった。フランシスは、二五年にワシントン大学（シアトル市）に入学して美術を専攻した。りんご園でアルバイトしたり、アクセサリーをデザインして生計をたてながら苦学し、卒業するのに一〇年かかっている。しかし、在学中からシアトルのコンペに出品して賞を獲得する有望な新進画家・版画家であった(2)。

大学卒業直後の三五年七月に、同大学で英文学を学んだグレン・ベーカー（Glenn Baker）と結婚し、新婚旅行をかねて東京に渡った。渋谷区鶯谷町の和洋折衷の借家に落ち着いた若いアメリカ人カップルはマスコミから注目され、当時の『東京日日新聞』（一九三五年八月二三日）や『都新聞』（同）などに大きな写真入りで紹介されている。フランシスは、ワシントン大学教授やシアトル美術館長の推薦状を手に、アーチストとしての自分を積極的に売り込んだ。早くも三五年秋には、銀座のレストランで壁画を制作し、当時としては大金の七〇〇円という謝礼を得ている。その後、英語を教えるかたわら、英字新聞のイラストに日本の情景を描き、シアトルの版画コンペにも作品を送って、画家・版画家としての活動を続けた。日本の伝統文化美術を学ぶことにも熱心で、民芸運動の柳宗悦（一八八九〜一九六一）や浜田庄司（一八九四〜一九七八）の知遇を受け、益子で作陶していた浜田を何度も訪ねている。また、精神科医師の村松常雄（一九〇〇〜八一）夫妻ら、美術界外の多くの日本人とも交流を深めた。一時期神近市子と同じアパートに住んで、リーダーズ・ダイジェスト（*Reader's Digest*）を貸したりするつきあいがあった(3)。在日アメリカ人とも交友関係を保ち、のちにホノルルＯＷＩで上司となるブラッドフォード・スミス（Bradford Smith, 1909-64）にはこの頃東京で出会っている。五年間の滞日中、フランシスはアメリカの家族あてに毎週のように手紙を書いたが、それらは鋭い観察とユーモアにあふれ、彼女が日本での生活をいかに愛していたかを伝えている。

四〇年八月、フランシスは排外的な雰囲気が高まる日本を脱出し、ホノルルに移動した。カネオヘ湾海軍航空基地で壁画を創作したり、戦時下のハワイの庶民生活をユーモラスに記録した『急襲された私達――戦時下ハワイの漫画日記』（*We the Blitzed: A Diary in Cartoons of Hawaii at War*, 1943）を発行する一方、四二年には、真珠湾攻撃直後創設されたアメリカ合衆国検閲局（Office of Censorship）で働き始めた。四四年六月に、ホノルルＯＷＩへの転属を命じられ、そこで「視覚情報専門員」（Visual Information Specialist）として、終戦まで多数の宣伝ビラ作成にたずさわった。

四六（昭和二一）年の夏、東京にもどり、連合国最高司令官総司令部（ＧＨＱ／ＳＣＡＰ）の民間情報教育局（Civil Information and Education Section, 以下ＣＩ＆Ｅ）内の情報課（ドン・ブラウン課長）に属する部署で展示係長を務めた。十数人の日本人部下を指導して様々な展示やポスター、パンフレットなどを制作し、ＧＨＱの日本民主化政策の紹介・普及に貢献した(4)。そのあいまに、占領下の日本の風景や日米文化摩擦を風刺した『ジープでめぐる日本――占領軍の観察』（*Jeeper's Japan: As Seen by the Occupation*, 1949）という本を発行している。また五〇年に西宮球場で開催された大規模な「アメリカ・フェア」の展示や、五一年のサンフランシスコ講和会議の際に地元のオペラハウスで「日本の民主化」（Democratization of Japan）と題する展示を担当したのも彼女であった。

フランシスは、四六年に最初の夫ベーカーと離婚し、五二年に弁護士トーマス・ブレークモア（Thomas Blakemore, 1915–94）と再婚している。その後、ホテル・オークラ内フラネル・ギャラリーを経営するかたわら、『近代日本の版画家』（*Who's Who in Modern Japanese Prints,* 1975）を出版して、多数の日本人版画家を世に送り出しアメリカにも紹介した。その間、フランシス自身も画家・版画家としての創作活動を続け、ニューヨークや東京で個展を開いている。八八年に夫と共にシアトルにもどり、アメリカの学生たちの東アジア言語研修とアメリカにおける日本文化美術紹介を奨励する目的で、九〇年にブレークモア財団を設立した。二人ともシアトルで亡くなった。

第2節　ホノルル戦時情報局

ホノルル戦時情報局（ＯＷＩ）は一九四四年三月に創設された。太平洋方面情報局（Intelligence Center, Pacific Ocean Areas: 以下ＩＣＰＯＡ）から四三年九月に改組・拡大されて同じくホノルルを拠点としていた太平洋方面統合情報局（Joint Intelligence Center, Pacific Ocean Areas: 以下ＪＩＣＰＯＡ）の管轄下に置かれ、太平洋艦隊及太平洋方面司令部（Commander-in-Chief, Pacific Command and Commander-in-Chief, Pacific Ocean Areas: 以下ＣＩＮＣＰＡＣ—ＣＩＮＣＰＯＡ）の心理戦班（Psychological Warfare Section, 四四年六月設立）との協同活動であったが、軍から独立した機関であった。(5)ホノルルＯＷＩは終戦まで多数の対日宣伝ビラを作成し、また、オアフ島からの日本向け短波放送ＫＲＨＯやサイパンを通じての長波放送ＫＳＡＩなどのプロパガンダ活動を展開して、アジア太平洋におけるアメリカ軍対日心理戦において戦争末期に重要な役割を果たした。

フランシスが所有していたＯＷＩスタッフ住所録には、サイパンのＯＷＩメンバーも含めて、翻訳者やラジオ・アナウンサーから各分野技術者までおよそ百名の名前がアルファベット順に記録されている。このうち多くのメンバー

写真3－1　ホノルルOWIスタッフ
出典：*OWI Central Pacific Operations* より。

が「OWI Central Pacific Operations」と題されたパンフレットの写真で確認できるが、そのなかには、日本在住経験のあるアメリカ人や日系アメリカ人が多くいた（写真3－1）[6]。部長のブラッドフォード・スミスは、立教大学や東京帝国大学で戦前五年間教鞭をとった。副部長のエドワード・マッケイ（Edward McKay）はアメリカン・エキスプレス銀行の横浜支店に勤務した後、上海に転勤になり、そこで日本軍に家族ともども強制収容所に入れられた経験があった。また、宣教師を父親にもち、半世紀にわたって日本に住んだベッシー・マッキム（Bessie McKim）は、対日ラジオ放送の日本語を点検する役割だった。翻訳班としては班長アキヨシ・ハヤシダの下にシゲイチ・カワムラ、トシアキ・モリタ、シゲハル・モリタ、ユキコ・キムラ、デンイチ・キモトらの名前があげられている。また、プロパガンダ制作にあたっては、日本人捕虜も動員した[7]。

フランシスの保存していた心理戦関係資料のな

かに"Total Production"(「総制作数」)と題したカーボン・コピーの書類がある(以下プロダクション・リスト)。用紙にレターヘッドがないので判然としないが、ホノルルで作成された宣伝ビラの一覧表で、ＯＷＩかＪＩＮＣＰＯＡが終戦直後にまとめたものではないだろうか。公式な報告書としての信頼性は他の資料と比較して検証する必要があるが、ここでは一応その内容を紹介しておく。第一頁目の「総制作数」の見出しの下に、次の五種類が記録されている。

日本語新聞型宣伝ビラ(JAPANESE NEWSPAPERS)	一一六四万八〇〇〇枚
コメントおよびカタログシート	一〇万枚
韓国語新聞型宣伝ビラ(KOREAN NEWSPAPERS)	二七万枚
コメントシート	五万枚
中国語新聞型宣伝ビラ(CHINESE NEWSPAPERS)	六〇〇〇枚
ＪＩＣＰＯＡ宣伝ビラ(JICPOA LEAFLETS)	一九七四万九〇〇〇枚
コメントおよびカタログシート	七二万五〇〇〇枚
ＯＷＩ宣伝ビラ(O.W.I. LEAFLETS)	七八七五万二〇〇〇枚
コメントおよびカタログシート	三六万五〇〇〇枚

「コメントおよびカタログシート」(Comment and Catalog Sheets)はビラの束を送るときに付けられたり、見本帳にも付けられた解説シートである。そのあと八頁にわたるリストには、それぞれのビラの識別番号、制作数、印刷者、日付、印刷に使われた色の数、解説シート数、が明記されている。(8) ホノルルで制作されたビラがＪＩＣＰＯＡとＯＷＩとに区別されているが、ＯＷＩのビラの総制作数が圧倒的に多いのが目立つ。また、このリストによると、四四年

八月から四五年八月にかけてＪＩＣＰＯＡは約一一〇種類、ホノルルＯＷＩは約一〇〇種類のビラを作成したが、ＯＷＩビラの少なくともほぼ七〇種類がフランシスのデザインした図案を使用している(9)。イラストを得意とした彼女はコマ漫画形式のビラ（403, 2007など、以下ビラの識別番号はこの形式）も作成し、さらに、『まこと』、『琉球週報』、『朝鮮自由報』など新聞型宣伝ビラに掲載された「南瓜大尉と大耳兵卒」と題する風刺漫画や『マリヤナ時報』に現れる同じようなキャラクターを描いた(10)。

プロダクション・リストに記録されたＪＩＮＣＰＯＡやホノルルＯＷＩの宣伝ビラの識別番号は、一〇〇番台から四〇〇番台にとんでいるが、識別番号については、ＣＩＮＣＰＡＣ―ＣＩＮＣＰＯＡが四四年八月に発行した心理戦パンフレットに明記された説明を次のように要約できる(11)。

100–399――攻撃する地域一帯の抗戦力を弱める目的で、空爆と同時進行で総括的に使用。
400–499――敵前上陸直前、主に水上戦艦からの集中爆撃と同時期。
500–699――上陸作戦を強行して上陸拠点を獲得し、交戦が開始された後。
700–799――当方の戦力が勝っていると敵が認識した時。
800–999――敵の抵抗力が破壊され、残敵を掃討する時期。
1000–1999――孤立した守備隊に向ける。

四四年九月以降にそれまでの識別番号と平行して二〇〇〇番台の番号が使用されるようになり、ホノルルＯＷＩが作成したビラは二〇〇〇番台が七〇％を占めている。また、プロダクション・リストによると、二〇〇〇番台は『まこと』や『マリヤナ時報』など日本語の新聞型宣伝ビラも含み、三〇〇〇番台は中国語新聞型宣伝ビラ（3500, 3501,

3502）で四五〇〇番台は韓国語新聞型宣伝ビラを示している。

第3節　アメリカ軍の対日心理戦──「ペンは剣よりも強し」

フランシスが保存していた資料のひとつにＣＩＮＣＰＡＣ―ＣＩＮＣＰＯＡ（太平洋艦隊及太平洋方面司令部）が一九四四年一二月から四五年八月一五日の間に作成し「㊙」（Confidential）と指定して発行した対日心理戦に関する一群の小冊子がある。一冊目 *Psychological Warfare, Part One*『心理戦　第一部』は、アメリカ軍の対日心理戦ハンドブック、あとの四冊は対日宣伝ビラの見本帳で、ビラ本体の複製と対をなして英訳を含む解説シートが掲載されている。[12] *Psychological Warfare, Part One* は、前述の四四年八月に発行されたパンフレットを改良・拡大し、それまでの心理戦で積み重ねられた学習の成果を総括した、アメリカ軍人向けの完成度の高い対日心理作戦ハンドブックであったと思われる。[13] そして、見本帳から選んだ各ビラの識別番号を指定して要請すると、サイパンのＣＩＮＣＰＡＣ－ＣＩＮＣＰＯＡ心理戦班からビラが送られることになっていた。また、宣伝ビラを使用した場合は、「識別番号、撒布した場所と日時、枚数と撒布手段（飛行機の場合は飛行高度を報告）、指定のビラを使用した理由、効果があったかどうか、一般的コメント」などの報告をＣＩＮＣＰＡＣ―ＣＩＮＣＰＯＡ心理戦班に送るようにと指示されていた。[14]

Psychological Warfare, Part One（全四四頁）の目次を以下に記す（上段が原文）。

Section One: Psychological Aspects　　第一節　心理面

Introduction　　序

Notes on the Japanese Character　　日本の国民性に関する覚書

General Propaganda　一般プロパガンダ
Assault Propaganda　攻撃時プロパガンダ
Propaganda for By-Passed Garrisons　孤立した守備隊向けプロパガンダ
Themes for Japan Proper　日本本土に向けるテーマ
Themes: General Considerations　テーマについての一般的考慮
Cautions　注意事項
The Presentation of News　ニュースの伝達
The Preparation of a Leaflet　宣伝ビラの準備
Recordings　録音
OWI Activities　ＯＷＩの活動
Samples of American Propaganda　米軍ビラの見本
Samples of Japanese Propaganda　日本軍ビラの見本

Section Two: Technical Aspects　第二節　技術面
Introduction　序
Hand Dropping　手による撒布
Propaganda Leaflet Shells　宣伝ビラ砲弾
Propaganda Leaflet Bomb　宣伝ビラ爆弾
Polly Aircraft　（拡声器を装備した）「ポリー機」

第一節は、一四項目を含み、写真や挿絵を多く混ぜながらアメリカ軍対日心理作戦の基本的ガイドラインを提示している。たとえば、「宣伝ビラの準備」（一四頁）の項目では、英語の原文から日本語に翻訳されたテキストを様々なランクの日本兵捕虜（少なくとも十人）に見せ、さらに、図案、様式、テーマの扱い方などについて検討させ、満足できるビラができるまで、何度も繰り返しテスト・調整する必要性を強調している。また、日本兵捕虜によって書かれたビラも他のビラと同じようにテストされるが、字の書き方や文法的表現など、対象とする階級の日本人にアピールするように、そのまま再現したものが多くあるとの説明もある。

第二節は六項目からなり、撒布方法や英国式またはアメリカ式宣伝ビラ砲弾の作り方、ビラ爆弾投下のタイミングなど技術面について図面や表を使って詳しく解説している(15)。

ここでは、アメリカ軍心理戦首脳部が日本人をどのように理解していかに軍人達を教育していたのか、「第一節　心理面」の内容を紹介したい。まず、「序」（一～二頁）では、「宣伝ビラ、パンフレット、新聞、短波および長波放送、録音メッセージ、拡声器での呼びかけ」などの手段による心理作戦の意義を次のように説明している。

　プロパガンダとは広義においては相手の考えや行動を支配するための手段であるが、実際には相手の思考過程に影響を与えるのみではなく、アイデアをその思考の中に微妙に組み込んでしまうこともできる無形の戦力である。人間の精神をターゲットとするプロパガンダは肉体的打撃を与える武器よりよほど破壊的である。ゆえに、すぐれたプロパガンダを積極的に実践することは目的を達成するための強力な武力となり得る。思考が破壊され、精神が動揺した時にのみ、人間は無力に陥る。

戦闘プロパガンダの目的は敵の士気を低下させ、さらには敵が降伏するように説得することである。降伏における人道的な意義とは別に、捕虜を獲得することは特に有効な軍事業績でもある。敵国の兵士が降伏すると、敵の戦力が減少するのみでなく、貴重な軍事情報源を得ることにもなる。この事実は特に日本兵捕虜に関して明白である。日本兵は降伏することに拒絶反応を示すが、いったん捕虜になって取り調べを受けると、重要な軍事情報を提供することが多い。日本軍は降伏を認めないので、捕虜になった際にどのように振舞うべきかという教育の重要さを最近まで全く無視してきた。そのため、日本兵捕虜は、軍の安全防衛についてほとんど考慮せず、自由に話す。現在、二、三の日本軍部隊は、捕虜としての行動を教えられた様子を示しているが、今のところ日本兵は防衛意識の高いドイツ兵よりはるかに望ましい軍事情報源である。

アメリカの軍人は一般的に武力攻撃を重んじ心理戦争を軽視したといわれる[16]。そのなかで、関係者たちが心理作戦を「敵の精神に打撃を与える無形の武器」と定義して軍人たちの教育に努めていたことがわかる。表紙の裏に「ペンは剣よりも強し……」（THE PEN IS MIGHTIER THAN THE SWORD……）と太い文字で表記したのもこの点を示している。そして、何よりも、貴重な情報源としての日本兵捕虜獲得の必要性を強調していた。

続いて「日本の国民性に関する覚書」（三―五頁）は、アメリカ軍心理戦関係者がどのように日本人を分析していたかという点で参考になるので、少し長いがここにそのほぼ全文を引用する。

おそらく一番顕著な日本人の特性は、個性を追求するより周りとの協調性を望むことだろう。これはいろいろな面に表れている。日本人は、協調性に欠けたり権威を無視すると仲間はずれになるから極力注意するようにと子供の頃から教えられている。ゆえに、家族生活においてもその教えは浸透していて、個人は家族内の一単位としてのみ存在する。父親は一家の主であり、息子たちは父親に従う。同様に、一歩外に出ると日本人は年上、目上の人に必ず頭を下げて礼をする。このような協調性のため、日本人は天皇をあがめ、崇拝し、天皇の勅令を法として受け入れることができる。西洋の観点からみると、日本人は自由ではない〔……〕。

集団の一員としての協調性、およびその結果としての没個性、この事実が日本人が降伏を非常な恥とみなすことを説明している。軍隊の伝統も考慮する必要がある。しかし、協調性という問題が、日本兵の降伏に対する態度を理解する上での重要な手がかりとなる。一個人が社会共通のイデオロギーの枠外に出ることは許されない、そして、その枠内で成功できない日本人は「切腹」(seppuku)するのである。「切腹」することによって、日本人は自分の失敗を償い、名誉を保ち、行動の純粋さを表現する。ガダルカナル、サイパン、ペリリューなどで目撃された「万歳突撃」は、この「切腹」の表現にすぎない。

日本の国民性を理解するにあたり、彼らが運命にこだわるという事実も重要な点である。日本人にとって、「運命」はすべてのことを説明する。思うように物事が進まなくても、日本人は「しかたがない」と言って諦めることができる。これはわれわれの言うところの「これが人生さ」と同じようなものだが、日本人はもっと真剣である。どうにもならない状態に直面した時、それを「運命」として受けとめる。「運命」は日本人にとって、人生における巡り合わせであり、理解できない戦いに参加する義務であり、国と天皇に対する一般的な義務である、と言ってもよい。

また、日本人は極めて感情的である。狂喜したり、絶望に陥ったり、感情の起伏が激しく、極端である。ゆえに、日本人は、助けが来つつあるとか、何千もの味方の爆撃機が近づいているとか、アメリカ人の精神より大和魂のほうが優れているとか、日本海軍がアメリカの艦隊を破壊するだろうとか、指導者から教えられたり噂を聞いたりして大喜びする。しかし、味方の軍艦が沈没し援護がないとわかると急に落胆してしまう。空を横切る爆撃機がアメリカ軍だと知り、また、「しかたがない」とつぶやくのだ。もちろん、日本兵は死物狂いに戦い続けるだろう。しかし、彼はすでに以前の兵隊ではない。究極の協調性の証として団体行動をとるロボットになり、死ぬことによって失敗の罪滅ぼしをする。これは、日本人が死を恐れないという意味ではなく、生まれた時からほぼずっと受けてきた教えの表明にすぎない。すなわち、死ぬという行為においても筋道正しく行動し、日本の伝統を恥ずかしめてはならないのだ。

上記の事実を考慮した上で、日本兵が降伏するように仕向けることは可能だと信じる理由があるのだろうか？この答えは、日本の国民性つまり一個人内の激しい感情の葛藤に訴えるという点にある。〔軍閥に〕裏切られ、欺かれた〔兵士達には〕敗北は明らかだ。ついに援護もとどかず、上官には酷使される。しかし生きのびたいという人間としての本能は強く残っている。〔……〕日本兵はロボットになるよう訓練され、外部には仮面しか見せないかもしれないが、強い感情に流されやすい。自分の家や家族のもとにもどりたいという希望や、熱い風呂に入りたい、水を飲みたい、魚つりに行きたいという切実な希望を自己の精神から全く除き去ることはできない。絶望的なムードをつくりだし、自己保存の意識を呼び起こし、さらに仲間の前で「顔が立つ」、すなわち恥をかかせないように降伏できる手段を与えると、日本兵をアメリカ側に誘導することは可能である。彼らに義務を破棄させ、降伏して生き残りたいと望ませること、すなわち、混乱と恐怖感にとらえられた一個人として「しかたがない」と言わせることは可能なのである。

この説明を読むと、日本人の権威に対する従順さや仏教的な諦観の態度の指摘はおおよそあたっている。突然「切腹」という言葉が現れるのには驚くが、日本兵が投降より自殺を選ぶという、アメリカ軍にとってはほとんど理解不可能な事態を日本武士道に基づく「切腹」という行動に重ねて説明しようとしている。日本人が「極めて感情的である」という主張も興味深いが、プロパガンダを通じて兵士の人間性や生きたいという願望に訴え、仲間の前で恥をかかせないように降伏させるという方針は、太平洋戦争末期のアメリカ軍の心理作戦において一貫していた。

また、これに続く「一般プロパガンダ」（六頁）の項では「日本人は頑固なので、ドイツ人よりはるかにプロパガンダに対する抵抗力を持っている。それゆえ、我々が対日心理作戦を通じて紹介する事実を吸収するためのじゅうぶんな時間を与えることが肝要である。最初の反応が思わしくなくても、急襲や集中攻撃のような非常時に同じアイデアや事実を繰り返し伝えると、日本兵はやがてそれを受け入れる」と説明している。ここでもまたドイツ兵と比較されているが、特に「頑固な」日本人に対して成果をあげるためには、同じプロパガンダ・テーマを繰り返す必要性が認識されていた。これもアメリカ軍対日心理戦の基本方針の一つであった。

「日本本土に向けるテーマ」（九頁）という項目では、次のような文章が見られる。

最前線の日本兵を対象とするプロパガンダのテーマの中には本土の一般市民に対して有効な例もある。しかし、概して、一般市民に対するプロパガンダの本質は、軍隊を対象とするものと少し異なる。日本の軍人を特色づける信念が日本の民間にも浸透していることは当然だが、軍人達のように厳しく徹底的にその信念を教え込まれているわけではない。彼らは政府が正当とする思想にそって考えるように教育されているが、比較的自由なので、軍人よりはもっと自主的によりじっくりと考える余裕がある。したがって、一般市民に対するプロパガンダはいつも多大な効果をもたらす。

本土対象のプロパガンダは三組に分けられる。［第一に］百姓、商人、漁師などを含む人々（"little" people）。［第二に］学生。［第三に］役員や公務員。おそらく学生は理想主義的なテーマや反軍閥運動テーマに最も感化されやすいターゲットグループだ。［第二］グループは、テロに関するテーマや軍部指導者の嘘を暴露するテーマに強く影響される。役人階級に対しては、アメリカ軍の圧倒的な軍事力を見せつけ、勝利の見込みのない戦争をやめることによって国を救うことができると説得するなど、純粋な論理的思考にアピールすると効果があるだろう。

本土の日本国民を三組に分けた理由は明らかではないが、それまでの対日心理戦略研究に基づいた結論のひとつであったのだろう。そして、日本本土向けプロパガンダのテーマに、(1)軍部指導者の嘘を暴露する、(2)異なる社会階級のグループとグループを対抗させて、不和と軋轢を生み出させる、(3)アメリカの工業力と最近のアメリカ軍の勝利を事実として伝える、(4)恐怖心に訴える、をあげている。ここに列記されたテーマはすべて対日宣伝ビラに使われた。

さらに、「テーマについての一般的考慮」(一〇～一二頁)では、戦闘地域に向けたプロパガンダのテーマをこのように論じている――(1)本土で安楽に暮らしている軍部首脳の犠牲になっているという事実を認識させ、不和と軋轢を生み出させる、(2)疲労、空腹、負傷の苦しみなど肉体的要求に訴える、(3)兵士の愛国心に訴えて自殺を阻む、(4)顔をつぶさずに降伏できる正当な理由を提供し、抵抗は無意味だということを説得する、(5)正しい戦況を兵士に知らせて日本軍部首脳の嘘を明らかにする、(6)アメリカ軍は武力によってこの地域を占領し法的にも正当に支配していると主張し、日本人の権威と法に対する尊敬心にアピールする、(7)圧倒的なアメリカの武力と工業力、および最近のアメリカ軍の勝利を宣伝する、(8)台湾や中国沿岸、琉球などに住む日本人以外の住民たちへアピールして日本軍の建設した軍事施設や橋、道路などを破壊させる。

抗戦意志を低下させようとするこれらテーマの大部分は前線の日本兵に対して有効なものであった。前述の日本本土向けのテーマと重なる部分もあるが、対日本兵のプロパガンダにおいて最後の一年間に一番強調されていたのは、(3)(4)(5)に明記されているように正しい情報を与えて、自殺させず、恥をかかさずに降伏させることであった。これは、「注意事項」(一二頁)で次のように再び説明されていることからもわかる。

伝える事実が嘘である、または嘘かもしれないといった印象を日本人に与えないことが一番肝要である。もし敵軍のなかからアメリカの呼びかけに応じて降伏する者があれば、その兵士に決して危害を加えないように、極力注意しなければならない。他の兵士達が観察しているかもしれないからだ。仲間が降伏しようとして集中攻撃にあったり銃弾に倒れたりするのを目前にすれば、彼らに取り返しのつかない影響を与えてしまう。同時に、アメリカ軍は日本兵の裏切り行為をじゅうぶん警戒しながら行動しなければならない。

再度強調するが、「降参」や「降伏」、そして「捕虜」や「俘虜」と言う言葉は、決してプロパガンダに使ってはならない。これは、あくまでも日本兵の「顔が立つ」ようにする、という基本的概念に従っている。捕らえられた日本兵の写真をビラに使用する場合は、必ず顔を隠すようにする。日本人は降伏したと知られるぐらいなら死を選ぶという事実を忘れてはならない。自国の陸海軍についての詳しい情報を自主的に提供してくれる最もおしゃべりな捕虜でさえ、自分が捕らえられたことを家族や政府に絶対に知らせないように、と悲しげに懇願する。ゆえに、降伏が個人的な行為で公にならないと確信した時のみ、日本兵は武器を捨てるだろう。

降伏は恥だという日本の考え方にもかかわらず、「武器を捨てるように」とか「抵抗をやめるように」と仲間を説得するために、そして、降伏しても拷問にあわないと伝えるために、自発的に〔戦線に〕もどっていく捕虜もいる。拷問に関しては、軍部首脳やプロパガンダによって徹底的に教えられているので、日本人の間では軍人・一般市民にかかわらず拷問に対する恐怖心が非常に顕著である。それゆえ、降伏を目的とするプロパガンダを通じて、拷問に対する日本人のこの見当違いの恐怖心にじゅうぶんに対応しなければならない。しかし、日本兵捕虜が仲間に呼びかけることを自分から申し出た場合は、策略や裏切り行為のないように用心する。伝えるメッセージの内容を準備した言語担当者が、捕虜が呼びかけている間ずっと監視して、話の進み方が不利になるとすぐにやめさせなければならない。

ここでは、それまでの戦闘地域からの報告をもとに、日本兵の裏切り行為に要注意とか、日本兵が仲間を説得する場合には監視するなど、かなり具体的な指示を打ち出している。最前線における個々のアメリカ兵士が上記のような軍の方針にいつも従ったと考えるのは非現実的であるが、心理戦関係者達はより多くの捕虜を獲得することを繰り返し強調していた。そして、何よりも重要視したのは「一人の日本兵を捕虜にすることは、一人またはそれ以上のアメリカ兵を救うこと」(17)であると末端のアメリカ兵に捕虜獲得の意義と必要性を理解させることであった。

ＣＩＮＣＰＡＣ―ＣＩＮＣＰＯＡの心理戦ハンドブックは、対日心理戦において様々な試行錯誤の経験を蓄積してきたアメリカ軍が、沖縄戦を控えた四四年一二月の時点でそれまでに得た知識を凝縮して作成した「教科書」だった。日本人の協調性を主張するあまり、「協調性のため〔……〕天皇の勅令を法として受け入れることができる」などとした、短絡的で無理な議論も見られる(18)。しかし、このハンドブックは、あくまでも日本に関してはほとんど無知識であったと思われる前線のアメリカ兵を短時間で教育することが目的であったということを念頭におきたい。本章では、その内容紹介にとどめ、より慎重な分析・評価は将来の課題とする。

第４節　フランシスの宣伝ビラ――本土の日本国民に向けて

ホノルルＯＷＩの対日宣伝ビラは心理戦ハンドブックで明らかにされたガイドラインにそって作成された。ビラの図版には多くの写真が使われたが、フランシスのような画家や挿絵家の任務はビラのテキストで伝えられる内容を的確に、そして日本兵や一般市民の興味をひくイメージに表現することであった。

ハンドブックにあげられているように、軍部首脳の嘘を明らかにして、軍閥に対して不信感をもたせることは、日本国民に対する心理戦の重要なテーマのひとつであったから、このタイプのビラは多く見られる。ビラ2001A〔真実を要求せよ！」(図3-1)では、武藤山治(一八六七〜一九三四)の文章を使って、軍閥の言論弾圧を批判している。解説シートには、目的として「戦争に関する日本の報道を疑うようにしむける」とあり、コメントには、「日本人の書いた本を効果的に引用して、日本国民は真実を知らされていないということを伝える」とある。フランシスの挿絵では、破れた新聞や本を持つ左右の手は海・陸軍を指し、軍首脳が都合の悪い情報を国民から隠したことを象徴している。そして、人々がいくら手をのばして真実を要求しても、さるぐつわをはめられたアナウンサーは、戦局の真相をつたえることができない。よく見ると、鉢巻をした職人や、着物姿の女性などが庶民として描かれている。マイクを持つ人物は当時の小磯国昭首相であるとの解釈もあるが(19)、解説シートの説明では「一アナウンサー」となっている。

軍閥の嘘を暴くという心理戦略は、正しい戦況を教えられていない日本国民にアメリカ軍優位のニュースを統計的に伝える策にもつながった。たとえばビラ2008「日本の八紘一宇は世界の八紘一敵である」(図3-2)の目的はアメリカ軍の勝利を伝えて、事実を知らない民衆が軍閥に不信感を抱くようにし、敗北感の種を撒いて日本国民の抗戦意欲を弱めることであった。解説シートのコメントには「『八紘一宇』は日本が支配する世界を意味するが、この表現を反対に利用して、日本が世界の八方から攻撃されていることを指摘する。太平洋戦線の実状を知らせて、連合軍の勝利の確実さを認識させる」とある。そして、テキストはその通り太平洋方面での連合軍側の連戦連勝をまるで新聞の報道のように詳細に伝えている。フランシスの挿絵は、プロパガンダのテーマを視覚的にずばりと表現していて彼女のグラフィック・デザイナーとしての鋭い感性を示している。

ビラ2030「大東亜共栄圏は諸君の指導者の空想に過ぎない」(図3-3)はやはり、日本国民と軍首脳のあいだに不和と軋轢を生じさせるために、庶民の日常生活の苦しさを描写したビラである。ビラの主旨は「日本の苦しい経済状態を軍閥のせいにする」こと、そして「厳しい配給制度、物資不足、そして何時間も待たされる長い列は日本人なら誰もが経験しているから、軍閥が成立させようとする、いわゆる『大東亜共栄圏』は経済的に不可能であると主張する」ことであった。フランシスは傷痍軍人やねんねこ半纏姿の女性、学生服姿の少年、職人風の男性など、様々な職種や年代の人々が米屋の前に列をなして配給を受けている様子を描いた。このビラを見た延安の日本兵たちは、大東亜共栄圏の実態を暴露する目的は良いが、議論が間違っていると指摘し、さらに米屋に米俵がない、とか人物の物腰や髪型が日本人ではない、と批判した(20)。しかし、フランシスの図版には遠方の電線柱や二階の窓に干された布団など、日本で生活

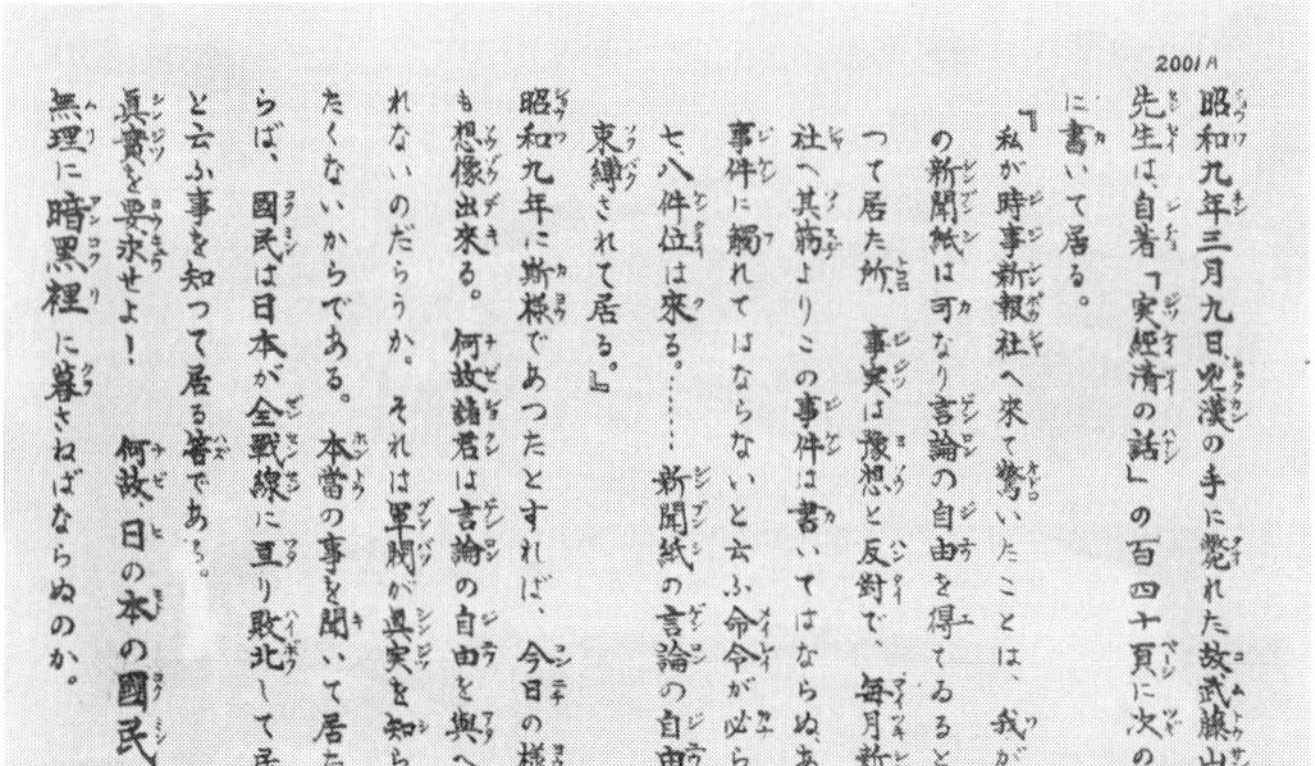

2001A

昭和《シヨウワ》九年三月九日、兇漢《キヨウカン》の手に斃《タオ》れた故《コ》武藤山治《ムトウサンジ》先生《センセイ》は、自著《ジチヨ》「実経済《ジツケイザイ》の話《ハナシ》」の百四十頁《ページ》に次《ツギ》の様《ヨウ》に書《カ》いて居る。

「私が時事新報社《ジジシンポウシヤ》へ來て驚《オドロ》いたことは、我《ワ》が國《クニ》の新聞紙《シンブンシ》は可《カ》なり言論《ゲンロン》の自由《ジユウ》を得《エ》てゐると思《オモ》つて居た所《トコロ》、事実《ジジツ》は豫想《ヨソウ》と反對《ハンタイ》で、毎月《マイツキ》新聞《シンブン》社《シヤ》へ其筋《ソノスジ》よりこの事件《ジケン》は書《カ》いてはならぬ、あの事件《ジケン》に觸《フ》れてはならないと云ふ命令《メイレイ》が必《カナラ》ず七、八件位《ケンクライ》は來《ク》る。……新聞紙《シンブンシ》の言論《ゲンロン》の自由《ジユウ》は束縛《ソクバク》されて居る。」

昭和《シヨウワ》九年に斯様《カヨウ》であつたとすれば、今日《コンニチ》の様子《ヨウス》も想像出來《ソウゾウデキ》る。何故《ナゼ》諸君《シヨクン》は言論《ゲンロン》の自由《ジユウ》を與《アタ》へられないのだらうか。それは軍閥《グンバツ》が眞実《シンジツ》を知《シ》らせたくないからである。本當《ホントウ》の事を聞《キ》いて居たならば、國民《コクミン》は日本が全戦線《ゼンセンセン》に亘《ワタ》り敗北《ハイボク》して居ると云ふ事を知つて居る筈《ハズ》である。

眞實《シンジツ》を要求《ヨウキユウ》せよ！　何故《ナゼ》、日《ヒ》の本《モト》の國民《コクミン》が無理《ムリ》に暗黒裡《アンコクリ》に暮《クラ》さねばならぬのか。

図３－１　ビラ2001A〔真実を要求せよ！〕
（表・裏）12.5×20cm、1944年９月制作。

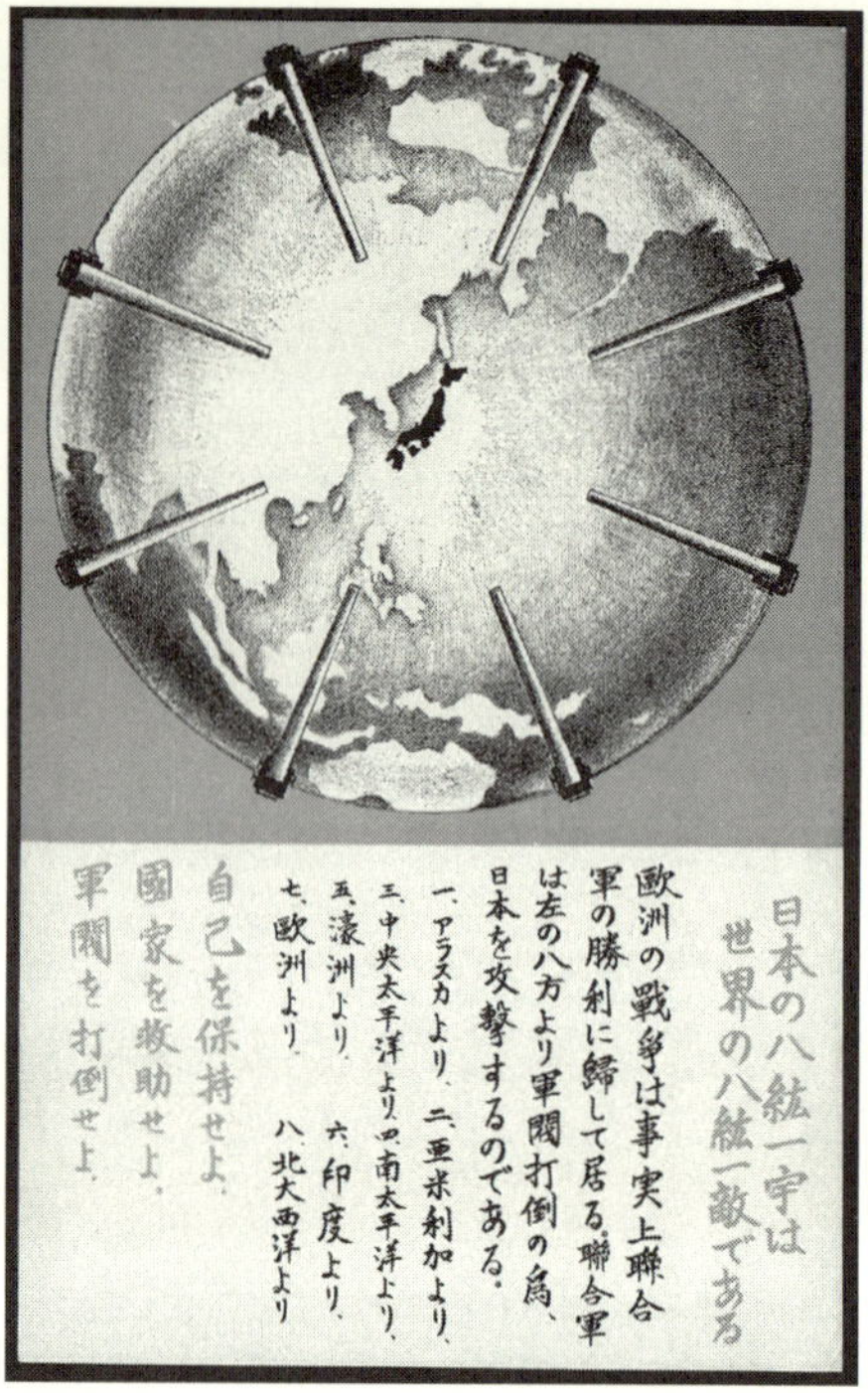

図3－2　ビラ2008「日本の八紘一宇は世界の八紘一敵である」
（表・裏）20.5×12.8cm、1944年11月制作。

NO 2008

聯合軍の連戦連勝

マリアナ群島
サイパン島の侵入戦を昭和十九年六月十一日に開始し、七月八日に終了した。日本艦船、各種八十隻及び飛行機八百三十を撃破した。一万五千の日本市民が解放された。日本兵二万七百二千名が戦死し、千七百七名は米門に入つた。

テニアン島の侵入戦を昭和十九七月二十三日に開始し、八月二日に終了した。五千五百四十四名の日本兵が戦死した。四百名は米門に入つた。

グアム島侵入戦を昭和十九年七月二十一日に開始し、八月九日に終了した。日本兵一万九百七十一名が戦死した。

パラオ群島
アンガウル島侵入戦を昭和十九年九月十六日に開始し、九月二十日に終了した。十月二日に軍政府が發布された。

ペレリユー島侵入戦を九月十五日に開始し、洞窟内よりの抵抗を除く外十月二日に米軍に確実に掌握された。ペレリユー飛行場にて日本機百十七を破壊した。

モロタイ島を昭和十九年九月十六日に占領した。

比律賓
ダバオを八月七日、十六日、及び九月四日に爆撃し、飛行場、港湾設備、造船所等に多大の損害を與へた。

九月五日、比律賓、ハルマヘラ、蘭領東印度を空爆し、日本船舶、五十七隻を撃沈、或ひは撃破した。

九月八日、ミンダナオ島を空爆し、日本船舶三十二隻を撃沈し、飛行機六十を撃破した。

九月十一日より十三日に於て、中央比律賓を爆撃し、日本機百五十を撃墜し、二百七十七機を地上にて撃破した。尚、船舶四十隻を撃沈し、四十四隻を撃破した。

九月二十日、マニラを空爆し、日本機百五機を撃破し、船舶三十七隻を撃沈或ひは撃破した。

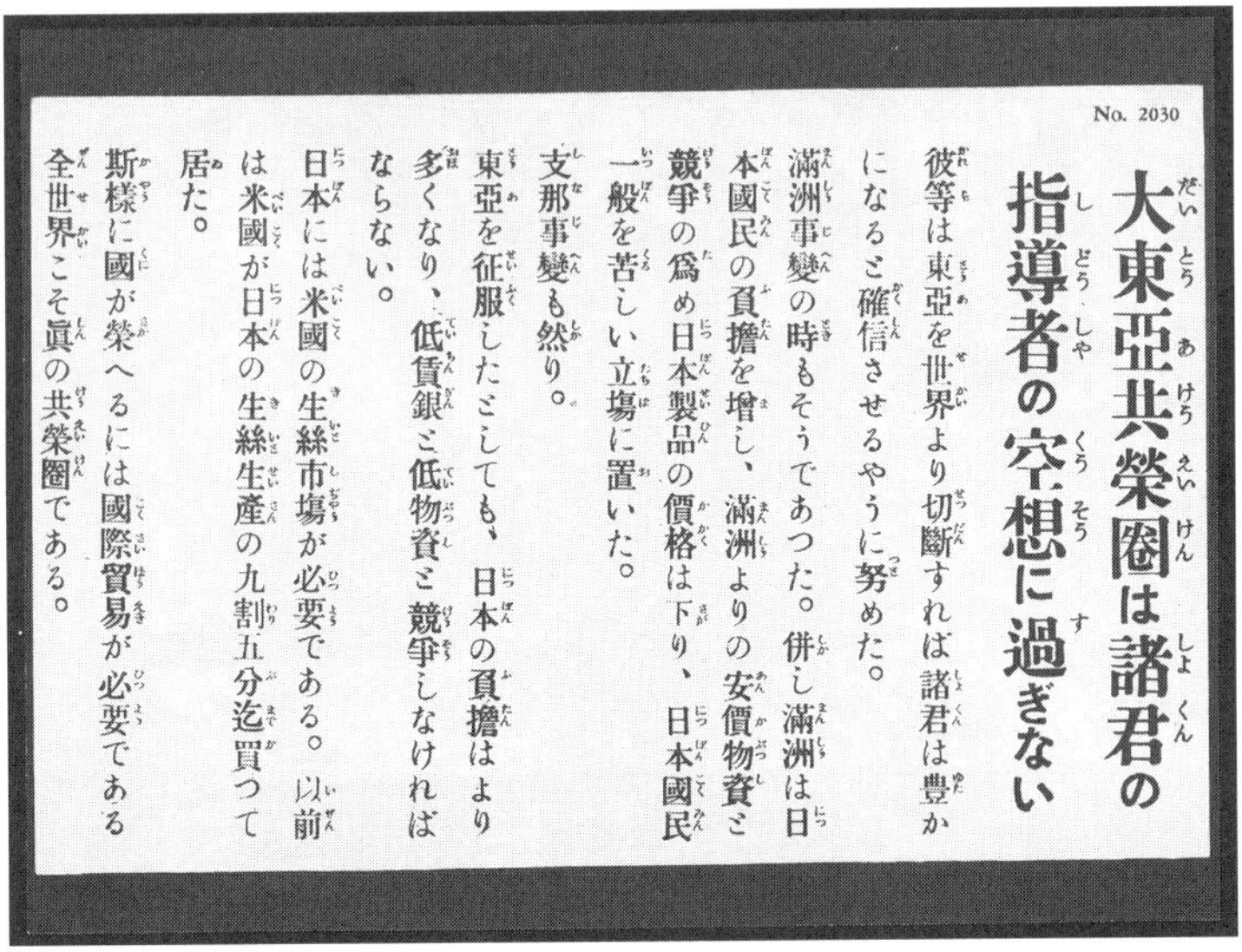

No. 2030

大東亞共榮圈《だいとうあけうえいけん》は諸君《しよくん》の指導者《しどうしや》の空想《くうそう》に過《す》ぎない

彼等《かれら》は東亞《とうあ》を世界《せかい》より切斷《せつだん》すれば諸君《しよくん》は豐《ゆた》かになるご確信《かくしん》させるやうに努《つと》めた。

滿洲《まんしう》事變《じへん》の時《とき》もそうであつた。併《しか》し滿洲《まんしう》は日本國民《につぽんこくみん》の負擔《ふたん》を増《ま》し、滿洲《まんしう》よりの安價物資《あんかぶつし》ご競爭《けいそう》の爲《た》め日本製品《につぽんせいひん》の價格《かかく》は下《さが》り、日本國民《につぽんこくみん》一般《いつぱん》を苦《くる》しい立場《たちば》に置《お》いた。

支那《しな》事變《じへん》も然《しか》り。

東亞《とうあ》を征服《せいふく》したごしても、日本《につぽん》の負擔《ふたん》はより多《おほ》くなり、低賃銀《ていちんぎん》ご低物資《ていぶつし》ご競爭《けいそう》しなければならない。

日本《につぽん》には米國《べいこく》の生絲《きいと》市場《しぢやう》が必要《ひつよう》である。以前《いぜん》は米國《べいこく》が日本《につぽん》の生絲《きいと》生産《せいさん》の九割《わり》五分《ぶ》迄《まで》買《か》つて居《ゐ》た。

斯様《かやう》に國《くに》が榮《さか》へるには國際貿易《こくさいぼうえき》が必要《ひつよう》である

全世界《ぜんせかい》こそ眞《しん》の共榮圈《けうえいけん》である。

図３－３　ビラ2030「大東亜共栄圏は諸君の指導者の空想に過ぎない」
（表・裏）12.6×17.2cm、1944年11月制作。

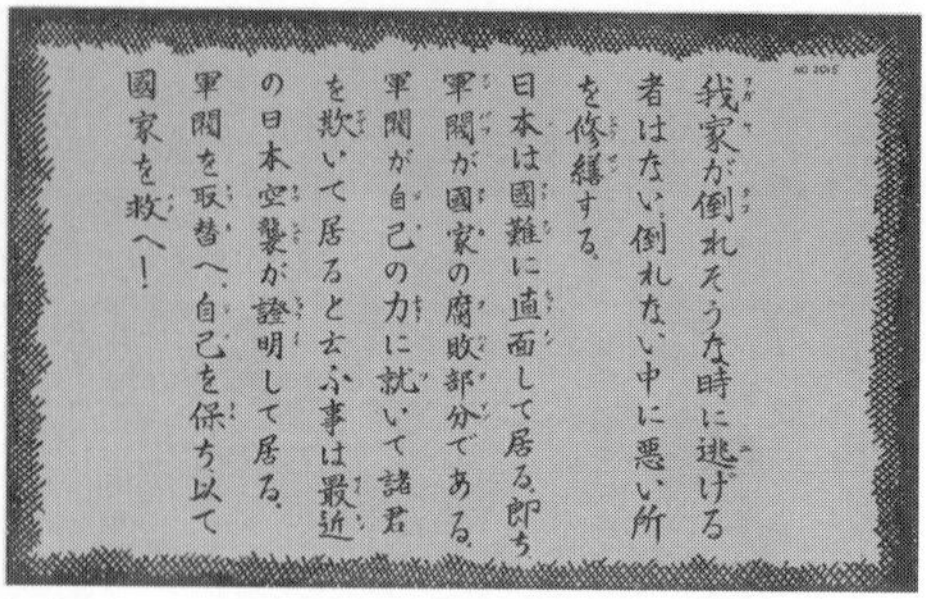

図3－4　ビラ2015〔軍閥が国家の腐敗部分である〕
（表・裏）20.2×12.6cm、1945年6月制作。

した者だけにしかわからない要素が描写されていて、日本の庶民の姿や町の光景をできるだけ正確に描き出そうとする努力が認められる。

ビラ2015〔軍閥が国家の腐敗部分である〕（図3－4）も、解説シートに明記された目的は「軍閥が最近の日本空襲に対して無力であるという弱点」を利用して日本国民と軍閥を分裂させることであった。フランシスの挿絵は、軍閥が国民の重荷になっていることをユーモラスに風刺しているが、ここにも鉢巻をした職人が一般市民の代表として現れる。『延安報告』に収められた「ホノルルのビラについての延安の批評」（報告―56、一九四五年四月三日）では、「日本本土に向けたビラのなかで、日本国民の苦しい生活条件を扱ったものは事実上ひとつもない」とか「ホノルルのビラは日本国民を軍国主義者から引き離す努力がかけている」と指摘されている。[21] プロダクション・リストによると、ビラ**2030**「大東亜共栄圏は諸君の指導者の空想に過ぎない」は四四年一一月制作（二〇万枚）、ビラ**2015**〔軍閥が国家の腐敗部分である〕は四五年六月制作（五七八万四〇〇〇枚）された。同リストには、ホノルルＯＷＩの宣伝ビラで五〇〇万枚以上印刷されたビラは六種類しか記録されていないから、ビラ**2015**は『延安報告』の批判に対応して大量に印刷され撒かれたのではないだろうか。

また、アメリカ軍は、心理戦ハンドブックにも提案されているように、日本国民が戦争終結を願うように「恐怖心に訴える」宣伝ビラを多く作成した。ビラ2056「爆弾には眼もなく心もない」（図3－5）は「爆弾を避けることのできなかった家族の悲惨な姿を描き、戦争が終わるまで爆撃は続くことを伝える」のが目的であった。フランシスは、焔を吹く工場を背景に倒れた被害者の周りをうろたえる家族の様子をまるで舞台劇でも観るかのように描き、不幸と苦難をもたらす爆弾の残忍性をなまなましく表現した。着

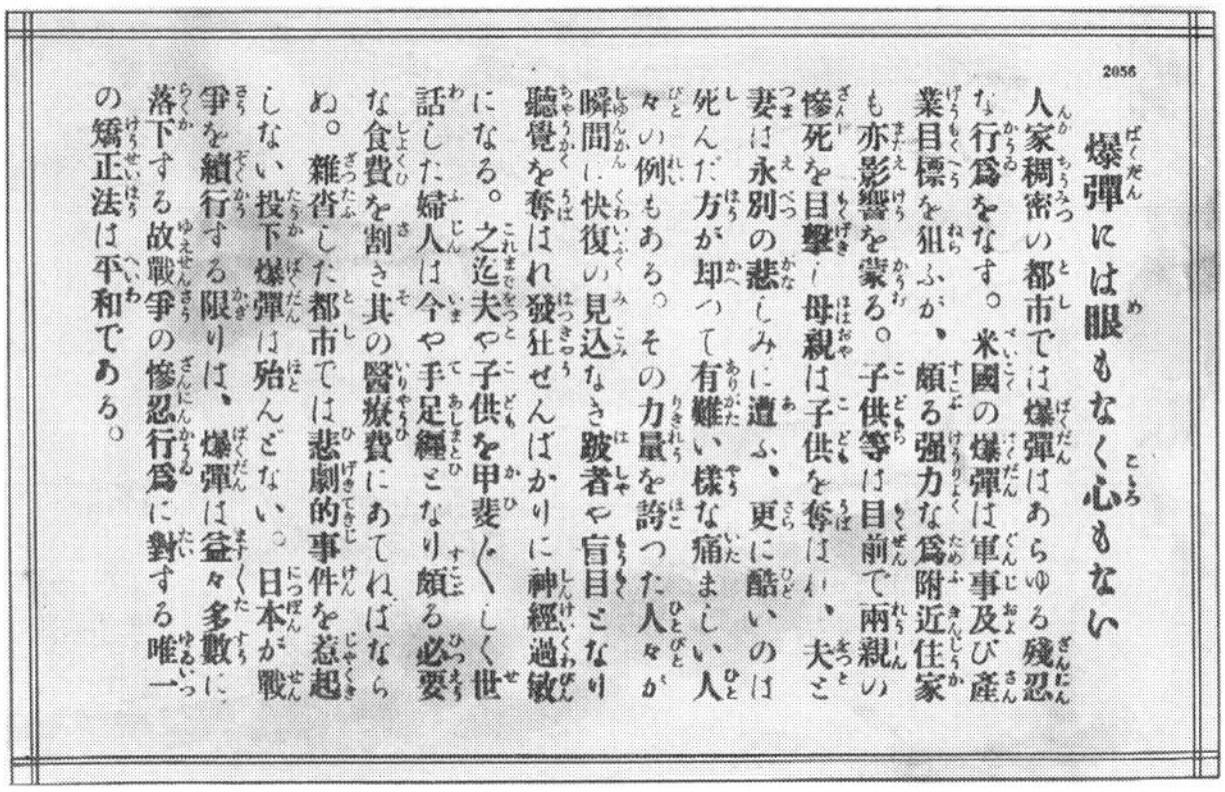

2056

爆彈《ばくだん》には眼《め》もなく心《こゝろ》もない

人家稠密《ちうみつ》の都市《とし》では爆彈《ばくだん》はあらゆる殘忍《ざんにん》な行爲《かうゐ》をなす。米國《べいこく》の爆彈《ばくだん》は軍事《ぐんじ》及《およ》び産《さん》業目標《げうもくへう》を狙《ねら》ふが、頗《すこぶ》る強力《きやうりよく》な爲《ため》附近住家《ふきんぢうか》も亦《また》影響《えいきやう》を蒙《かうむ》る。子供等《こどもら》は目前《もくぜん》で兩親《りやうしん》の慘死《ざんし》を目撃《もくげき》し母親《はゝおや》は子供《こども》を奪《うば》はれ、夫《をつと》と妻《つま》は永別《えいべつ》の悲《かな》しみに遭《あ》ふ、更《さら》に酷《ひど》いのは死《し》んだ方《はう》が却《かへ》つて有難《ありがた》い様《やう》な痛《いた》ましい人《ひと》々の例《れい》もある。その力量《りきりやう》を誇《ほこ》つた人々《ひとびと》が瞬間《しゆんかん》に快復《くわいふく》の見込《みこみ》なき跛者《はしや》や盲目《もうもく》となり聽覺《ちやうかく》を奪《うば》はれ發狂《はつきやう》せんばかりに神經過敏《しんけいくわびん》になる。之迄《これまで》夫《をつと》や子供《こども》を甲斐《かひ》〴〵しく世《せ》話《わ》した婦人《ふじん》は今《いま》や手足纏《てあしまとひ》となり頗《すこぶ》る必要《ひつえう》な食費《しよくひ》を割《さ》き其《そ》の醫療費《いりやうひ》にあてねばならぬ。雑沓《ざつたふ》した都市《とし》では悲劇的事件《ひげきてきじけん》を惹起《じやくき》しない投下《たうか》爆彈《ばくだん》は殆《ほと》んどない。日本《につぽん》が戰《せん》爭《さう》を續行《ぞくかう》する限《かぎ》りは、爆彈《ばくだん》は益々《ますます》多數《たすう》に落下《らくか》する故《ゆゑ》戰爭《せんさう》の慘忍行爲《ざんにんかうゐ》に對《たい》する唯一《ゆゐいつ》の矯正法《けうせいはふ》は平和《へいわ》である。

図3－5　ビラ2056「爆弾には眼もなく心もない」
（表・裏）12.7×19.6cm、1945年1月制作。

物姿の女性や幼女、学生帽の少年、そして背景の襖も含めて、日本の風俗描写には力を入れている。プロダクション・リストによるとビラ2056は四五年一月二〇万枚制作されているが、このようにカラフルな挿絵はホノルルOWIのビラには珍しい。フランシスがデザインした同タイプのビラに、柱の下敷きになった男性を描写した2046や、大正一二年の関東大震災と米国の爆撃の恐ろしさを重ねた2048がある。このようなビラは、日本側からは国民に対する避難警

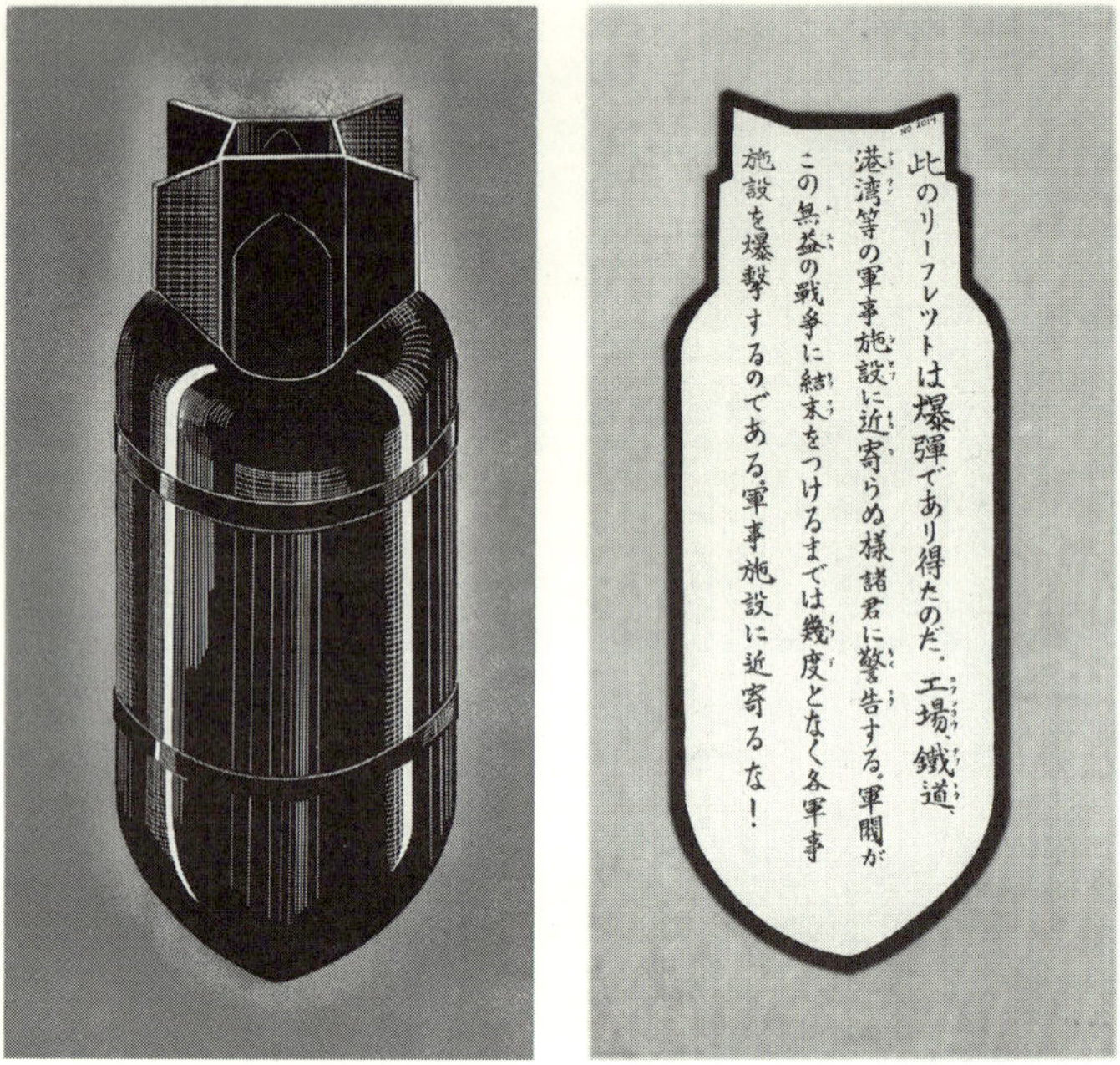

図３‐６　ビラ2014〔此のリーフレットは爆弾であり得たのだ〕
（表・裏）21×10.8cm、1944年11月制作。

告ではなく脅迫であると受けとめられたと指摘されている(22)。

日本国民を対象とした宣伝ビラには、軍事施設に近寄る危険の警告や空襲を予告して避難を呼びかけたものが多い。フランシスのデザインした例にビラ**2014**〔此のリーフレットは爆弾であり得たのだ〕（図３‐６）がある。解説シートによると「アメリカの意図は日本の軍事力を破壊することであって、一般市民を殺すことではない」と説明するためのビラであった。フランシスは赤い背景に黒い爆弾を細密描写して、破壊力をひそめた不気味な武器としてのイメージを強調した。グラフィック・デザイン的にもすぐれたビラであり、心理的効果も高かったのではないだろうか。アメリカは軍事施設や軍需産業の工場の爆撃を建前にしたが、四四年一一月以降のB‐29による爆撃は、次第に都市の無差別爆撃へと広がった。ゆえに、このようなビラはアメリカ側の警告を無視した日本人が悪いという「アリバイ作り」にすぎない、という意見もあるが、戦後まとめられた米軍の戦略爆撃調査団の報告によると、ビラやラジオ放送による空襲警告は信頼性がある情報として受けとめられ、空襲予告に関する宣伝ビラが一番日本国民に記憶されていた(23)。

アメリカ軍は心理戦においてさまざまなアプローチを実践した。まれな例に、日本人のきれい好き、潔癖さを利用して厭戦を煽るビラ2010「戦争に伴ふものは病である」（図3－7）がある。フランシスは、無数の気味悪い化け物のかたちをした「病」が国民を苦しませている様子を描いた。血のしたたる剣を持って闊歩する軍人は明らかに東條英機と思われる。解説シートは、「日本人は病と不潔を嫌う」から、その国民性を利用して、「病気を恐れさせ士気を低下させる」と説明している。延安の日本兵は、メッセージの内容を支持する一方、挿絵は「不気味で不快」と批判した(24)。しかし、不気味な効果はフランシスが意図していたはずである。ちなみに、このビラの撒かれた一九四五年、日本では食料不足などのため、赤痢などの伝染病が発生していたから、メッセージは有効だったのかもしれないとの指摘がある(25)。背景に使われた黄色も目につきやすいし構想も独創的だが、フランシスはさらに裏のテキストも蛇のようなモチーフで囲った。このよ

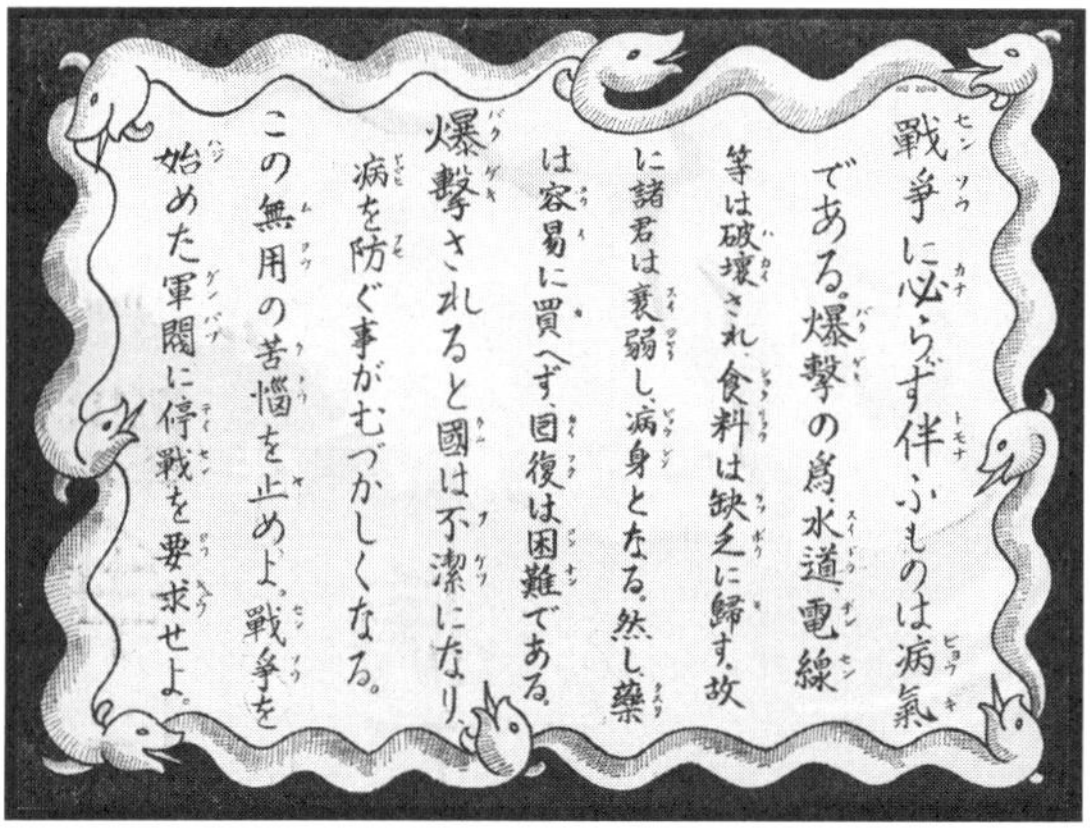

図3－7　ビラ2010「戦争に伴ふものは病である」
（表・裏）14×19.1cm、1944年11月制作。

2073
日本兵が一人残らず戦場の露と消え　また
日本の都市が悉く爆撃の為め灰燼に帰す迄
抵抗を續ければ結局日本はどんなになるかを
考へた事がありますか。最後迄戦へば
日本は國家の中堅たるべき壮年青年を失ひ
唯女子供年寄の國となってしまひます。さう
すれば日本は國家の體制を失ひ外國の援助
を受けなければならなくなります。
さう云ふ悲惨な日本を想像した事がありますか。
今や日本が負けるといふ事は火を見るよりも
明かです。聖上陛下におかせられては斯る悲
惨なる運命より日本を助け出したいと思召さ
れてゐる事と拝察するも畏れ多き極みであり
ます。然し日本の軍部は恐らく陛下のそのやうな
御思召をいつまでも兵士や國民の前に隠して
ゐることでせう。今こそ陛下の大御心を體し奉
り無益な抵抗を止めて悲惨な運命より日本を
救ふやう努力すべき秋ではないでせうか。

図3－8　ビラ2073「日本が老人と女子供ばかりの国となってもよいか」

（表・裏）12.6×20.3cm、1945年4月制作。

うに余分な装飾的要素をテキスト面に施すなど、フランシスのビラには他にほとんど見られない独特のデザイン・センスと個性が感じられる。

ビラ2073「日本が老人と女子供ばかりの国となってもよいか」（図3－8）は、日本国民の家族愛、祖国愛に訴えて、抗戦意志を挫こうとしたビラであるが、ここにもフランシスのアーチストとしての感性がにじみ出ている。プロダクション・リストによると、沖縄戦の最中、本土決戦間近と思われた四五年四月に二〇万枚制作されていて、「日本が老人と女子供ばかりの国となってもよいか」と問うメッセージには迫力があり、深紅色のビラは注意をひきつける。フランシスは挿絵には見出しどおり老人女子供の姿を描いた。そして、テキスト面には青いシルエットで日本の町並みを描き、さらに背景の淡い水色の空にうっすらと富士山を浮かび上がらせている。表の図版の大胆

さとは対照的に、繊細な心遣いを見せるデザインである。

心理戦ハンドブックのなかで百姓や商人らをひとつのグループと定義して、プロパガンダの一手段にグループとグループを対抗させて、不和と軋轢を生み出させることがあげられているが、ビラ2039「お百姓さん達へ」（図3－9）は、その一例である。「お百姓さん達へ」との呼びかけで始まるこのビラは、やわらかい文体で、「都会の馬鹿者共」をやっつけるように、と訴えている。フランシスは穏やかな田舎の景色を背景に、みかんかごを背負い、手ぬぐいを被った野良着姿の婦人を描いた。遠くまで続く田畑や藁葺き屋根、働く百姓たちを含む田園風景は、裏のテキスト面にも続いている。このような描写には、滞日中に東京だけでなく、日本の田舎をも好んで訪れたフランシス自身の日本に対する望郷の思いさえ感じられる。

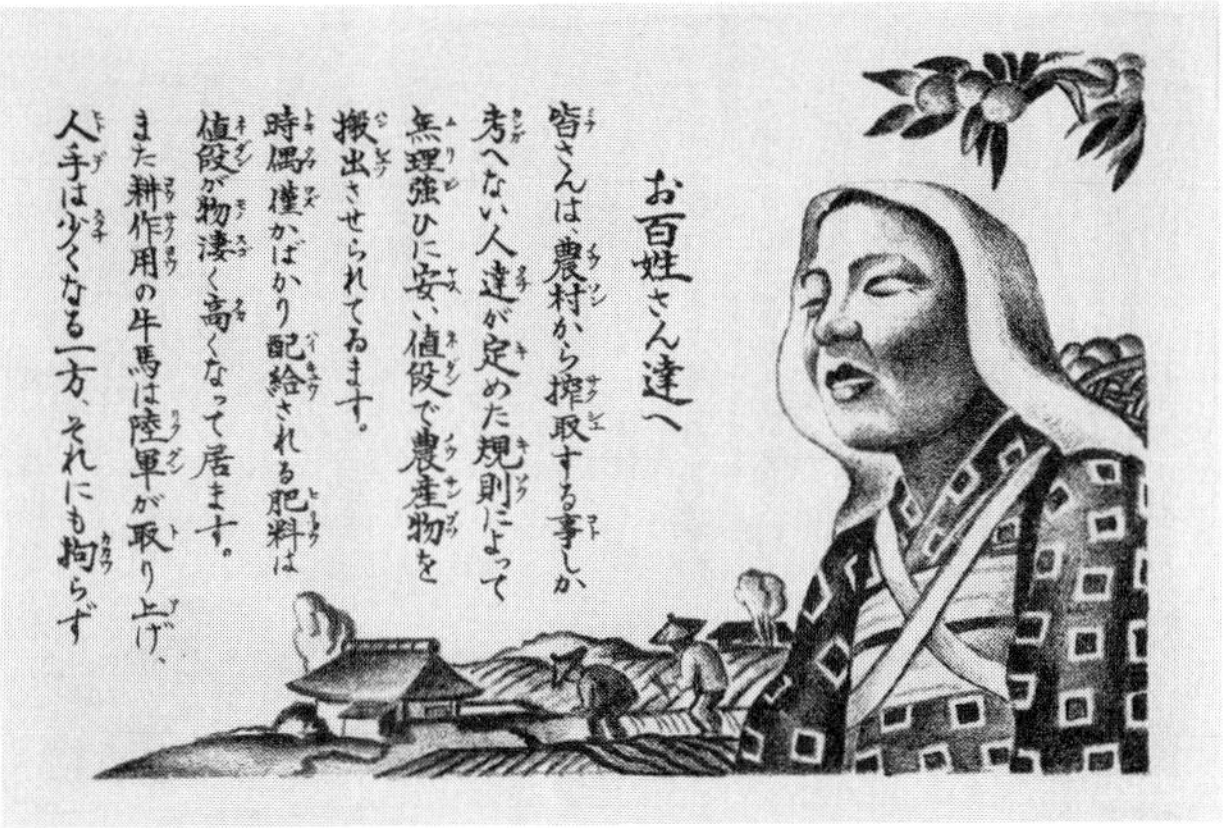

図3－9　ビラ2039「お百姓さん達へ」
（表・裏）13.8×21.4cm、1945年6月制作。

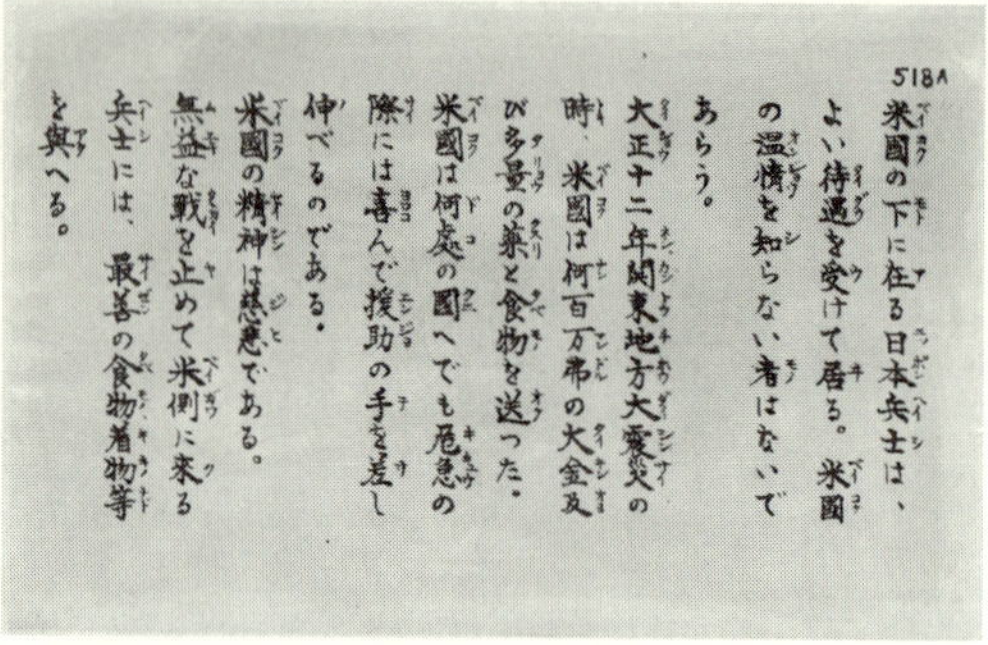
518A
米國《ベイコク》の下《モト》に在《ア》る日本兵士《ニッポンヘイシ》は、よい待遇《タイグウ》を受《ウ》けて居《イ》る。米國《ベイコク》の温情《オンジョウ》を知《シ》らない者《モノ》はないであらう。

大正《タイショウ》十二年關東地方大震災《カントウチホウダイシンサイ》の時《トキ》、米國《ベイコク》は何百万弗《ナンビャクマンドル》の大金《タイキン》及《オヨ》び多量《タリョウ》の薬《クスリ》と食物《タベモノ》を送《オク》った。米國《ベイコク》は何處《ドコ》の國《クニ》へでも危急《キキュウ》の際《サイ》には喜《ヨロコ》んで援助《エンジョ》の手《テ》を差《サ》し伸《ノ》べるのである。

米國《ベイコク》の精神《セイシン》は慈悲《ジヒ》である。

無益《ムエキ》な戦《タタカイ》を止《ヤ》めて米側《ベイガワ》に来《ク》る兵士《ヘイシ》には、最善《サイゼン》の食物《タベモノ》着物等《キモノトウ》を與《アタ》へる。

図3-10　ビラ518A〔米国の精神は慈悲である〕
（表・裏）21.1×12.6cm、1944年9月制作。

第5節　フランシスの宣伝ビラ——前線の日本兵に向けて

一九四四年以降のアメリカ軍対日心理戦の方針を反映して、フランシスが作成した日本兵向けの宣伝ビラには、投降を促す内容が多い。心理戦ハンドブックに明記されているように、アメリカ軍は日本の兵士が捕虜になることを拒むように徹底的に教育されていたことを認識していた。そして、日本兵を説得するには、彼らの拷問に対する恐怖心を取り除き、生きのびたいという人間としての本能に訴えることが効果的であると判断していた。この目的のビラには日本兵捕虜が安心して食事をしている写真などを宣伝しているものが多いので、その中でフランシスの挿絵を掲載したビラは目立つ。たとえばビラ**518A**〔米国の精神は慈悲である〕（図3-10）に、フランシスは蓮華座上に立つ観音像を選んだ。奈良薬師寺東院堂の聖観音像をモデルにしていて、ぴったり肌にまとった衣の襞の規則正しい曲線や美しい胸飾りなど、細部にいたるまで端正に描写している。テキストは、アメリカの精神は慈悲であるから「無益な戦を止めて米側に来る」ようにと誘い、解説シートは、「一九二三年の大震災の際のアメリカからの支援を例にとり、アメリカの親切さを認識させる。ビラ裏の観音像は、このテーマにはぴったりのイメージである」と説明している。ビラ作成の過程で図案担当者にどこまで決定権があったのかは判然としないが、観音のイメージを提案したのはフランシスだったであろう。彼女は日本滞在中に精力的に日本の美術を勉強し、京都や奈良の寺に代表される仏教美術にも造詣が深かった。

また、アメリカ軍は、日本兵が面子を保ちながら降伏を選ぶように、生きることこそ真の愛国心だと繰り返しアピールした。ビラ104〔新興日本のために生きる〕（図3-11）やビラ110「犬死・意義ある生涯」（図3-12）は、軍閥のための死は「犬死」で、生き残って日本の再建に尽くすことこそ意義深く「名誉な生」だと訴えている。フランシスはビラ104〔新興日本のために生きる〕の挿絵には片方に戦死した日本兵の粗末な墓を描き、生きることを選んだ日本兵の姿と対比させた。背景の建築ややしの木などから判断して、この日本兵は明らかに投降して厚遇を受けているのだが、フランシスの描写は淡々と

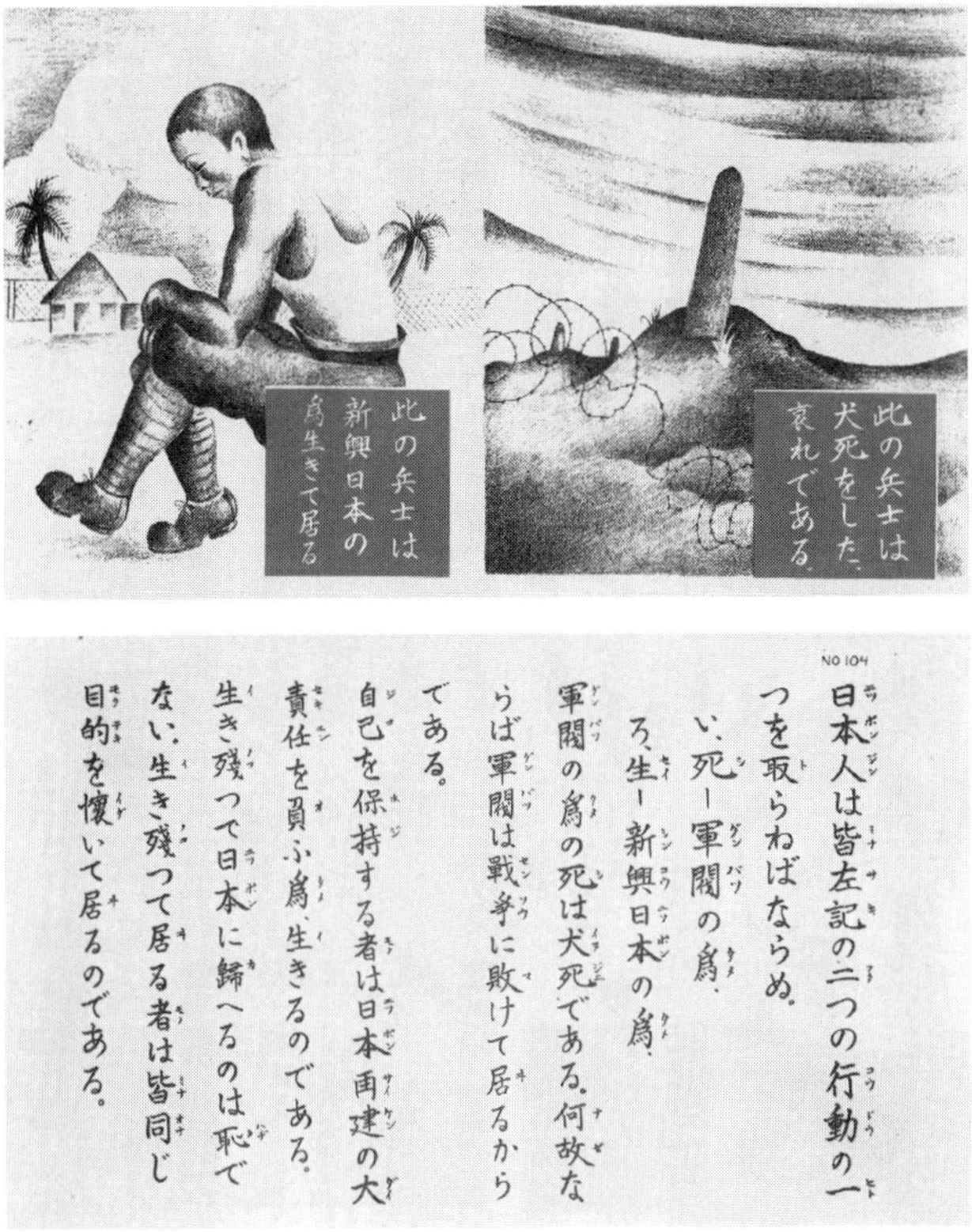

図3-11　ビラ104〔新興日本のために生きる〕
（表・裏）12.6×20.2cm、1944年9月制作。

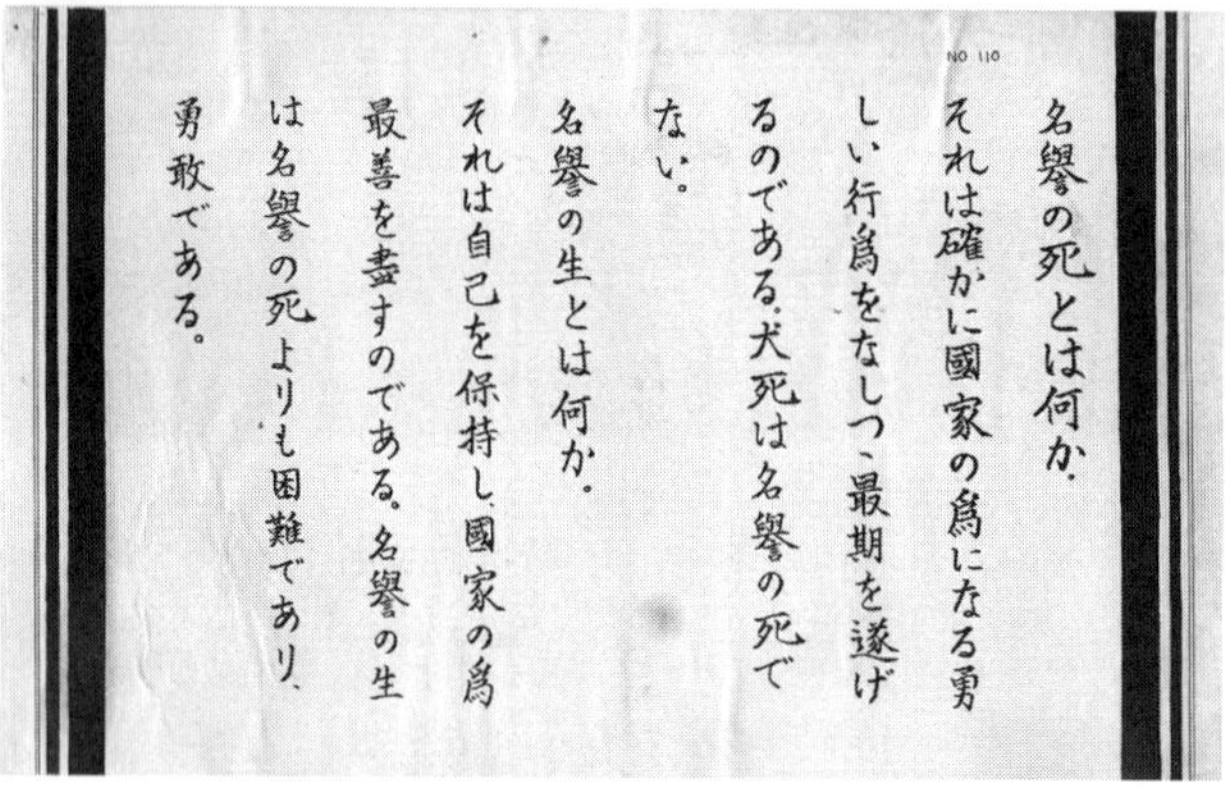
NO 110
名譽の死とは何か.
それは確かに國家の爲になる勇
しい行爲をなしつゝ最期を遂げ
るのである.犬死は名譽の死で
ない.
名譽の生とは何か.
それは自己を保持し國家の爲
最善を盡すのである.名譽の生
は名譽の死よりも困難であり,
勇敢である.

図3-12　ビラ110「犬死・意義ある生涯」
（表・裏）13×20.9cm、1994年11月制作。

していて、一抹の哀愁感さえ漂う。ビラ110「犬死・意義ある生涯」の目的は、「日本人は国のために命を捧げる尊さを教え込まれているから、状況によっては生き延びることこそ国家に対してより意義深い貢献になることを強調し」、ひいては敵の戦意を破壊して「戦争を短縮し、アメリカ兵の命を救うこと」であった。フランシスは、草むらに残された頭蓋骨を黒く大きく描いた。それはフランシスにとっては無意味な死を表現するシンボルであったが、これを見た日本兵のあいだではアメリカ軍の残虐性を象徴するという理由で不評だったと報告されている。(26)フランシスはこの厳しいイメージの反対側に幸せな親子を描き、日本兵の家族に対する愛情や人間らしさに訴えた。愛らしい子供を抱える父親の姿は生き延びた日本兵を待つ国の将来を暗示している。戦時下の日本の商業ポスターには子供が「戦争ごっこ」に興じる姿で描かれているが、(27)それとは対照的に、フランシスは、対日宣伝ビラに子供を家族の象徴、兵士の人間性の象徴、ひいては平和な日本の未来の象徴として描写した。宣伝ビラに子供の写真は用いられても子供が描かれている例は少ないが、フランシスの挿絵にはビラ110「犬死・意義ある生涯」のように子供や幼児がたびたび姿を見せる。ビラの目的が日本兵に家族を思い出させ、郷愁を感じさせるという理由もあるが、フランシス自身が子供好きであったということも無視できない。彼女は戦前戦後を通じて、油絵や版画、鉛筆、インクなどいろいろなメディアで幼児を背負う母親や日本の子供が遊ぶ情景を記録した。(28)

ビラ414「兵士とは何であらうか」（図3－13）はプロダクション・リストには四五年六月の制作となっているが、印刷数の記録がない。解説シートには「兵士は平和を求め、家族と幸福に暮らしたいと願う人間である。精神も肉体も持たない機械なのか、感情のない骸骨なのか、と問いただす」と記述されている。やはり、ビラ104〔新興日本のために生きる〕やビラ110「犬死・意義ある生涯」のように、投降を促すビラである。フランシスの挿絵はロボット兵士、骸骨兵士、人間兵士を並べてテキストのメッセージをそのまま想像力豊かに図解し、ここでも子供を抱く着物姿の若い父親を描いて、兵士の人間性にアピールしている。

心理戦ハンドブックに軍部首脳と兵士のあいだに不和と摩擦を引き起こすテーマがあげられていたが、ビラ102「国民の血に染められた軍閥の手を縛れ！」（図3－14）はその好例である。フランシスは、日本陸軍と海軍の軍服を着た手の指先から血が滴り落ちるという大胆なイメージを描いた。「国民の血に染められた軍閥の手を縛れ！」という見出しぴったりの挿絵で、心理的なインパクトも強い。このビラはプロダクション・リストに四五年三月制作二七二万二〇〇〇枚と記録されているから、ほとんどのビラの制作数が二〇万枚から四〇万枚というなかで、ずば抜けて多かった。

アメリカ軍は、日本国民の尊崇の対象である天皇を直接批判したり攻撃するプロパガンダ内容は日本兵の敵対心をあおることになるという理由で禁じていた。(29) しかし、前線部隊と軍司令部の軋轢を誘うために、兵士の天皇に対する

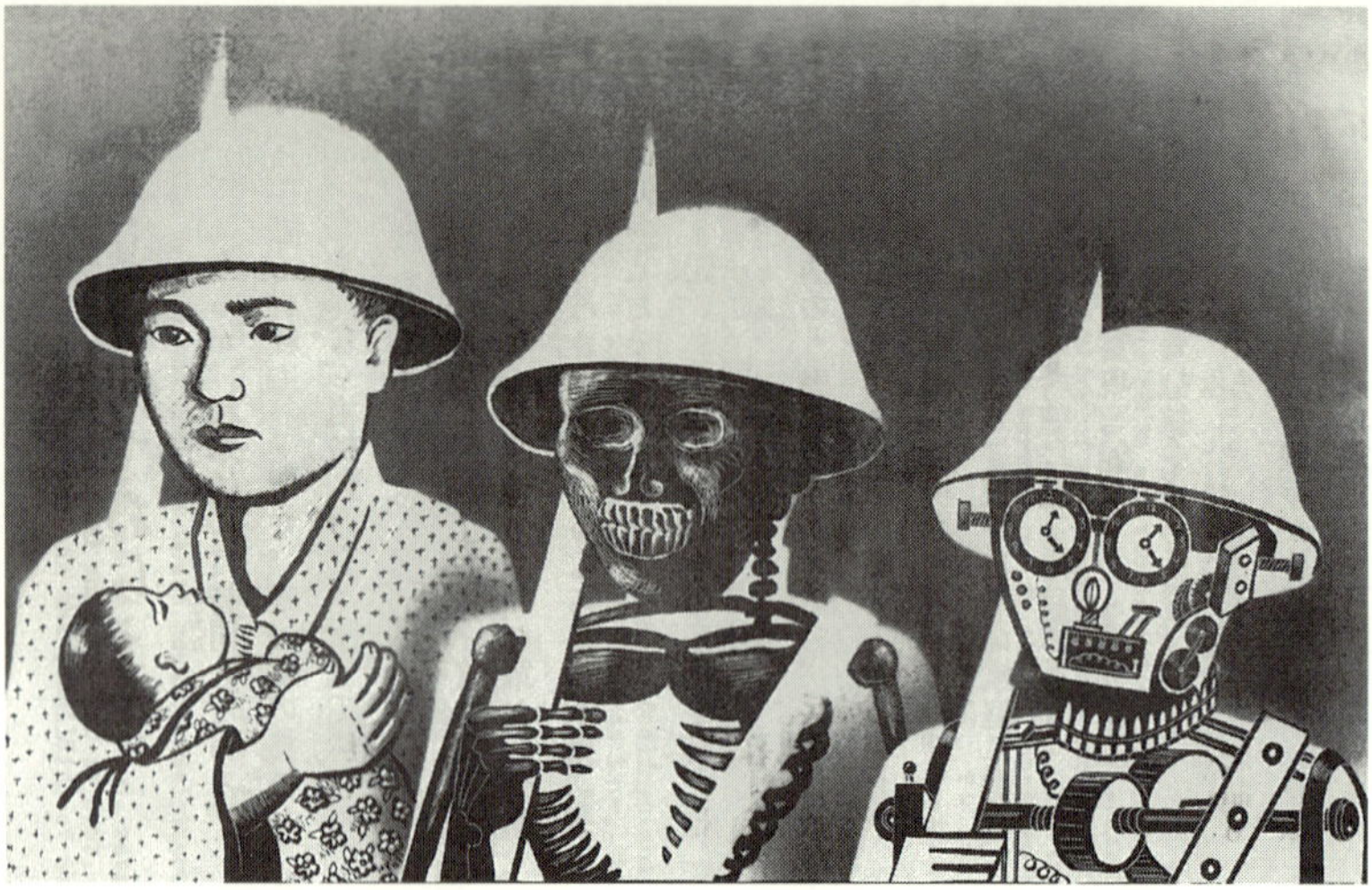

414

兵士《へいし》とは何《なに》であらうか

兵士《へいし》にも種々《いろいろ》あるが、根本的《こんぽんてき》には皆同《みなおな》じである。

兵士《へいし》とは頭脳《づのう》も神經《しんけい》も筋肉《きんにく》もない唯《たゞ》一個《こ》の機械《きかい》だらうか。もしさうなら機械《きかい》に命令《めいれい》を下《くだ》して勝目《かちめ》のない戰《たゝか》ひに追《お》ひ込《こ》むもよからう。

兵士《へいし》とは其處等《そこら》の戰場《せんぜう》に野曝《のざら》しになつてゐるもう感覺《かんかく》も感情《かんぜう》もなくなつた骸骨《がいこつ》のやうな單《たん》なる骨組《ほねぐみ》だけのものだらうか。もしさうならこの異郷《いけう》の果《はて》で鳥獸《てうじう》の餌食《えじき》となるもよからう。

或《あるひ》は又《また》兵士《へいし》も同《おな》じく平和《へいわ》を愛《あい》しその子供《こども》を腕《うで》に抱《いだ》き懷《なつか》しい自分《じぶん》の家《いへ》で妻《つま》やその家族《かぞく》と樂《たの》しく暮《くら》すことを夢《ゆめ》みる一個《こ》の人間《にんげん》だらうか。然《しか》り、兵士《へいし》は皆《みな》ー敵味方《てきみかた》を問《と》はずー同《おな》じ希望《きぼう》に燃《も》えてゐるのだ。

もしさうならその希望《きぼう》を實現《じつげん》させるがよい。

「彼等《かれら》は愛《あい》に飢《う》えて居《ゐ》る、彼等《かれら》はその家庭《かてい》に歸《かへ》り、戰後《せんご》に國《くに》を再建《さいけん》する希望《きぼう》に燃《も》えて居《ゐ》るのだ」

そしてその希望《きぼう》は實現可能《じつげんかのう》だ。

道《みち》は唯《たゞ》一つ。無益《むえき》な抵抗《ていこう》を止《や》めやう。

米軍《べいぐん》の下《もと》では我々《われわれ》の爲《ため》に食物《たべもの》も水《みづ》も煙草《たばこ》も薬品《やくひん》も用意《ようい》されて居《ゐ》る。そして戰爭《せんそう》が終《おは》つた曉《あかつき》には家《か》庭《てい》に歸《かへ》り、新國家《しんこくか》建設《けんせつ》に邁進《まいしん》しやうではないか。

図３-13　ビラ414「兵士とは何であらうか」

（表・裏）12.5×20cm、1945年６月制作。

忠誠心を利用しようとしたビラは作例がある。ビラ408〔明治維新に国民は皆陛下に忠誠を誓った〕近代国家日本の原点として明治天皇をあげ、今の天皇は軍国主義によって戦争にまきこまれた「被害者」だから、軍閥のための戦争を放棄して天皇を主とする国家のために尽くすように、と兵士に呼びかけた。挿絵の中央上方に明治天皇を大きく描いたが、このように明治天皇像が顕著に現れるビラは珍しい。そして、図の下方は様々な状況で戦う兵士の姿でうめられ、彼らの天皇に対する忠誠を象徴している。この挿絵作成にあたって、フランシスはイタリアの画家・版画家、エドアルド・キヨッソーネ（Edoardo Chiossone, 1833-98）による有名な明治天皇の肖像版画をモデルにした。解説シートのコメントは、何世紀ものあいだ封建君主に支配されていた日本の腐敗が明治維新によって改革されたが、軍閥は昔の封建制度を復活させて天皇に反逆した、と論じている。しかし、延安の日本兵達は、天皇が戦争を支持していることは国民も周知しているから、このビラの主張は矛盾している、と厳しく切り捨てた。(30)

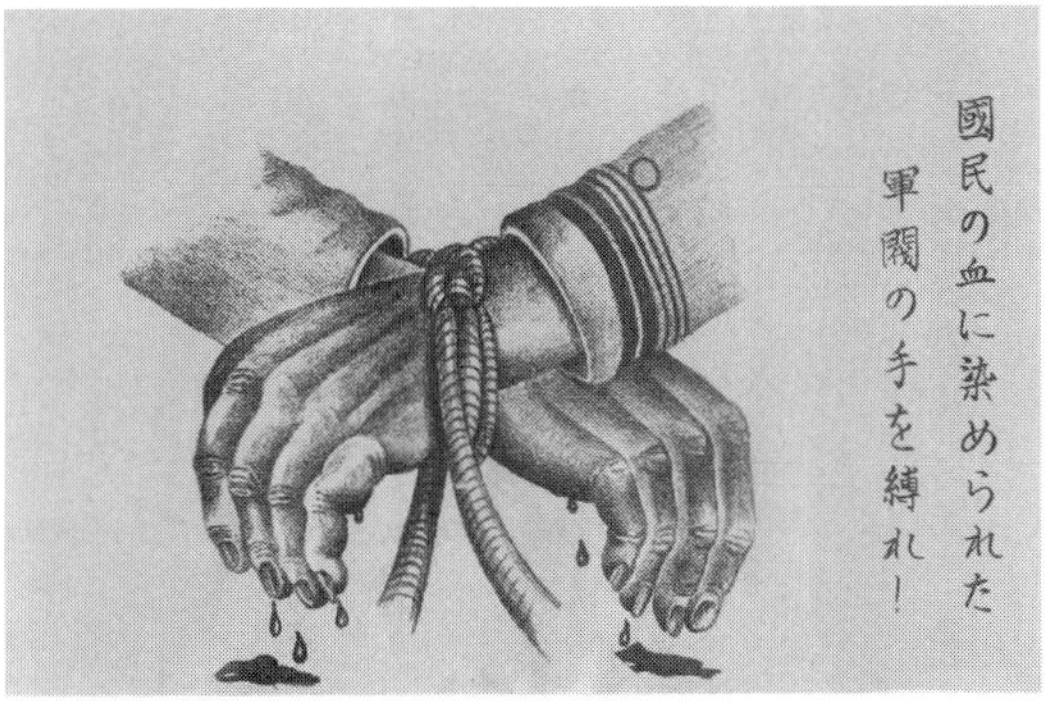

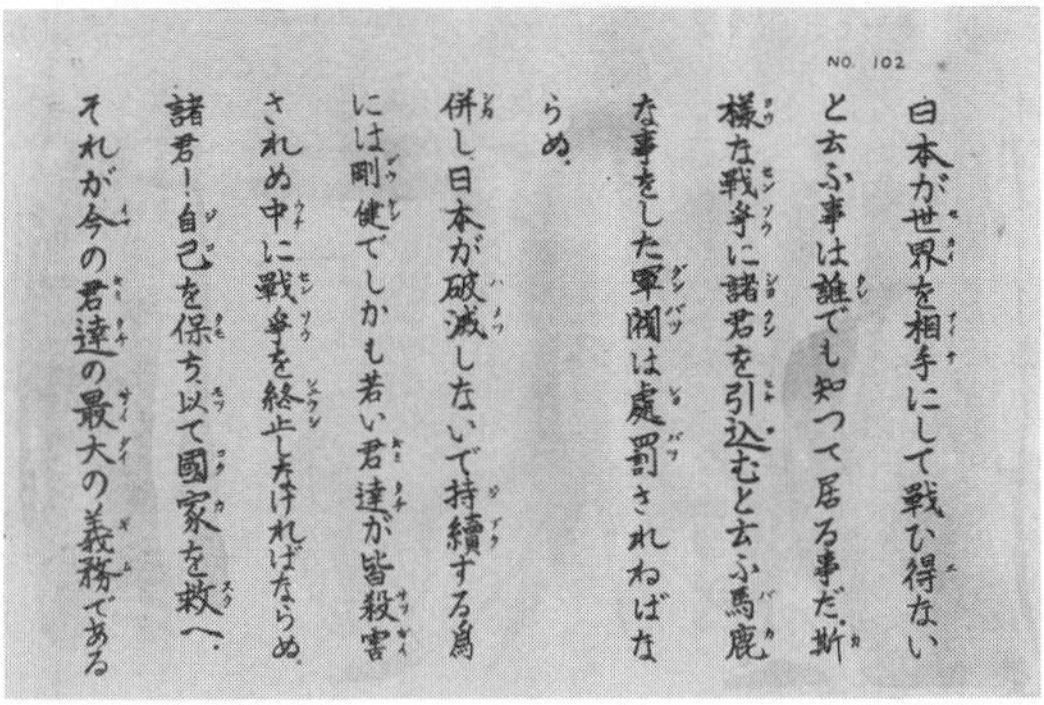
NO. 102
日本が世界《セカイ》を相手《アイテ》にして戦ひ得《エ》ない
と云ふ事は誰《ダレ》でも知つて居る事だ。斯《カ》
様《ヨウ》な戦争《センソウ》に諸君《ショクン》を引込《ヒキコ》むと云ふ馬鹿《バカ》
な事をした軍閥《グンバツ》は處罰《ショバツ》されねばな
らぬ。
併《シカ》し日本が破滅《ハメツ》しないで持續《ジゾク》する爲
には剛健《ゴウケン》でしかも若い君達《キミタチ》が皆殺害《サツガイ》
されぬ中《ウチ》に戦争《センソウ》を終止《シュウシ》しなければならぬ。
諸君！自己《ジコ》を保《タモ》ち以て國家《コッカ》を救《スク》へ。
それが今《イマ》の君達《キミタチ》の最大《サイダイ》の義務《ギム》である

図３-14　ビラ102「国民の血に染められた軍閥の手を縛れ！」

（表・裏）12.8×19.7cm、1945年３月制作。

フランシスの対日本兵宣伝ビラの挿絵は、日本国民に向けたビラと同様に機知に富んだものが多い。ビ

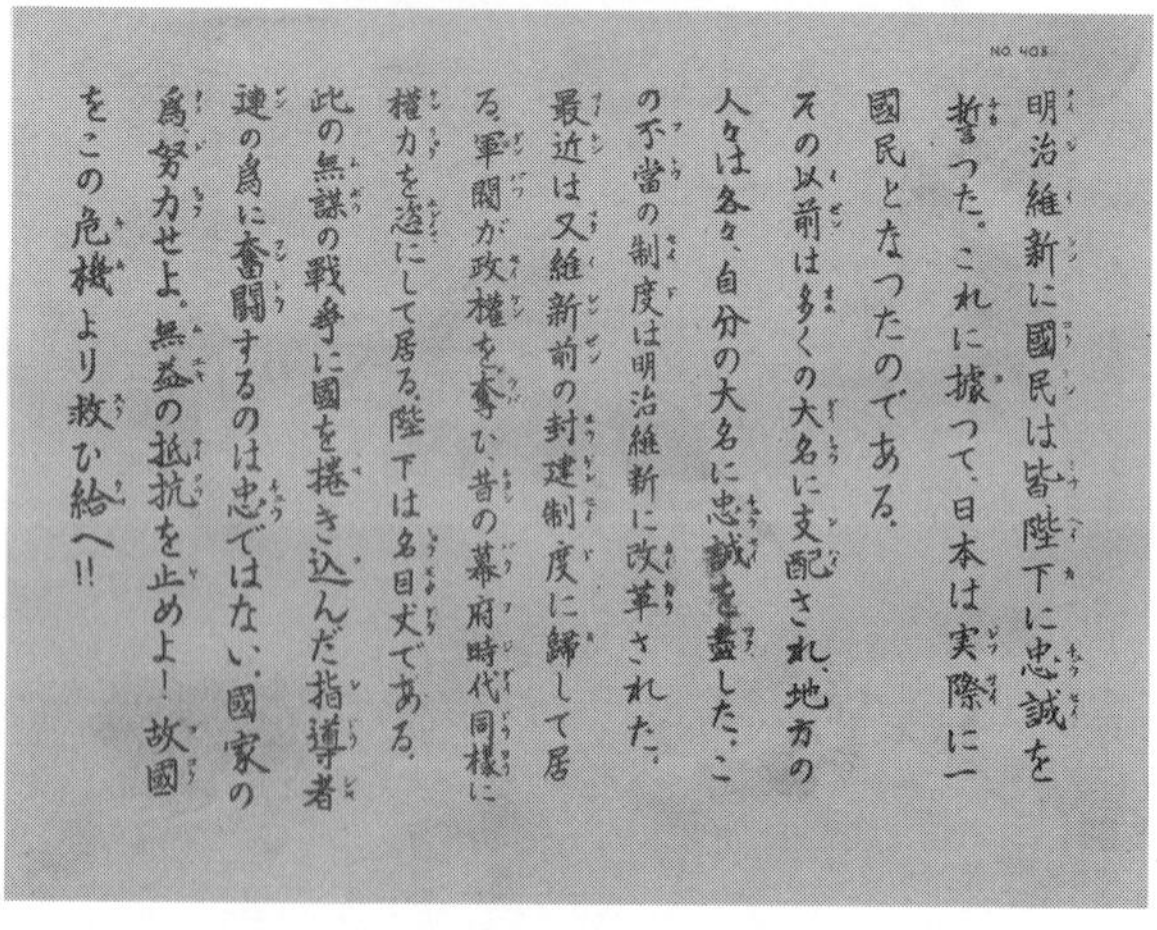

NO. 408

明治《メイジ》維新《イシン》に國民《コクミン》は皆陛下《ヘイカ》に忠誠を誓つた。これに據つて、日本は実際《ジツサイ》に一國民となつたのである。

その以前《イゼン》は多くの大名《ダイミヤウ》に支配《シハイ》され、地方の人々は各々、自分の大名に忠誠を盡した。この不當の制度《セイド》は明治維新に改革《カイカク》された。

最近《サイキン》は又維新前《イシンゼン》の封建制度《ホウケンセイド》に歸して居る。軍閥《グンバツ》が政権を奪ひ、昔の幕府時代同様に權力を恣にして居る。陛下は名目丈である。

此の無謀《ムボウ》の戦争に國を捲き込んだ指導者《シドウシヤ》連の爲に奮闘《フントウ》するのは忠ではない。國家の爲努力せよ。無益の抵抗を止めよ！　故國をこの危機より救ひ給へ!!

図3－15　ビラ408〔明治維新に国民は皆陛下に忠誠を誓った〕
（表・裏）21.6×16.4cm、1944年10月制作。

ラ2065〔此の戦争には勇気だけでは勝てない〕（図3－16）では、米軍爆撃機と鎧兜に身をまとった武士を対決させて、精神力で勝てるという日本軍の伝統や信念だけでは、アメリカの軍事力・物資力に太刀打ちできないことを表現している。このテーマは明治時代の浮世絵に多く見られた舶来品対和物のユーモラスな「戦い」を思い起こさせるが、フランシスは、明らかに馬上の若武者を嘲笑の的としてではなく勇敢で悲劇的な英雄として描いている。テキストには、「この戦争には勇気だけでは勝てない」から、生き残って日本の将来のために生涯を尽くすことこそ最善、という日

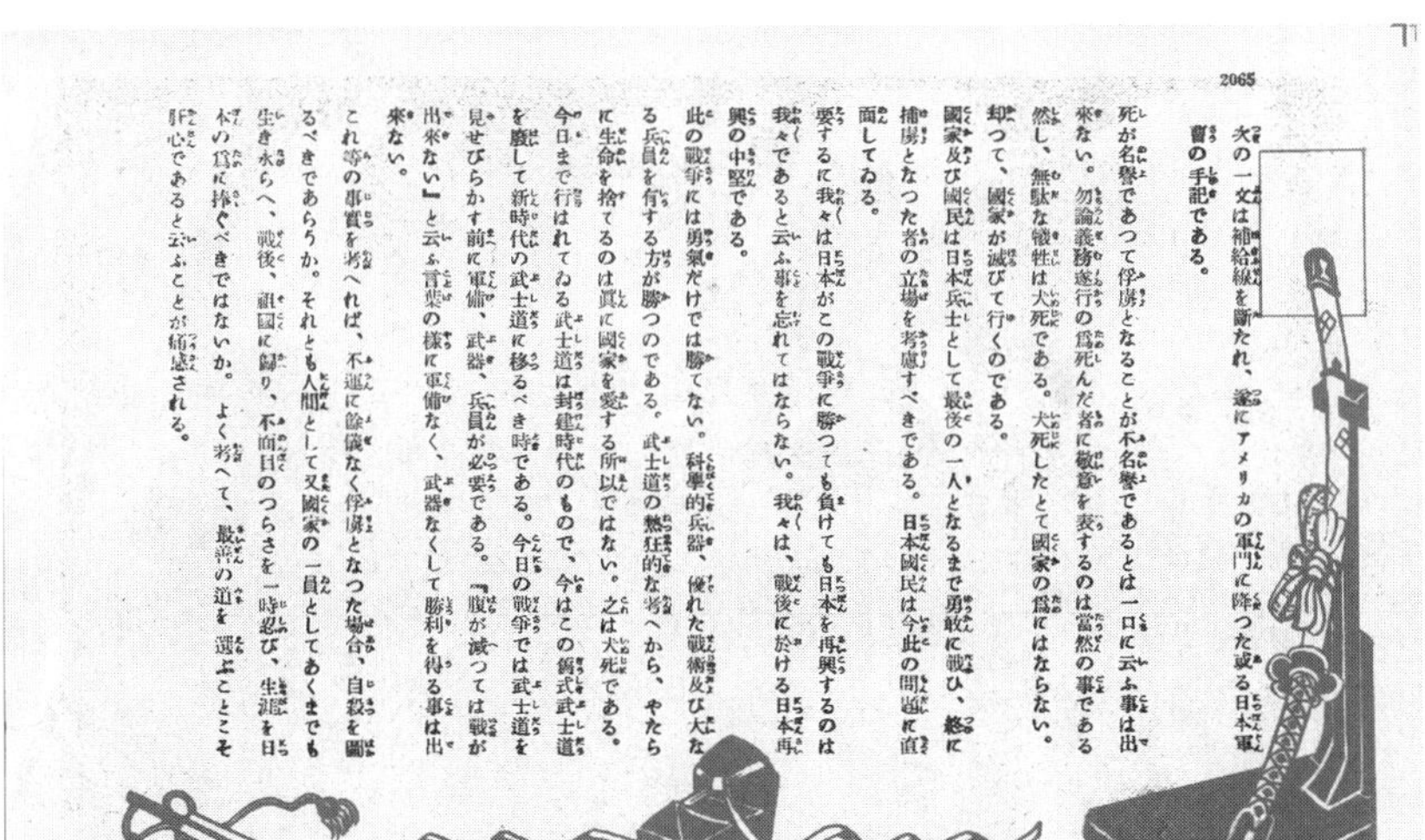

2065

次《つぎ》の一文《ぶん》は補給線《ほきふせん》を斷たれ、遂《つひ》にアメリカの軍門《ぐんもん》に降《くだ》つた或《あ》る日本軍《につぽんぐん》曹《さう》の手記《しゆき》である。


死《し》が名譽《めいよ》であつて俘虜《ふりよ》となることが不名譽《ふめいよ》であるとは一口《くち》に云《い》ふ事《こと》は出來《でき》ない。勿論《もちろん》義務《ぎむ》遂行《すゐかう》の爲《ため》死《し》んだ者《もの》に敬意《けいい》を表《へう》するのは當然《たうぜん》の事《こと》である
然《しか》し、無駄《むだ》な犧牲《ぎせい》は犬死《いぬじに》である。犬死《いぬじに》したとて國家《こくか》の爲《ため》にはならない。

却《かへ》つて、國家《こくか》が滅《ほろ》びて行《ゆ》くのである。

國家《こくか》及《およ》び國民《こくみん》は日本兵士《につぽんへいし》として最後《さいご》の一人《り》となるまで勇敢《ゆうかん》に戰《たたか》ひ、終《つひ》に捕虜《ほりよ》となつた者《もの》の立場《たちば》を考慮《かうりよ》すべきである。日本國民《につぽんこくみん》は今此《いまこ》の問題《もんだい》に直面《ちよくめん》してゐる。

要《えう》するに我々《われわれ》は日本《につぽん》がこの戰爭《せんさう》に勝《か》つても負《ま》けても日本《につぽん》を再興《さいこう》するのは我々《われわれ》であると云《い》ふ事《こと》を忘《わす》れてはならない。我々《われわれ》は、戰後《せんご》に於《お》ける日本《につぽん》再興《さいこう》の中堅《ちうけん》である。

此《こ》の戰爭《せんさう》には勇氣《ゆうき》だけでは勝《か》てない。科學的《くわがくてき》兵器《へいき》、優《すぐ》れた戰術《せんじゆつ》及《およ》び大《だい》なる兵員《へいゐん》を有《いう》する方《はう》が勝《か》つのである。武士道《ぶしだう》の熱狂的《ねつきやうてき》な考《かんが》へから、やたらに生命《せいめい》を捨《す》てるのは眞《しん》に國家《こくか》を愛《あい》する所以《ゆゑん》ではない。之《これ》は犬死《いぬじに》である。今日《こんにち》まで行《おこな》はれてゐる武士道《ぶしだう》は封建時代《ほうけんじだい》のもので、今《いま》はこの舊式《きうしき》武士道《ぶしだう》を廢《はい》して新時代《しんじだい》の武士道《ぶしだう》に移《うつ》るべき時《とき》である。今日《こんにち》の戰爭《せんさう》では武士道《ぶしだう》を見《み》せびらかす前《まへ》に軍備《ぐんび》、武器《ぶき》、兵員《へいゐん》が必要《ひつえう》である。『腹《はら》が減《へ》つては戰《いくさ》が出來《でき》ない』と云《い》ふ言葉《ことば》の樣《やう》に軍備《ぐんび》なく、武器《ぶき》なくして勝利《しようり》を得《う》る事《こと》は出來《でき》ない。

これ等《ら》の事實《じじつ》を考《かんが》へれば、不運《ふうん》に餘儀《よぎ》なく俘虜《ふりよ》となつた場合《ばあひ》、自殺《じさつ》を圖《はか》るべきであらうか。それとも人間《にんげん》として又國家《またこくか》の一員《ゐん》としてあくまでも生《い》き永《なが》らへ、戰後《せんご》、祖國《そこく》に歸《かへ》り、不面目《ふめんぼく》のつらさを一時《じ》忍《しの》び、生涯《しやうがい》を日本《につぽん》の爲《ため》に捧《さゝ》ぐべきではないか。よく考《かんが》へて、最善《さいぜん》の道《みち》を選《えら》ぶことこそ肝心《かんじん》であると云《い》ふことが痛感《つうかん》される。

図3-16　ビラ2065〔此の戦争には勇気だけでは勝てない〕
（表・裏）20.2×12.6cm、1945年3月制作。

本軍曹の手記を引用している。フランシスはこの面にも太刀や冠などの伝統的なモチーフを添えて美しいアクセントをつけた。

おわりに

対日宣伝ビラは異文化を対象に展開された心理戦で活用された主要手段であった。心理戦関係者は日本の国民性や歴史文化伝統の研究に基づいた方針を打ち出し、宣伝ビラ作成担当チームはそれにそって任務を遂行した。心理戦ハンドブックに明記されたガイドラインやビラ本体のテキストやイラストを分析すると、アメリカ軍が対日心理戦において日本をどのように理解していたかがわかってくる。

アメリカ側の心理戦略では「真実を伝えること」(Strategy of truth) が重要視された。[31] 強力で効果的な宣伝は具体的に証明できる事実や真実に基づくものであり、嘘の情報を伝えると信用されないと確信していたからである。日本国民や兵士に誠実さを印象づけるため、誇張や偽りを極力避け、そして、宣伝ビラ作成の際にはメッセージ内容の信憑性を高めるように努力した。フランシスのようにビラの挿絵・図案を担当するアーチストの役割は、ビラのメッセージを視覚的に表現するだけではなく、読んでみようという気をおこさせる様々な工夫を凝らすことであった。さらに、挿絵に日本の人物や景物を描く場合は、メッセージの真実性を反映するよう正確で信頼できる描写が要求された。フランシスは日本の風俗描写には自信を持っていた。一九四五年五月のアメリカ海軍建設工兵隊 (United States Navy Construction Battalions) の機関新聞『シービー』(*Seabee*) は、次のように報告している。

ビラの図案は、すべて日本人や日本の習慣に通じたアーチストが担当している。たとえば、ワシントン州シア

トル出身で以前日本に住んでいた、繊細で情熱的なフランシス・ベーカーさん〔……〕

ベーカー夫人は、ビラの挿絵にはアーチストは日本の風俗を細部まで丹念にまちがいなく描かなければならないと強調する。たとえば、日本人は家の中では靴を履かないし、着物姿の日本女性は必ず「右前」の着付けにする。「左前」の着物は日本では死人を意味する。このような些細なことでもきちんと正確にとらえないと、平均的な日本人はアーチストがまちがったと思うより、ビラの内容を誤解してしまうだろう。(32)

そしてこの記事に添えて宣伝ビラ**2027**「祖国を破滅より救へ」を前にしたフランシスの写真が大きく掲載されている。終戦前後にこの『シービー』の他にもアメリカ軍機関紙や一般の新聞雑誌で心理戦に関する記事が多数、発表されたが、そこで紹介されたビラや漫画の多くは彼女が作成したものであった。(33)

フランシスの「作品」には本章で紹介した例以外にも、日本の風景や家族を描写したものが多い。日本各地の名所（**520**, **802**, **806**, **807**）や母子像（**804**）を柔らかいタッチで描いてあるものは、兵士に望郷の念をかりたてて戦意を弱めるための「ノスタルジー（望郷）」をテーマとしたビラに属するが、延安の日本兵達は、**804**, **806**, **807**を「日本の情感が漂う、とても素晴らしい挿絵」と絶賛している。(34) また、他のビラには田植え作業や国会議事堂（**706**）、床の間の前に座る着物姿の父親を囲む妻や子供たち（**812**）、街角の交番や伝統的な食膳（**2007**）などのモチーフをさりげなくとり入れている。これら挿絵の題材の豊かさは、戦前の東京で庶民に囲まれて五年間暮らした彼女の生活体験のたまものであった。

フランシスは日本人を憎むべき敵としてみていたわけではない。対日宣伝ビラを制作中にも仕事部屋に自分が描いた益子村の油絵を飾り、東京の知人や友人の安否を気遣っていた（写真3－2）。また、ホノルルＯＷＩのマッケイ副部長は、上海で日本軍に強制収容所に抑留されたが、終戦数カ月前に「戦争は少数の指導者によって始められ、多く

写真３－２　ビラ作成中のフランシス（右）

出典：*OWI Central Pacific Operations* より。

の人間が苦しむ」と語り、日本人を敵対視していないと断言している。[35] 戦争が終結した後、フランシスは自宅で終戦記念パーティーを開いたが、その際には、富士山を背景にアメリカ兵と日本女性が和やかに談話している様子を描いた絵を壁に貼っていた。そして、OWIで活動したスミス部長をはじめとする多くの「日本専門家」(Japan specialists)のように、フランシスも日本へ「帰って」いく。[36]

太平洋戦争中に大量生産され、撒布されたため、やがては捨てられる運命にあった対日謀略宣伝ビラは、大規模な組織の中で多くの人員によって共同制作され、関与したアーチスト個人の役割や貢献度が無視されがちだ。しかし、フランシスのビラは確実に彼女の人間性および画家としての熱意や個性を表現している点で傑出している。本章では主に人物を描いた挿絵を取りあげたが、フランシスの作成した図案のなかで珍しい例にビラ811がある。沖縄で最も多く撒布された投降を呼びかけるビラで、「生命を助けるビラ」として知られている。[37] 遠くからでも見えるように、星条旗の色を思わせる青と赤の帯をアクセントにしたシンプルなデザインは他の投降ビラにも使用されているが、「このビラを持った者を人道的に取り扱うように」との米軍兵士への英文指示は、フランシス自ら大きな赤文字で書いた。このようにフランシスのデザインした宣伝ビラは構想力のみならず想像力や創造力が豊かで、表現様式も多彩である。また、水彩画や鉛筆によるドローイング、版画、スクラッチボード・ドローイングなど多様なテクニックを駆使している。彼女にとっては宣伝ビラさえも自分のアーチストとしての腕をふるい、可能性を追及する媒体であった。そして、フランシスの挿絵には、彼女がアメリカ人画家の眼で観察した昭和初期の日本の情景がしばしば描かれていて、日本に対する郷愁さえ感じさせる。それはフランシスの日本への深い親愛の情の表れであった。

注

(1)　これら資料は現在シアトル市ブレークモア財団に所蔵されている。

（2） フランシス・ブレークモアの経歴については拙著 Michiyo Morioka, *An American Artist in Tokyo: Frances Blakemore, 1906–1997* (Seattle: The Blakemore Foundation, 2007) を参照。

（3） 同前、一七九～一八〇頁、フランシスがブラッドフォード・スミスに宛てた手紙（一九四五年一〇月九日）参照。

（4） フランシスの率いる展示係の制作したポスターやパンフレットの例はいろいろな写真に記録されている。たとえば、横浜国際関係史研究会・横浜開港資料館編『図説　ドン・ブラウンと昭和の日本――コレクションで見る戦時・占領政策』（有隣堂、二〇〇五年）八三、八九頁。

（5） Allison B. Gilmore, *You Can't Fight Tanks with Bayonets: Psychological Warfare against the Japanese Army in the Southwest Pacific* (Lincoln and London: University of Nebraska Press, 1998), p. 17.

（6） ホノルルOWIの活動を記録するために、終戦直後にフランシスや他のスタッフが作成した非公式のパンフレットと思われる。この段落のOWIスタッフに関する情報は、このパンフレットと Franklin J. Bills, "Verbal Volleys and Paper Bullets," *Seabee*, 23 May 1945, p. 13 による。

（7） その一人はルソン島で捕虜となった海軍中尉・小島清文で、ホノルルでビラ作成の参考にする資料の翻訳をした（小島清文『投降』図書出版社、一九七九年、二四五頁以下、一ノ瀬俊也『戦場に舞ったビラ――伝単で読み直す太平洋戦争』講談社、二〇〇七年、二〇二～二〇三頁）。

（8） 「日付」は制作された年月と思われる。制作数が明記されていないビラもある。また、2105 のように、確実にフランシスの作品であると判断できるのに、このリストに記録されていない例もある。

（9） 様式などからフランシスが作成した図案を使用したと判断できる対日ビラの識別番号：102, 104, 110, 403, 407, 408, 410, 414, 514, 518, 519, 520, 525, 526（2027 と同デザイン）527, 532, 706, 802, 804, 806, 807, 811, 812, [1000]（2082 と同デザイン）2000, 2001, 2007, 2008, 2009（2016, 2017, 2034, 2090 と同デザイン）、2010, 2011, 2013（2014 と同デザイン）2015, 2020, 2021, 2030, 2033, 2036, 2039, 2041, 2042, 2046, 2047, 2048, 2051, 2054, 2056, 2057, 2059, 2060, 2063, 2064, 2065, 2067, 2069, 2073, 2076, 2077, 2079, 2081, 2089, 2091, 2092, 2099, 2102, 2105（2051, 2054, 2063, 2102, は縁飾りのデザイン、［ ］は推定）。2009 は「拾圓」札の複製だが、これはフランシスが提案した。これらのビラは後述のCINCPAC—CINCPOAの宣伝ビラ見本帳、および、一ノ瀬俊也『宣伝謀略ビラで読む、日中・太平洋戦争――空を舞う紙の爆弾「伝単」図録』（柏書房、二〇〇八年）、平和博物館を創る会『紙の戦争・伝単――謀略宣伝ビラは語る』（エミール社、一九九〇年）、山本武利編訳・高杉忠明訳『延安レポート――アメリカ戦時情報局の対日軍事工作』（岩波書店、二〇〇六年）、フランシスの作成したアルバム、などに見られる。

また、このリストとビラを比べて調べると、ひとつの図案がテキストを変えて使われたことも確認できる。たとえばフランシスが作成した **2027** は「祖国を破滅より救へ」と見出しのついた対日本国民のビラであるが、この識別番号はOWIビラ（一九四四年一一月制作二〇万枚）として記録されている。同図案は「住民に対する注意」という見出しと新しいテキストをつけて、対沖縄住民のビラ**526**にも使われ、これはＪＩＣＰＯＡビラ（一九四五年三月制作三七万五〇〇〇枚印刷）として記録されている。沖縄戦に使われた対日宣伝ビラについては、土屋礼子「沖縄戦における心理作戦と対日宣伝ビラ」（『大阪市立大学大学院文学研究科紀要』第五六巻、二〇〇五年三月）参照。ビラ**2027**は前掲、拙著 *An American Artist in Tokyo: Frances Blakemore, 1906-1997*, 六〇頁、ビラ**526**は前掲、一ノ瀬『宣伝謀略ビラで読む、日中・太平洋戦争』二〇六頁に掲載されている。

（10）本書注（12）の⑸ *Psychological Warfare, Part Two, Supplement No.3* に見本がある。

（11）United States Pacific Fleet and Pacific Ocean Areas, *Psychological Warfare, Part 1* (August 1944), pp. 15-17. これは、一九四二年七月以来、オーストラリアに本拠を置いた極東連絡局（Far Eastern Liaison Office, FELO）を中心として連合軍が実践してきた対日心理戦活動で得た経験をもとに作成された二四頁の小冊子で、ビラ本体と解説シートを綴じ付けた *Psychological Warfare, Part 2, propaganda material* (August 1944) を伴っていた。この資料の一部が林博史氏によって訳されている（『サイパンで米軍に保護された日本民間人の意識分析』http://opac.kanto-gakuin.ac.jp/cgi-bin/retrieve/sr_bookview.cgi/U_CHARSET.utf-8/NI20000352/Body/link/hayashi.pdf の五二〜五四頁参照）。なお、本章の執筆にあたって、*Psychological Warfare, Part 1 & 2* をはじめ多数の資料を横浜開港資料館の中武香奈美氏から提供していただいた。ここに深い感謝の意を表します。

（12）⑴ *Psychological Warfare, Part One* (December 1944), ⑵ *Psychological Warfare, Part Two* (December 1944), ⑶ *Psychological Warfare, Part Two, Supplement No. 1* (CINCPAC-CINCPOA Bulletin No. 164-45, 14 July 1945), ⑷ *Psychological Warfare, Part Two, Supplement No. 2* (CINCPAC-CINCPOA Bulletin No. 164-45, 15 August 1945), ⑸ *Psychological Warfare, Part Two, Supplement No. 3* (CINCPAC-CINCPOA Bulletin No. 164-45, 15 August 1945). ⑸の *Supplement No. 3* は新聞型宣伝ビラの見本帳で日本語で作成された（『マリヤナ時報』『まこと』『布哇週報』）、韓国語（『朝鮮自由報』）中国語（『世界週報』）などを含む。

筆者は *Part One* のゼロックスコピーをペンシルバニア州カーライル市の U. S. Army Military History Institute から取り寄せた。*Part Two, Supplement No. 1-3* の三冊は、ブレークモア財団に所蔵されている。*Part Two* はまだ見る機会がない。

（13）筆者が取り寄せた *Part One* の表紙には「Lt. E. R. Harris」（E・R・ハリス大尉）の署名があり、中にも多くのメモが書き込んである。

（14）前掲、*Psychological Warfare, Part Two, Supplement No. 1.*

（15）たとえば、『手による撒布』（'Hand Dropping,' p. 20）の項目からの一節には、「標準サイズ（五×八インチ）のビラが自然落下する距離は五分間に一〇〇〇フィート。二枚重ねまたは四枚重ねのビラは同じ距離を三分三〇秒で落下する。もし六〇〇〇フィートの高度から撒布され、時速二〇マイルの風があると仮定すると、ビラは一〇マイル押し流されることになる。ゆえに、手で撒く時には低空飛行機を使用する。ただし、高高度からの撒布は宣伝ビラ爆弾が最も効果的である」とある。

（16）山極晃『米戦時情報局の「延安報告」と日本人民解放連盟』（大月書店、二〇〇五年）vii頁。前掲、Gilmore, *You Can't Fight Tanks with Bayonets*, pp. 17, 58-59.

(17) 前掲、*Psychological Warfare, Part One*, p. 19.

(18) 山極晃先生にご教示いただいた（二〇〇九年一月二一日）。

(19) 前掲、一ノ瀬『戦場に舞ったビラ』二〇四頁。同著二〇五頁に、一九四五年二月に拾われたビラ **2001** が掲載されている。同じ挿絵だが、**2001A** の日本語文がより洗練されていて改良版と思われる。

(20) 前掲、一ノ瀬『宣伝謀略ビラで読む、日中・太平洋戦争』一九八頁。

(21) 前掲、山極『米戦時情報局の「延安報告」と日本人民解放連盟』一六二頁、山本『延安レポート』五七五頁。

(22) 前掲、一ノ瀬『宣伝謀略ビラで読む、日中・太平洋戦争』一八八頁。**2046** は同頁、**2048** は一八七頁に掲載されている。

(23) 前掲、一ノ瀬『戦場に舞ったビラ』二〇二、二一二〜二一四頁。

(24) 前掲、山本『延安レポート』五八二頁。

(25) 前掲、一ノ瀬『宣伝謀略ビラで読む、日中・太平洋戦争』一九二頁。

(26) 前掲、山本『延安レポート』五八五頁。

(27) 田島奈都子「戦時下の商業ポスター——宣伝を担った広告の一側面」（『アジア遊学』第一一一号、二〇〇八年）参照。

(28) 前掲、拙著 *An American Artist in Tokyo*, plates 24, 25, 31, 33, 35.

(29) 前掲、Gilmore, *You Can't Fight Tanks with Bayonets*, pp. 105–108. 土屋礼子氏は、オーストラリアの極東連絡局（Far Eastern Liaison Office, FELO）が一九四四年二月に昭和天皇の肖像写真を使って八種類のビラを作成したが、問題になって結局撒布されなかったと論じている。「エフェメラとしての戦時宣伝ビラ——FERO資料の場合」（前掲、『アジア遊学』第一一一号、一〇頁）。

(30) 前掲、山本『延安レポート』五八三頁。

(31) 前掲、Gilmore, *You Can't Fight Tanks with Bayonets*, pp. 101–102. この点は、延安のビラ政策においても強調されていた（前掲、山極『米戦時情報局の「延安報告」と日本人民解放連盟』一一七頁）。

(32) 前掲、Bills, "Verbal Volleys and Paper Bullets," p. 13.

(33) "'Thought Bombs' Showered on Japan Prepared Here," *Honolulu Star-Bulletin*, 17 March 1945, p. 1; "Leaflets Dropped on Home Islands Attack Nippon's Militarist Caste," *Life*, 9 July 1945, p. 68; Joe Fisher, "Leaflets Battle Japs: Psychological Warfare Does The Job Guns Can't," *The Stars and Stripes*, 27 July 1945, p. 5; John Beaufort, "U. S. Steps Up Propaganda Barrage Against Nipponese Home Front," *The Christian Science Monitor*, 7 April 1945, p. 13; Harold Hefner, "Paper Bullets," *Pacific Leatherneck*, 1 November 1945, pp. 10–12.

(34) 前掲、山本『延安レポート』五八五頁。また「ノスタルジー」ビラについては、前掲、土屋「エフェメラとしての戦時宣伝ビラ」九〜一〇頁参照。

(35) 前掲、Bills, "Verbal Volleys and Paper Bullets," p. 13.

（36）スミスは終戦直後にGHQのCI&Eの一員として東京にもどった。フランシスは東京のスミスあてにホノルルから一九四五年一〇月九日付けの手紙を出して、GHQ内で美術関係の仕事を紹介してほしいと要請している（注３）。

（37）前掲、一ノ瀬『宣伝謀略ビラで読む、日中・太平洋戦争』二一〇頁、土屋「沖縄戦における心理作戦と対日宣伝ビラ」三二頁、太田昌秀『沖縄戦下の米日心理作戦』（岩波書店、二〇〇四年）二五九〜二六一頁。

付記　なお、本章作成にあたり、フランシスが関与したビラに対する日本兵の批評が『延安報告』の第五三号と五六号に多数収録されている事実を、山極晃先生にご指摘いただいた。また、心理戦ハンドブックの内容についても種々ご教示いただいた。ここに記して感謝の意を表します。

第4章　横山雄偉と昭和の政界

大西　比呂志

はじめに

一九四五（昭和二〇）年一二月二日、ＧＨＱは梨本宮守正、平沼騏一郎、広田弘毅ら五九名の戦争犯罪容疑者の逮捕を指令した。皇族や首相、陸海軍大将、各省大臣など大日本帝国の最高責任者たちと並んで、このとき挙げられた横山雄偉《ゆうい》（一八八二〜一九六二）という人物の名前を知る人は、ほとんどいないだろう。当時の新聞でも錚々たる経歴の大物たちに対し、横山は「戦時中社会各層に広く名前を売り日本人、外国人間に疑惑の眼をもってみられた人物である」と記される以外に肩書きがない(1)。

横山雄偉は、本章で明らかにするように政治の表舞台ではなく、有力政治家の意を受けて情報を収集し、政界工作活動にあたった陰の人物である。横山の政界人脈と情報網は多岐にわたり、それらを有力者に提供することによって政界に間接的な影響を与えた。彼がその能力を最も発揮したのは、大正末から昭和戦前期という政党政治から戦時期へ日本を取り巻く政治と外交が激動する時代であった。本章ではこの横山雄偉の大正期以来、主に昭和戦前期の活動の軌跡を追うことによって、これまであまりふれられることのなかったこの時代の政治外交史の一端を明らかにしようとするものである。

第1節　大正昭和の政界

1　政界へ

横山雄偉は、一八八二（明治一五）年一二月福岡県糟屋郡勢門村の横山久三郎の長男として生まれた。(2) 横山が後に語るところによると一三歳のときに玄洋社へ出入りし、一八九七年の夏「一七才で出京し間もなく広田弘毅に伴われて頭山満を自宅に訪ねたという。(3) 横山は頭山に向って「征韓論」を「大言壮語」して訓戒を受けたことを記しているが、早くから横山が大陸浪人的志向を持っていたことをうかがわせる。ただし、玄洋社の社史に横山は社員として名前の記載はあるがそれ以上の記述はなく、(4) また広田の伝記にも横山との関係を示す記述は無い。

横山は一九〇一年四月宮城控訴院で有価証券私印偽造罪で懲役刑を受け、(5) 以後この種の経済事犯に何度も関わることになるが、刑を猶予されたのか翌〇二年一二月には京北中学校（井上円了によって一八九八年に開校）を卒業し、〇三年一二月まで英語専修学校で英語を、次いで根本漢学塾で漢学を修め、〇四年一月に信濃毎日新聞社に入った。同社では政治部、軍事部を担当し、日露戦争に従軍したようだ。(6) さらにこのころ『帝国建設者』（一九〇四年、民友社）という表題でセシル・ローズの伝記を刊行し、徳富蘇峰が序文を寄せている。(7) 蘇峰は横山が生涯師と仰ぐ一人であった。

その後横山は詩人・小説家としてすでに一家をなしていた同郷の宮崎湖処子（本名八百吉、福岡県朝倉郡三奈木村出身）に弟子入りをし、宮崎を頼って田山花袋の知遇を得たようである。〇七年一一月三日付の田山花袋宛宮崎湖処子書簡には、「無名の作家横山雄偉なる青年当今の大家中独り大兄之御教導を仰ぎ度よう申出候に付其の志願に任せ御紹介申候」とあり、横山の経歴について「蘇峰氏の認識を受け国民新聞の従軍記者として樺太に赴き、爾来北海道に在って開拓時業に従い一朝にして大耕主」となったが、その後「破産、落魄」した、しかし「嘗て僕の最愛の弟子に候ひしもの今も猶然る者」であり、花袋に「引見之上御一言」を依頼している(8)。横山が上京後小説家を志望していたこと、国民新聞にも関わっていたことなどがわかるが、こうして花袋に傾倒して「小説における模写の重要性」を学ぶなかこれを人物評論に用いようと、折からの「憲政擁護運動の渦中に投じ〔……〕その運動のために或雑誌を主宰」した(9)。これが『世界雑誌』で一九一二（大正元）年一二月、憲政擁護運動の中心団体の一つ憲政作振会が中野正剛らの発起で発足した際、横山はこの『世界雑誌』主筆という肩書きで発起人の一人となっている(10)。翌一三年一月一四日の「都下非官僚十八団体」演説会では、赤尾藤吉郎、高橋秀臣、古島一雄らとともに登壇、二月二七日の憲政作振会が開いた神田青年館での第二回演説会では開会の辞を述べるなど、横山は憲政擁護運動の活動家として華々しい活動を開始した(11)。

　このころ、横山は護憲運動の指導者で当時東京市長の尾崎行雄の知遇を得たようで、『世界雑誌』の巻頭対談などでその関係を喧伝しているほか、尾崎の片腕であった東京市助役田川大吉郎に雑誌の取材で面会した際「大正元年十一月の中ば、東京市役所の第三部長室で、初めてお目にか、つた。特に記して置く、紹介者は、尾崎行雄氏であつた」と記している(12)。田川の後年の談話にも「其の時分に「世界雑誌」と云ふ雑誌がありました。やはり尾崎先生に近い人々が経営してゐる雑誌で〔……〕尾崎先生は其の雑誌社の人達に時折私のことを御話しになつたものと見えて私の意見を率直に述べて呉れないかと雑誌社が言うて参りました」と述べている(13)。田川もこれを機に『世界雑誌』に次々と寄稿し(14)、その後政友会との関係を深める横山と、東京市政の浄化とその元凶として政友会批判の急先鋒であった田川は政治的立場を異にしていくものの、交流は後年まで続いた。

　横山はこの間『加藤高明論其他』（一九一七年、世界雑誌社）などの著作を出し、政治記者として知られるようになった。とくに一九年三月、尾崎、田川らと欧米視察の旅に同行して、「人類史上未曾有の大戦の跡を目撃し、所謂世界改造運動の起程に於いて、切実なる教訓と興味とを贏得」すると、横山は一〇月二五日築地静養軒で帰朝視察演説会を開催したのを皮切りに、(15)戦後の国内外の改造思潮に応じた評論活動を旺盛に展開した。『五大強国より四大強国へ』(横山出版部、一九一九年)、『国際日本協会叢書第一編　講和条件の基礎をなせるウヰルソン氏の雄弁』(横山出版部、一九一九年)、『世界戦争に現れたる日本陸軍首脳部の無能力』(横山出版部、一九一九年)、『参政権のために』(横山出版部、一九二〇年)などである。国際日本協会とは、一八年一二月「世界の大勢を攻究し、之を参酌して我が国策の按定、国民生活の改造」することを目的に結成され、横山はその編集発行人、横山出版部はその発行元であった。横山は第一次大戦期の好景気で「船成金となり三四百万円の資産」を作ったとされ、横山出版部や国際日本協会などの派手な活動には、そうした背景があったようである。(16)

しかし、横山は二〇年一二月に横領事件で収監、二三年八月懲役二年の判決を受けた。(17)この少し後になるが、当時一族の問題から金策に走っていた斎藤茂吉の日記二五年一二月八日の条に、「夜ニナツテ政木氏ガ横山雄偉ト云フ人ヲツレテ来テ有利ナ金ガアルカラ借リテ呉レヨト云フ。ソレヲモ断ツテシマツタ」とあり、(18)横山は政界のあやしげな存在として登場している。

2　松本剛吉と床次竹二郎

横山はこの後も数々の事件に関与するが、(19)にもかかわらず大正末期から昭和初頭の政界でいっそう重要な存在となっている。

一九二四(大正一三)年五月の第一五回総選挙で憲政会ら野党が大勝し清浦奎吾内閣の退陣が迫ると、各政党の領袖たちの政界工作が活発に行われた。そうしたなかで元老西園寺公望の政治秘書松本剛吉がこの時期の横山の活動を記している。六月六日、西園寺の意向を受けた松本は政友会との協定を斡旋するため、後継首班に推された加藤高明憲政会総裁訪問に横山を帯同した。松本にとって横山は「薩派及び憲政会内部の状況」をもたらす情報提供者であった。[20] 横山には、前述のように『加藤高明論其他』という著作があり憲政会方面の情報に通じていた。このころ政友会を脱党して政友本党を創立して清浦内閣の与党となっていた「薩派」の床次竹二郎が、政友会への復党を画策しており、松本はこの動向を警戒し横山を情報収集に用いたのである。この「薩派」の動きの中心は、「熱心なる薩派の擁立者」「常に牧野内府方へ出入り」しているとされる当時陸軍中将・第一三師団長の井戸川辰三であった。[21] 井戸川は薩摩藩士族井戸川唯一の長男、陸軍士官学校一期卒業で上原勇作陸軍大臣秘書官をつとめるなど、上原・宇都宮太郎を頂点とする「陸軍薩摩閥」の中心人物の一人であった。[22]

さらに、二六年一月加藤首相が急逝して若槻礼次郎内閣が成立し、憲政会と政友本党との連立内閣が模索され床次の去就が再び焦点となった八月一六日、松本は「床次側近者横山雄偉君に逢ひ情報を聴き」と横山から情報を入手している。[23] 横山がどのような経緯で床次の「側近」になったか明らかでないが、床次、井戸川らとの関係は、昭和に入り政友会と民政党をめぐる政権抗争と政党各派の多数派工作が激化するなかでいっそう緊密に展開する。

一九二八（昭和三）年二月の第一六回衆議院議員総選挙で政友会と民政党が勢力伯仲となり、キャスティングボートを小会派に握られた議会状況を危惧した松本剛吉は、今度は「床次氏を起こして第三党を樹立」することを決意し、床次説得を横山に依頼した。これは西園寺が松本に内諾を与えるもので、「床次側近者」として横山が知られていたことを示している。[24]

松本から依頼された横山の活動振りは、松本の政治日誌付録の「床次新党一件関係文書」に克明に記されている。二月以降六月に床次が第三党の樹立を決意するまで、横山は「ほとんど一日おきぐらいに床次を訪れ決意を促した」、また「七月六日床次氏は園公を訪ふ。横山雄偉氏随伴す」と、床次も横山を重用した。床次は八月一日民政党を脱党し新党結成（新党倶楽部）に至るが、この一連の動きは「松本の発意により、横山雄偉が周旋努力した結果」といわれるものであった[25]。この間の政治資金として、後年横山は「松本剛吉から五〇〇万円を受け取った」と述べている[26]。この横山の背後に徳富蘇峰がいたことは、八月一日の結党式の朝、横山は蘇峰にあて「予て御示教を辱くいたしました床次竹二郎氏の新党計画愈々本日午前十一時東京会館に新聞記者を招待し声明をいたすことになりました」と報告し、同日床次を同道して引見を乞う書簡を送っていることからもうかがえる[27]。

3　久原房之助

しかし床次とともに新党倶楽部に参集した勢力は少数にとどまり、政友会内部では岡崎邦輔が中心となって床次を復党させようとした。これを仲介したのは田中義一首相の腹心といわれた逓信大臣久原房之助であり、松本と横山がこれに加わった。田中はこのころ久原に張作霖事件の責任から辞意を漏らしており、後継総裁への野心を持つ床次の復党と総裁への擁立工作が、久原、横山、松本らによって行われたのである。

その活動の様子を松本日誌から記せば、「九月十一日横山雄偉氏は床次氏の代理として予を訪問す」、「十一月八日横山氏は予の代理を兼ねて京都に出発」した。横山は床次と松本両者の「代理」として往復し、「政界の巨星悉く雲集し其一挙一動は剰す所なきやう新聞記者は鵜の眼鷹の眼を睜りつゝ、ある間に横山氏は神出鬼没、田中首相、久原逓相、床次氏の間を馳駆」した。東山に久原邸がある京都は政局の中心で「大小無数の策士が暗躍した」とされるが[28]、横山はその「策士」の中心人物であった。

こうして一二月二日実現した田中と床次の会談のなかで床次の復党は保留されたが、田中首相の了承のもと床次の中国外遊が決まった[29]。元来、床次は民政党の対中国政策に不満を持っており、また西園寺や松本らも同様であったから、床次の民政党脱党から政友会への復党の前提として、張作霖事件後の対中国政策を田中政友会と協調して立て直すことは了解事項であった[30]。床次の中国行きを推めたのは、久原房之助であった。久原は前年一〇月田中首相のもとで、満州を「日ソ中三国緩衝地帯」とする構想のもとに政府から「帝国政府特派経済調査委員」の身分でソ連、フランス、イギリス、イタリア、中国を歴訪し、モスクワではスターリン、ミコヤンらと、北京では張作霖らと会見しており、床次の派遣もこうした田中内閣の対中国積極外交の一環であった(31)。

注目されるのは、横山が久原の信任を受けて床次の中国派遣の中心になっていることである。松本剛吉の日誌には次のようにある(32)。

十二月五日　予は首相、逓相を歴訪し、横山氏も逓相を訪ひ、渡支費を謀る　六日　横山氏は山本満鉄社長と会見す　七日　床次氏一行は八日神戸発、十日上海着〔……〕随行員は井戸川中将、横山雄偉氏、田川大吉郎氏。

横山は久原から資金を得て一二月七日より床次、田川、井戸川らとともに上海へと渡る。この一行の重要使命が満州における張作霖事件の処理であったことは、松本自身がこの間に上京中の山本満鉄総裁と西園寺にも秘密に面談し、「有耶無耶の間に葬るが得策」と山本に答えていることからもうかがえる(33)。

床次、横山ら一行は大連、奉天をへて釜山から二五日に東京に帰着した。松本は直ちに横山を訪い、「床次氏の支那に於ける詳細の模様を聴取り」、さらに帰途「井戸川中将を訪うて同一のことを聞」いている。横山、井戸川は床次の監視役として松本・西園寺から派遣されたようで、松本は「両氏の談に依れば支那では床次は上出来であつ」たと安堵している(34)。

結局、床次は翌二九年七月田中内閣の総辞職直後に政友会に復党するが、横山はその間、西園寺に連なる松本への政界情報提供者として、また床次、久原ら大物政治家の活動の随伴者として重用されたのである。

こうして床次の政友会復党、対中国政策などに活動した横山は、政友会による論功行賞であろうか、三〇（昭和五）年二月の第一七回衆議院議員総選挙に、郷里糟屋郡を含む福岡県第一区から政友会候補として出馬した[35]。同選挙で、民政党からは中野正剛ら三名が立ち、政友会からは二名の前職が立ち、民政党内閣下の逆風選挙のうえ立候補も立ち遅れた横山は、床次、久原、蘇峰ら旧知の大物のほか「在京アメリカ実業協会副会長マッデン」などからの推薦状が新聞に掲載されたりする支援を得たが落選した[36]。落選後、横山は蘇峰に「這回は破格特別の御推薦を辱くいたし候にも拘らず、彼が如き惨敗を喫し候事、寔に面目次第も無之、平に御宥恕奉願候」と詫びている[37]。

三一年八月、横山は明治銀行渋谷支店の「某政党領袖に預る小切手」の不当貸付事件に関与して逮捕される[38]。この事件は「明銀百万円事件」と呼ばれ「政界の裏道を暴露」した事件として世間の耳目を集めたが、「某政党領袖」とは後の公判で明らかにされるように久原房之助であり、先の「渡支費の件」といい、横山が久原の裏の政治活動を支える存在であったことをうかがわせるものである[39]。

第2節　戦時下の情報活動

1　ドン・ブラウンと対外情報

一九三二（昭和七）年八月はじめ、東京市外大森町木原山から神奈川県高座郡茅ヶ崎町へ転居した横山は、しばらく後に田川大吉郎あてに次のように書き送っている[40]。

御好志に甘へ、近状少しく御報告申上げます。昭和七年八月五日（一周年前の同月同日、小生は刑事問題で検事局へ自首したのです）当茅ヶ崎東海岸へ僑居を構え、その空気の明澄なると、他の奇なきも平板な裡に大自然の真姿

写真4－1　横山雄偉とドン・ブラウン

を看取し得る風致、それから特に鎌倉や逗子、葉山に比して格段な村落的な趣が気に入りました。

手紙は悠々自適する近状を伝えているが、移り住んだ茅ヶ崎海岸には隣接地に松岡洋右や小橋一太らの別荘があり、鵠沼の広田弘毅の別荘も「自動車で八分程」と記し、また久原の動向を伝えるなど、自ら「依然たる俗気匠気を愧ぢます」と結ぶように[41]、政界人士や外国人の別荘も多いこの地で、横山はなお政治へ強い関心を有していた[42]。

さて、ここに一枚の写真がある。横山が茅ヶ崎に転居したその月末、のちに映画監督小津安二郎が定宿に使ったので有名な茅ヶ崎館で写されたものである[43]（写真4－1）。写真の裏面には、次のように記されている。

August 31st 1932 Chigasaki Hotel H. J Bird
Y. Yokoyama　Don Brown　D. Irie

Kenichi Yokoyama.

前列子供を抱いているのが、三〇年に来日して日本での記者活動を開始していたドン・ブラウン（Don Brown）、向かって右が横山雄偉である。ブラウンは、横山の長男研一（後列右）の友人であったという[44]。横山の周辺には、こうした外国人がしばしば出入りしており、ブラウンの左のバード（H. J. Bird）なる人物は、当時早稲田大学文学部の教師で、横山家に出入りして横山に英語を教えていたという[45]。

横山はこのころから急速にブラウンに接近する。ブラウンの日記三三年七月二六日には、ブラウンが数日前に腕時計の盗難にあった際「今朝、朝日のサイトウが訪ねてきて警察関係の報道担当者が聞いてきたという例の腕時計盗難事件の詳細を教えてほしいと言った。〔……〕我々が会館の屋上で「武器よさらば」（'Farewell to Arms'）と「豪華船」（'Luxury Liner'）を見終わった時、ケンが屋上のテーブルのところまで『報知』と『中外』を持ってきた。両方の新聞に載っている盗難事件の記事に、彼の父親が印を付けていた」とある[46]。「ケン」は「横山研一」であり、「彼の父親」とは「横山雄偉」である。

さらに同九月六日のブラウン日記では、横山雄偉とブラウンの直接の関係を確認できる。すなわち、「今日横山が言った。もう政党制は終わった。これからは選挙もないだろう。現体制が維持できるか否かは、斎藤〔実〕と高橋〔是清〕の健康にかかっている。この次に登場するのは荒木〔貞夫〕を中心とする独裁体制である。横山の雇い主は依然として謎の人物であるが、彼は京都の久原と電話で話したと言った。ケンと親しくしていることで私に感謝しているとも言った」とある[47]。

「京都の久原と電話で話した」という「横山」が横山雄偉であることは明らかである。『ジャパン・アドバタイザー』紙記者であったブラウンの日記には、リットン調査団の動向と日本外務省の対応などについて多くの記述があり、アメリカ紙の特派員として中国問題に大きな関心を寄せていたブラウンにとって、政友会幹事長久原をバックに持つ横山は取材活動において貴重な情報提供者の一人であったにちがいない。

横山とブラウンはその後も交流があったことはまちがいないが[48]、横山が次にブラウン日記に登場するのは、四〇年七月九日の記述である。このころヨーロッパではフランスに親独のヴィシー政権が成立し（七月一一日）、また日本はドイツと接近しつつあった（九月二七日、三国同盟締結）。

ウィルフレッドが外務省に呼ばれた。そこで横山が彼に、非常に丁重に、ヴィシーからの報道がことごとくドイツによって操作されていることへの懸念を表明した社の昨日の一面記事と今日の社説に対してドイツ大使館から抗議がきていると告げた。政治状況の変化について言えば、横山が外務大臣には白鳥がなるだろうとほのめかしたのだが、全体の雰囲気は非常にドイツ寄りになりつつある。横山は、アメリカは反ドイツの姿勢をとっているが、『ジャパン・アドバタイザー』紙はアメリカではなく、日本で出版されているということを承知しているので、我々に「論調を和らげて」はどうかと言ってきた。そうしなければ、次の新体制下に、我々が新聞発行のための用紙を調達することが困難になるかもしれない[49]。

ウィルフレッド・フライシャー（Wilfrid Fleisher）は、『ジャパン・アドバタイザー』編集長である。ブラウンは帰社したフライシャーから聞いたのか、あるいはブラウンも外務省に同道して横山に直接面談したのかは不明だが、フライシャーの回想記には横山の名前は登場しないものの同日のこととしてブラウン日記と正確に対応する記述がある[50]。いずれにせよ後述するように横山はこのころドイツ大使館や日本の外務省に深い人脈を持っており、その情報をジャパン・アドバタイザー社に好意的に伝えたと思われる。

しかしこの忠告はジャパン・アドバタイザー社の受け入れることにならず、フライシャー等は外務省情報部から頻繁に呼び出しを受け、また警視庁から発行停止を命じられるなどの圧力を受け、一〇月に同社は『ジャパン・タイムズ』紙に吸収合併され、ブラウンもまた退社して間もなく帰国することになった(51)。横山はブラウンが帰国するにあたり、送別会を催しており、彼らは戦前最後まで友好的な交流を持っていた。

2 戦時下の横山

戦時下の横山の活動も旺盛である。このころの横山の動静について記しているのは、かつてのプロレタリア作家で「転向」後の高見順である。陸軍報道班の一員としてビルマに派遣され、四三年四月に鎌倉に帰還した高見は友人から横山を紹介され、翌四四年三月三日、文藝春秋社の下島連につれられて内幸町の帝国ホテルに行き「横山雄偉氏に会う。ホテルで食事をともにする。同氏からいろいろ話を聞く(52)」。帝国ホテルの二八六、二八七号室には「常時、七、八人の秘書と臨時職員」、維持費は「約一万五〇〇〇〜二万円」という横山の事務所があった(53)。以後、高見は帝国ホテルに横山をたびたび訪問し、そこでは「客がいろいろいる。松本氏、フィリンピンに講義に行くという。大東亜省の原田氏に会う」、「横山氏に会う。深井領事に紹介される。戦前ラングーンの領事たりし人で、インドに交換船で帰った人」とあり(54)、横山の事務所に大東亜省や外務省の関係者が出入りしていたことを記している。「松本氏」とはこの直後にフィリピン国立大学交換教授となる明治大学教授松本滝蔵（戦後衆議院議員）、「大東亜省の原田氏」は後述の「マサユキ」と思われるが不明である。「深井領事」はカルカッタ領事館補をへて在ラングーン総領事館領事となった外交官深井達雄と思われる(55)。

戦後の国際検察局IPS文書の横山調書でも「横山氏は戦時中、外務省、大東亜省、内務省、さらに政治家、警保局、憲兵隊のために情報を収集」し、「短波情報は、外務省（政務局）のフカイタツオと大東亜省のハラダマサユキから集めた。外務省の儀典局のヨコタは横山の発表に従い外国人との接触を調整することなくしてラジオ情報を扱うことができなかった」とあり、右の深井や「原田」などを通した外務省や大東亜省との深い関わりを指摘している[56]。

3　歌舞伎と情報収集

この時期横山が情報収集活動の手段として用いたのが、歌舞伎などの古典芸能への外交官の招待であった。IPS調書で横山は「大東亜戦争中、私は東京駐在員同様、各国大使公使を歌舞伎（日本の古典劇）にしばしば招待した。歌舞伎は通常一月ほど上演して代わるので私の外交官たちの招待も毎月となり、違う国は別々に招待した。私は一月に同じ劇場に三回招待したことがある。その上年に一回は劇場支配人や有名な役者と相談して特別に面白い芝居を上演し、東京中の外交官を招待したこともある」と述べている[57]。

横山が戦時下に、在京の外交使臣に積極的に接触を試みていた事例には、四一年一二月九日、丸の内の産業組合中央会館で在京大使館公使館員の古典舞踏鑑賞会を開いたほか[58]、四三年一一月二四日には歌舞伎座で「勧進帳」に「独逸学校生徒及教職員約百名を自費にて招待」したことなどがある[59]。

横山は、歌舞伎や義太夫の研究に造詣が深く、「犠牲的精神」という論説で義太夫や歌舞伎、能楽といった「古典芸術を通じて、我国民の文化、教養を外人や若い人々に知らしめようとする文化政策」の重要性を説いている[60]。これは四二年一二月一〇日大東亜会館（東京会館が四二年一月改称）で催された義太夫鑑賞会において述べた解説を補正したもので、ほかにブラウン文庫には四四年六月二三日、明治座で上演された「菅原伝授手習鑑、寺子屋の段」の鑑賞に「在京外交団」を招待した際の「解説文の邦語文」の著作も残されている[61]。横山はこのころさかんに在京外交関係者に歌舞伎招待を通じて接触しており、高見の日記にも四五年一月一五日、横山から「独逸大使館の人々を観劇に誘うので、来いという文面」の速達が着き、翌日「横山氏主催の独逸大使館員の特別招待。〔……〕羽左衛門、家橘、菊之助等同席。自分は独逸大使館情報部長の隣に坐った」[62]とある。横山は名優として名高かった十五世市村羽左衛門(四五年五月没)と親しかったようで、十五世の没後、養子の十六世羽左衛門との対談で「二人でよく芸談をしながらホテルで飯をくった」と話している。[63]

第3節　戦争末期から占領期へ

1　ソ連・ドイツ工作

こうした在京外国大使館への接触と人脈形成が、横山の外交工作の一環であったことはいうまでもない。一九四三(昭和一八)年四月二八日、二九日、日本海軍が宗谷海峡付近でソ連船二隻を拿捕し、これに対し釈放を要求するソ連政府との間で紛糾した。ソ連籍を有するものの開戦後に敵国〔アメリカ〕船籍から転籍したこれらの船に対する臨検・拿捕を正当とする海軍と、日ソ中立条約のもと日ソ親善を主張する外務省の間で対立する事件となったが、[64]結局ソ連政府の強硬な要求のもと六月四日に二隻ともに解放されることになった。こうしたなか、横山はソ連大使館との接触を行っている。

横山は、事件後に次のように述べている。

「蘇聯側は非を理に曲げて自国船なりと主張し、その返還を促して来た。東京駐在蘇聯大使館一等書記官ドルビン君が、当時外務省との間にこの問題の交渉役を勉めて居ました。私は従来同一等書記官と親しくていましたので六月十五日問題解決を耳にすると、その翌朝彼に電話してその骨折をねぎらひ両国々交親善を祝するため晩餐を差上げたい」と持ちかけ、席上様々な意見と情報を交換した。この会見の斡旋は「憲兵隊司令部の第三課は此種の活動には全面的に協議協力して参謀本部と私との連絡等も悉くやってくれました」といい、また憲兵隊司令部には「私からは事大小となく精詳な報告が提出してあります」という。[65] 横山は、憲兵隊、参謀本部の意向をうけてソ連大使館一等書記官グリゴリー・ドルビン（Grigorii Dolbin）に接触したのである。[66] ドルビンとは、前述の四一年一二月九日丸の内産業組合中央会館で催された在京大使館公使館員の古典舞踏鑑賞への招待会で知り合い、以後、カナダ生まれの二世らを解説役などとして接触させ「精細に彼の性格、大使館における立場、家庭生活等までも調査した後、私自身彼と交友を始めた」という。横山と東京憲兵隊との関係は、ＩＰＳ調書によれば「大東亜戦争直前の一九四〇年に、フランス語の通訳として雇われていた岩倉具清（伯爵の息子）を通じて、東京憲兵隊の宗政吉少尉（後中尉）がしばしば訪ねてくるようになった。彼は同郷で、向こうは早くから知っていたようで、私の東京の外交ルートから得る知識に興味を持ち、先生と呼んだ」とある。

さらに戦争末期、横山が関わったのが四四年七月小磯国昭内閣が進めた独ソ和平工作、いわゆるスターマー工作である。

「八月二十六七日頃であったか、私は独逸国大使スターマー氏に、日本の輿論を説明して、此際独逸が蘇聯と和平し、他方英米妥当に全力を傾注するの要あるを説いた」。この横山とスターマーとの関係も前述したような歌舞伎招待でしばしば付き合いがあったとしている。[67] 横山は、四三年ころ陸軍の依頼を受けて仏印にあるフランス人経営の硫酸工場の買い入れにあたり、フランス系アバス通信社のロベール・ギランと情報交換し、スターマーの側面からの協力をえてこれを有利に進めたとされ、すでにスターマーとは面識があったようである。

重光葵外相は、六月にスターマー大使に独ソ和平を勧告し、八月にもスターマーと協議するなどしていたから、横山のような人物の容喙は障碍となったにちがいない。横山は一方で、「スターマー大使抜きで、軍人連中に当って見たいと思ひ」、一六日には旧知の陸軍中将クレッチメル武官（Alfred Kretschmer）、中将グローナウ空軍武官（Wolfgang von Gronau）を中心に、情報部長ミルバッハ参事官（Ladislaus von Milabach）、マイジンガー（Josepf Meisinger）ゲシュタポ大佐など「約十名を新橋演舞場に招待し」、クレッチメル中将と情報交換し、翌日も電話連絡の上接触を持つなどの情報工作を行った(68)。

横山は、その後スターマーが重光外相にあて自分を危険視する書信を送ったと記しているが、スターマーは九月一四日、重光外相に会見を求め、独ソ和平への日本の仲介を不用と意見するとともに、「重要機密が在京外交団の間に取沙汰されていることは心外であり、また日独の陸海軍将校が種々討議していることについて、外相の注意を促し」ている。これは、上述のような「スターマー大使抜きで、軍人連中に当って見たい」といった横山の動きに対するものとも思われる(69)。

さらにこのころ小磯首相はスターマー工作と平行して、日ソ関係の打開のために久原房之助のソ連特派を進めていた(70)。久原は前述のように二七年にスターリンとも面会していたことから、東久邇宮も強く推進し陸相、参謀総長の賛同も得たが、重光外相は広田弘毅を推して対立、結局ソ連への特使派遣は立ち消えとなった。久原は前述のようにブラウンが「横山の雇い主」と呼ぶほど横山と密接な関係にあり、横山がスターマーやドイツ大使館武官たちに執拗に接触し重光に危険視されたのは、独ソ和平特使として久原をドイツ側に持ちかけようとしていたからではないかとも推察される。

こうして、戦争末期の和平工作の周辺でさまざまに策動し、外務省から危険視された横山は、四五年一月一八日、警視庁特高課外事係によって帝国ホテル内の事務所から拘引された。横山はそのまま敗戦を拘置所で迎えることとなったのである。

２　ＧＨＱによる逮捕

敗戦により不起訴となった横山は、八月二二日釈放された。茅ヶ崎に帰った横山に久しぶりに面会した高見は、「横山さんは外交の秘史といったものを語った。天意だ。勝ったら日本は人類に貢献できない。負けて日本は人類に貢献できると横山さんはいった。〔……〕横山さんは一月十八日から八月二十二日までというながい留置場生活から帰ったばかりなのだが、まるでそんなことがなかったような元気さだ」と記している。(71)

ところが一二月三日、冒頭で述べたようにＧＨＱは梨本宮、平沼、広田ら五九名の戦争犯罪容疑者の逮捕を指令し、横山も挙げられた。このとき横山が師と仰ぐ徳富蘇峰の名前もあった。

戦犯容疑者の情報収集などを行った対敵諜報部隊ＣＩＣの一二月四日付けの報告書では「横山は代理人であることが示唆される憲兵隊との緊密な関係および超国家主義者およびナチとの関わりの廉で逮捕されるべき」とされている。具体的には、「頭山満の子分で、玄洋社に参加し広田弘毅の親友」であり、「東京憲兵隊のスパイとして彼は極右に協力し、当時の軍部、政府高官にミステリアスな影響力を保持した」というのである。(72)

しかしＣＩＣと密接な関係にある民間諜報局ＣＩＳの一二月一〇日付けのファイルでは、横山を「未知の力を上層部に保持している」と指摘したものの、容疑は「はっきりしていない（generally unknown）」とされ、このケース（No. 175）の扱いは「STATUS：PENDING」としている。横山の容疑は占領軍の中で必ずしも明確ではなく、その取扱いが「保留状態」にあったことがうかがえる。

なぜ横山はこうした大物政治家・軍人・官僚たちと並ぶ戦犯に挙げられたのだろうか。それを推測させるのは、逮捕直前の横山の活動である。

敗戦により釈放されて横山が再開したのは、戦時下にも行っていた歌舞伎などの古典芸能への外国人の招待であった。ただし今度はドイツ人やソ連人ではなくて、占領軍としてやってきたアメリカ軍であった。歌舞伎は九月一日より被災を免れた東京劇場で市川猿之助が「黒塚」「東海道中膝栗毛」を上演し、一〇月には東京劇場のほか帝国劇場（尾上菊五郎「鏡獅子」「銀座復興」）でも上演が行われるなど戦後いち早く再開したが、横山は九月二五日、東京劇場に「アメリカ軍司令部員三四名の外にアメリカ及連合国新聞記者など二十余名」を招待したのである。(73)

東京劇場では一一月からは七世松本幸四郎、初世中村吉右衛門一座による「菅原伝授手習鑑　寺子屋の段」「佐倉義民伝」が上演された。ここで起きたのが占領軍による歌舞伎弾圧事件として知られる「寺子屋事件」であった。すでにGHQは九月二二日、映画演劇界に対して「封建主義に基礎を置く忠誠、仇討を扱った歌舞伎劇」などを禁止する旨を発表し、一〇月一〇日にはそれまでの内務省による「興業等取締規則」を廃止して、GHQの民間情報教育局CIEによる検閲を指令した。(74)これにもとづき松竹は一〇月一五日CIEに「寺子屋の段」についても脚本の英文要旨を提出し検閲を通過していたと思われたのだが、開演後一〇日をへた一一月一五日になって（一六日とも）、突如上演の中止命令が下された。松竹は「寺子屋の段」を一一月二〇日で打ち切り、その後は二九日の千秋楽まで「佐倉義民伝」と「義経千本桜」を上演して切り抜けたが、この「寺子屋の段」は、「封建的忠誠を礼賛した代表的な身替り狂言」として、占領軍によって歌舞伎で最初に上演禁止命令が出された演目であった。(75)

GHQがこの演目を摘発するきっかけになったのは、日本人からの複数の投書であったというが、(76)前述のようにこの演目の外国人用解説書を書き、歌舞伎観劇を戦前にはドイツ外交関係者などを相手に、戦後は連合軍将兵に対して派手な招待活動を行っていた横山の存在が、占領軍当局の目に止まらなかったはずはないであろう。横山が戦犯容疑者として逮捕された要因には、戦前の経歴や活動に対する疑惑とともに、現下の占領政策への直接的な攪乱者として横山が映っていたことが考えられるのである。

3　釈　放

横山は一二月三日に逮捕指令が出されたが、上述のような保留が検討されたためか実際に逮捕されたのは翌四六年一月一五日で、さらに巣鴨プリズンに収監されたのは三月二五日であった[77]。四号舎の同室には、平沼騏一郎、重光葵、梅津美治郎、武藤章ら政府や軍の高官一〇人であった。

しかし、横山は結局翌四七年一二月、証拠不十分（released for lack of evidence）で釈放される[78]。それはなぜだろうか。横山は巣鴨の獄中から毎日のように長文の手紙を茅ヶ崎の家族に宛てて送っているが、四六年四月二一日の妻初子あての書簡には次のようにある[79]。

アメリカの新聞記者で茅ヶ崎にも来たドンブラウン君が司令部の新聞課長に新任されたと云ふ記事を先日のタイムスで見た。それには彼が戦前在京中日本アドヴァータイザーの記者であったことが彼の履歴として記してあったから、あのブラウン君に間違ひはない。先年私に招かれて「バード君」と共に茅ヶ崎に来泊し、その時撮った写真もある筈だ。研一も一緒に写っている写真だ。彼の帰国に際して私は初、お前と一緒に彼をニューグランドに招いて送別会を催したことがあつた。たしか泰子も出席したと思ふ。そのブラウン君だ。彼にも是非々々逢ひ度いと希望しています。

四五年末ＣＩＥの一員として来日したブラウンに、横山は自らの釈放への力添えを期待したのである。右の「バード君」とは前述の早稲田大学のH. J. Birdである。バードはこのころ横山が立候補した一九三〇年総選挙でのアメリカ人からの推薦状を引いて、横山が欧米アジアに国際的な交友を持った人物で、戦時下の活動も国民の平和と福祉

横山は戦争を進めた政府と対立していたと主張し、横山を弁護する嘆願書を提出している[80]。横山は前述のように一九三〇年選挙で「在東京アメリカ実業協会副会長マッデン」の推薦を受けており、また戦争末期にスターマー工作などにからんで警視庁によって逮捕されていたことは事実であった。こうした戦前期の欧米人との交流や戦時下の逮捕歴は、横山がGHQによる訴追を免れる上で好材料となったと思われる。

父親の指示によりブラウンに面会した浅野泰子氏は次のように述べている[81]。

ブラウンがGHQに入っていたから、父が戦犯で連れて行かれた時、母に言われて、ちょっと頼みに行った。当時珍しかったウィスキーのブラックを提げて持って行ったが、ブラウンが受け取ったかどうかは覚えていない。オフィスの受付でブラウンとちょっと話をした。威厳があった。ただ黙っているだけ。返事もあまりしないし、返事はできないだろうから。今、考えると、力を出してくれたのかもしれない。そうじゃなければ父は出てこられなかった。

ブラウンが横山の釈放のためにどのように動いたのかは定かでない。CIEの情報課長であったブラウンといえども、戦犯容疑者への減刑や釈放といったことがらについて、GHQの他の所管部局に圧力をかけることができたかどうか疑わしい。とはいえ、戦犯への起訴が未だ保留状態にあるなかで、横山の旧知の欧米人として来日したのが、CIEの要員ドン・ブラウンであったこと、そのブラウンとも親交あるバードから嘆願書が出されたことなどは、横山の英米からの有力な「身元保証人」となった可能性はあるだろう。

おわりに

横山は釈放後も、歌舞伎や義太夫の研究者として講演などの活動を行っている[82]。その一方で、一九五一（昭和二六）年五月二六日に開かれた第一〇回国会の行政監察特別委員会で、「台湾募兵計画に相当参与したということ、またそれに関連いたしまして、大きな詐欺事件を起しておるというようなこと」が取り沙汰されている[83]。これは、蔣介石国民政府の台湾移転、中華人民共和国政府の樹立という大陸情勢の激変のなかで、四九年末より元陸軍将官の岡村寧次、根本博らを中心に進められた台湾への義兵運動のなかに横山が登場しているのである[84]。相変わらず横山は国際政治と外交の裏面で暗躍し、その際の横山は「元Ａ級戦犯」という肩書きの「大物」であった。

横山は六二年一二月三日、茅ヶ崎で没した。地元新聞は、横山を指して「Ａ級戦犯容疑で巣鴨に出入りした外交界の黒幕、歌舞伎研究家の横山雄偉（玄洋社の三山の一人――頭山満、杉山茂丸）」としている[85]。前段の「Ａ級戦犯容疑で巣鴨に出入りした外交界の黒幕」はそれなりの事実としても、「玄洋社の三山の一人」は本章でみてきた横山の軌跡からはやや過大評価である。

しかし、横山の戦犯容疑の最大の要因は「頭山満の子分」「玄洋社に参加し広田弘毅の親友」であり、ＧＨＱ当局は横山を玄洋社の有力者という評価を与えていた。「玄洋社の三山の一人」「Ａ級戦犯容疑で巣鴨に出入りした外交界の黒幕」は、ＧＨＱが創りだした評価であったといってもよいだろう。

横山の大正期の政界入りから昭和戦前期、占領期の軌跡を振り返ってみると、護憲運動期の尾崎行雄、政党政治期の松本剛吉、床次竹二郎、久原房之助らその時代の有力者の間で活動しながら、その影響力を借りつつ自らの評価を拡大再生産してきた横山の一貫した手法を見ることができる。占領軍による逮捕でさえ同様であった。横山は様々な情報を操り、自己の存在を政界で過大なまでに映じさせることに成功し、これによって昭和の政界を遊泳したしたたかな情報通であったといえるだろう。

注

(1) 『朝日新聞』一九四五年一二月四日。
(2) 「戸籍謄本(横山雄偉一家)」「浅野泰子氏所蔵文書」No. 01-49(2)(横浜開港資料館所蔵マイクロフィルム)。以下、「浅野家文書」と略記。
(3) 「意見書草稿」「浅野家文書」No. 01-4.
(4) 石瀧豊美『増補版 玄洋社発掘 もうひとつの自由民権』(西日本新聞社、一九九七年)三六六頁。
(5) 『読売新聞』一九二〇年一二月二五日。
(6) 一九〇五年四月一〇付「従軍願出の件」アジア歴史資料センター(C03026841500)。
(7) のちに『セシル・ローズ言行録』(内外出版協会、一九一〇年、偉人研究、第六一編)として刊行。
(8) 一九〇七(明治四〇)年一一月三日付、田山花袋宛宮崎湖処子書簡。『田山花袋記念館研究叢書第四巻 花袋周辺作家の書簡集二』(一九九五年、館林市)二八八、二八九頁。
(9) 「近状一束」「浅野家文書」No. 03-149.
(10) 宮地正人『日露戦後政治史の研究』(東京大学出版会、一九七三年)二八九頁。
(11) 山本四郎『大正政変の基礎的研究』(御茶の水書房、一九七〇年)三八三、四七七頁。
(12) 横山雄偉「田川大吉郎論」『加藤高明論其他』(世界雑誌社、一九一七年)八四頁。尾崎は後述の横山出版部から『国際日本協会叢書第2編 世界の大勢と日本の現状』(一九一九年)、『憲政の危機』(一九二〇年)などの著作を刊行している。
(13) 「田川大吉郎談話速記」(広瀬順晧監修『近代未刊史料叢書1 憲政史編纂会旧蔵政治談話速記録』第6巻、ゆまに書房、一九九九年)二〇五、二〇六頁。
(14) 遠藤興一『田川大吉郎に関する基礎研究 著作目録を中心に』(タグプロ出版印刷、一九九九年)によると、田川は『世界雑誌』に「大隈伯の位地」(一九一四年九月)、「桂公を追懐して」(同一一月)、「下院の首領」(一九一五年一月)、「連合内閣の弁」(同七月)、「一年前の事」(同八月)を寄稿している。
(15) 『読売新聞』一九一九年一〇月一六日、一〇月二六日、一二月二五日。
(16) 『読売新聞』一九二〇年一二月二五日。

(17)『読売新聞』一九二〇年一二月二五日、一九二三年八月一二日。
(18)『斎藤茂吉全集』第一九巻（岩波書店、一九七三年）一四一頁。
(19)横山は一九二八年には横浜の外国人永代借地権問題に関わる疑獄事件で召還される（『朝日新聞』一九二八年八月六日）。
(20)岡義武・林茂校訂『大正デモクラシー期の政治　松本剛吉政治日誌』（岩波書店、一九五九年）三一一頁、四一九頁。以下『松本日誌』と略記し頁数のみを記す。
(21)前掲、『松本日誌』四一九頁。宇都宮太郎関係資料研究会『日本陸軍とアジア政策　陸軍大将宇都宮太郎日記3』（岩波書店、二〇〇七年）には、井戸川が宇都宮太郎の腹心として上原勇作や床次竹二郎の間で頻繁に活動していることが記載されている。
(22)前田蓮山『床次竹二郎伝』（非売品、一九三九年）七九五、七九六頁には、一九二四年一月一四日付けの上原から井戸川にあてて、床次の田中との提携を危惧する書簡が引用されている。
(23)前掲、『松本日誌』五〇八頁。
(24)升味準之輔『日本政党史論』第五巻（東京大学出版会、一九七九年）一六六〜一七〇頁。
(25)久原房之助翁伝記編纂委員会『久原房之助』（日本鉱業株式会社、一九七〇年）三八一頁。
(26)粟屋憲太郎・吉田裕編『国際検察局（IPS）尋問調書』第22巻（日本図書センター、一九九三年）一〇二頁。以下同書からの引用はIPS／頁と略記。
(27)徳富蘇峰あて横山雄偉書簡一九二八年八月一日付（徳富蘇峰記念館所蔵）。
(28)木舎幾三郎『政界五十年の舞台裏』（政界往来社、一九六五年）一〇〇頁。
(29)前掲、『松本日誌』六〇四頁。
(30)前掲、『日本政党史論』第五巻、一六六、一六七頁。
(31)趙軍「中国関係における久原房之助」（『アジア文化』第一六号、一九九一年）一五四、一五五頁、および久原房之助述「田中義一内閣と政友会」（『社会科学討究』第四一巻第二号）二一八〜二二〇頁。
(32)前掲、『松本日誌』五九六頁
(33)前掲、『松本日誌』六〇八頁。
(34)前掲、『松本日誌』六一二頁。
(35)横山は、政友会公認のほか、「在東京アメリカ実業協会副会長・前在東京米国人協会副会長・前東京横浜駐在米国軍団司令ヴィ・ヂー・マッデン」なる人物から「横山君は、日本の産業開発のために、外国の資本を利用し得る有利な地位に在る人」との推薦を受けている（『九州日報』一九三〇年二月七日）。
(36)『福岡日日新聞』一九三〇年二月一一日、一四日。
(37)徳富蘇峰あて横山雄偉書簡一九三〇年二月二六日付（徳富蘇峰記念館所蔵）。

(38)『読売新聞』一九三一年八月四日、六日、『朝日新聞』一九三一年八月六日。
(39)『朝日新聞』一九三五年六月一一日夕刊、『読売新聞』一九三五年六月一一日。
(40) 田川大吉郎あて横山雄偉書簡一九三六年九月四日付「浅野家文書」No. 01-2.
(41) 同前。
(42) 茅ヶ崎は、湘南の別荘地として多くの政界官界の有力者のほか、多くの外国人も居住した(茅ヶ崎市史編集員会『近代茅ヶ崎の群像』二〇〇七年を参照)。この時期にはイギリス・ロイター通信のM・J・コックス、フランス・アバス通信のロベール・ギランなどが別荘を所有している(ロベール・ギラン著、三保元訳『ゾルゲの時代』中央公論社、一九八〇年、四〇頁)。ギランと横山の間に戦時下に交渉があったことは後述する。
(43) 横浜開港資料館所蔵「ブラウン文書」。
(44) 浅野泰子氏談(二〇〇三年四月八日茅ヶ崎市の浅野家で筆者聴取)。
(45) H・J・バードは、一九二七年四月～四二年三月まで同大学で英語、近代詩、近代劇などを講じている。早稲田大学大学史編集所『早稲田大学百年史』第四巻(早稲田大学、一九九二年)八六七頁。
(46) 横浜開港資料館所蔵「ブラウン日記」一九三三年七月二六日。
(47) 同前、一九三三年九月六日。
(48)「ブラウン文書」には、一九三九年五月二八日付けの横山を写した写真が残されている。
(49)「ブラウン日記」一九四〇年七月九日。
(50) Wilfrid Fleisher, *Volcanic isle*, 1st ed., Doubleday, Doran and Co., 1941, p. 297.
(51)「帰国——『ジャパン・アドヴァタイザー』の終焉」(『図説 ドン・ブラウンと昭和の日本』有隣堂、二〇〇五年)四二、四三頁。
(52)『高見順日記』第二巻ノ下(勁草書房、一九六五年)一九四三年五月二日(五〇三頁)、一九四四年三月三日(七六四頁)。
(53) IPS/一三九頁。
(54) 前掲、『高見順日記』第二巻ノ下、七八八頁。
(55)『議会制度百年史 衆議院議員名鑑』(衆議院、一九九〇年)、『職員録 昭和一四年七月一日現在』、および『同 一七年七月一日現在』(大蔵省印刷局)。
(56) IPS/一一七頁。
(57) IPS/一三九頁。
(58)「浅野家文書」No. 03-152「演出者の言葉」は、同日の講演会草稿と思われる。
(59) IPS/三〇頁。また浅野家文書 No. 06-193 には、「昭和拾八年度ルーマニア公使送別会、於大東亜会館撮」の写真が残されている。

(60) 横山雄偉「犠牲的精神」（『文藝春秋』第二一巻第一二号、一九四三年一二月）三六頁。「浅野家文書」No. 03-159には「WHAT IS SACRIFICE? by YUI YOKOYAMA」という英訳原稿が残されており、横山が外国人に古典芸能の鑑賞を「文化政策」として外交接触の名分に用いようとしていたことが推察される。

(61) 横山雄偉『菅原伝授手習鑑　寺子屋の段　解説』「ドン・ブラウン文庫」No. 7330.

(62) 前掲、『高見順日記』第二巻ノ下、四六頁。

(63) 「亡き羽左衛門を語る対談会速記録」一九四八年六月一七日に開催されたもの。「浅野家」文書No. 03-156.

(64) 事件の詳細は、外務省外交史料館「ソ連船旗ノ下ニソ連邦ガ軍事目的ニ使用シ得ト認メラルル米国船ニ対シ帝国ノ執リ得ベキ措置ニ関スル法律上ノ意見」（アジア歴史資料センターB02032837200）、および「ソ連船舶引致事件」（太田一郎監修『日本外交史』24、鹿島研究所出版所、一九七一年）一〇二、一〇三頁。

(65) 一九四五年四月、前年一〇月に警視庁に拘引された横山がその潔白を松坂広政司法大臣に宛てた上申書「浅野家文書」No. 01-4.

(66) *Chronicle Directory 1941-42*では、1st Secretaryとある。

(67) IPS／三四、三五頁。

(68) 「浅野家文書」No. 01-4.

(69) 「重光外相の独ソ和平提議」（松本俊一他監修『日本外交史』25、鹿島研究所出版所、一九七二年）五二、五三頁。

(70) 柴田紳一「昭和十九年久原房之助対ソ特使派遣問題」（『國學院大學日本文化研究所紀要』第八四号、一九九九年九月）。

(71) 前掲、『高見順日記』第五巻、二一五、二六〇頁。

(72) IPS／六頁。

(73) IPS／七頁。

(74) 河竹登志夫「占領下の歌舞伎」（『文藝春秋』一九九五年一二月号）二一二頁。

(75) 河竹繁俊『日本演劇全史』（岩波書店、一九五九年）九六〇～九六一頁。

(76) 岡本嗣郎『歌舞伎を救った男　マッカーサーの副官フォービアン・バワーズ』（集英社、一九九八年）一六四頁。

(77) IPS／一二八頁、前掲、『高見順日記』第六巻、四一五頁。

(78) IPS／九九頁。

(79) 「浅野家文書」No. 01-18.

(80) IPS／二〇四～二〇七頁。

(81) 浅野泰子氏談（二〇〇三年四月八日茅ヶ崎市の浅野家で筆者聴取、前掲『図説　ドン・ブラウンと昭和の日本』三二頁に収録）。

(82) このほか横山は一九五一年一月、神奈川県義太夫連盟茅ヶ崎支部発会式で「義太夫精神と世界情勢」と題する講演を行っている（『神奈川新聞』一九五一年一月二九日）。

(83)「第10回国会　行政監察特別委員会」第一二号。

(84) 中村祐悦『新版　白団　台湾軍をつくった日本軍将校』(芙蓉書房出版、二〇〇六年)参照。このなかで横山は「四〇〇万ドルという巨額のニセ情報を持ち出して各界から金品を騙し」取った、とされる(同一五頁)。ただし横山の遺品には、黎大展(台湾台北市宮前町美軍司令部)、簡文介(台湾独立統一戦線執行委員会委員長)といった名刺が残されていて、戦前から台湾に人脈があったことがうかがえる(「浅野家文書」No. 01-80(1), 02-95(5))。

(85)「相模新人物地図　茅ヶ崎の巻②」(『神奈川新聞』一九五一年一一月二三日)。

第5章　対日占領期アメリカの「民主主義」啓蒙政策
――横浜ＣＩＥ情報センターの設立と運営

山本　礼子

はじめに

米国対日占領軍は、日本民主化政策として民主的思想と原理の普及を図った。その具体的施策の一つが連合国最高司令官総司令部（ＧＨＱ／ＳＣＡＰ）、民間情報教育局（ＣＩＥ）のＣＩＥ情報センター（通称ＣＩＥ図書館）[1]の設置と啓蒙活動である。第一次対日米国教育使節団は図書館の改革を示唆した。その一環としてのＣＩＥ情報センターの活動は、一般市民を対象にして直接アメリカ文化の宣伝に寄与した。ＣＩＥ教育課長補佐トレーナー（Joseph C. Trainor）は、ＣＩＥ情報センターは、「占領軍によって運営され、合衆国に関しての情報機関として日本人に役立つように意図され」ていたとしている[2]。本章は、施策の主体であるＣＩＥ情報課のＣＩＥ情報センター設立・運営・推進と、日本人の受容状況を横浜ＣＩＥ情報センターの図書館機能と文化活動を通してどのように「民主主義」啓蒙がなされたか、その実態を論述する。

主な資料は、アメリカ国立公文書館所蔵「ＣＩＥ文書」（GHQ/SCAP, CIE Records）特に各地ＣＩＥ情報センターからＣＩＥ情報課に寄せられた活動報告『ＣＩＥブルティン』（*CIE Bulletin*）、情報課が発行した『ブランチ・ライブラリー・ブルティン』（*Branch Library Bulletin. Branch Librarians' Bulletin* と記されている場合もある）、横浜開港資料館所蔵CIE情報課長ドン・ブラウンの個人資料である「ブラウン文書」などである。

第1節　CIE情報センターの設立と運営

CIE情報センターの設立計画は、すでに一九四五（昭和二〇）年末に構想され、当初ラジオ東京ビルに開設されたが、四六年三月日東紅茶ビル（現帝国劇場の近く）に移転した。新聞は『クリスチャン・サイエンス・モニター』、『ニューヨーク・タイムズ』など数種類、雑誌は『ポピュラー・サイエンス』、『ニューズ・ウィーク』など一二〇種、図書、辞典等約一五〇〇冊、パンフレット約二〇〇〇冊をそろえた(3)。日本人の利用を目的として、占領計画の一端として運営された図書館であった。続いて各地にCIE情報センターが設置され、四八年には一七館となり、札幌から長崎までほぼその全国的ネットワークが完成した。最盛期には全国二三館になった(4)。

ポツダム宣言に明記された「日本国国民の間における民主主義的傾向の復活と強化」の責任を果たすべく、SCAPは書籍・定期刊行物を提供する用意があるとし、「CIE情報図書館」設置のため、各地の建物を提供するよう、日本政府に指令を出した。指令には、日本人が民主主義、その制度、達成方法を知るための資料を利用しやすくするという目的が明記されていた(5)。

CIE情報センターは、日本の図書館組織に組み込まれたのではなく、占領軍による管理運営であった。しかし、経費の大半は国と都道府県が負担した。戦後間もない時期におけるこの負担は、都道府県にとって必ずしも歓迎すべきものではなかったことについては、横浜CIE情報センター設立の場合について後述する。

第2節　日本人のCIE情報センター利用状況

1　初期の利用対象

CIE情報センターは、設立当初、教員・大学教授・新聞および雑誌記者・出版業者・政府職員ならびに各種団体・機関の役員の利用を目的としていたことは、『日本の教育』「第二部、連合国軍による日本の教育管理」によって明らかである(6)。また、初期の情報課長ドン・ブラウンの計画も同様であった。

2　一般の利用

しかし、以下各地のCIE情報センターの利用状況を見ると、特定の活動団体や専門家の利用ばかりでなく、一般市民の利用が増大した。同時にCIE情報センターは、図書館機能のほかに各種の企画も一般市民対象の民主主義的文化活動として活性化させた。

3　利用状況報告

その後の利用は、盛況の一途をたどった。CIE情報課は、各CIE情報センターへの指導、連絡事項、運営情報伝達のため、必要に応じて『ブランチ・ライブラリー・ブルティン』を発行し、各地からの事業報告により新館情報や日本人の増大する利用状況の記録を次々と報告した。

東京CIE情報センターの人気上昇傾向は、七月二五日から八月二一日までの利用者を一九四七（昭和二二）年と四八年で比較すると次の通りである。

一九四七年七月二五日〜八月二一日　三一日間　一日当たり、五六五人　総計一万七五二〇人
一九四八年七月二五日〜八月二一日　二八日間　一日当たり、九〇八人　総計二万五四一六人

（*CIE Bulletin*, Volume II, 1948. 9. 15, p. 433).

CIE図書館専門員として来日したフローラ・B・ラディントン（Flora B. Ludington）は、四八年一一月二三日「日本人がCIE図書館を利用して、世界で進行中の最新情報を得る方法」というCIE情報センター三周年を記念した記者会見での声明で、全国のCIE情報センターの利用状況を次のように明らかにした。

開設以来の東京CIE情報センターの利用者総数　六四万人
その時期までに開設された全国一七の図書館利用者数　一月当たり、一三万人

（*CIE Bulletin*, Volume III, 1948. 12. 8, p. 118).

四八年五月開設の札幌CIE情報センターに殺到した日本人の数は、四日間で八〇三五人、どのCIE情報センターの開設時の来館者よりも多かったと報じた（*CIE Bulletin*, Volume II, 1948. 6. 9, p. 291)。八月三一日開設の横浜CIE情報センターが更新した記録は、最初の五日間で一万三一三一人、そのうち一日は、四五八四人であった（*CIE Bulletin*, Volume II, 1948. 9. 15, p. 433)。

第3節　CIE情報センター利用推進策

これらの成果をもたらした陰にはCIEの活発な推進策が機能していた。GHQ教育担当官必携の「テキスト」であり、米国教育使節団の手引書となったCIE『日本の教育』に規定されている政策推進の基本原理[7]とCIE情報課の任務[8]に基づいてCIE情報センターの運営推進が図られた。その方策は次の通りである。

1　『ブランチ・ライブラリー・ブルティン』

情報課の担当者が発行していた『ブランチ・ライブラリー・ブルティン』は、各地のCIE情報センターとの連絡事項伝達機能ばかりでなく、センターの運営活性化に貢献していた。CIEは、一九四八（昭和二三）年一月二七日から四九年一二月二一日まで、月二回、全五四回発行し、まず各軍政チーム（後に民事部）に活動協力を求めた。各軍政チームにCIEの使命への理解を促し、都道府県レベルでの実践協力を要請した。主な内容は次の通りである。

① 英字新聞の配布、そして新聞の有効利用方策と目的
② CIE情報課展示係の準備した図書館の展示資料情報
③ 各支部間の図書巡回作業、所蔵図書目録作成など具体的な手続き
④ 利用者数の記録更新報告
⑤ 各支部の優れた活動紹介
⑥ アメリカから送られてくる出版物の所蔵先をリストアップし、そこからのインターローン・ライブラリー

（センター間の相互貸出し）の利用提供

最も有効に機能したインターローン・ライブラリーでは、各センターに複数ある資料、巡回に可能な書籍・雑誌のリストが情報課の手で作られ配布されていた。四九年になると、『ブランチ・ライブラリー・ブルティン』には図書館業務の示唆ばかりでなく、各支部から文化活動についての情報が多く伝達されるようになった。特に「民主主義の手方」（Techniques of Democracy）の掲示や講演「アメリカの生活」（Life in America）シリーズの特集などの優れた活動内容が注目されていた(9)。

2　年次総会

CIE情報センターの第一回年次総会が、四九年一月四～六日に東京で開催され、SCAP、CIEの図書館政策目的等一般的問題の主旨説明があり、席上CIE局長ニュージェント（Donald R. Nugent）は、図書館担当者ほか出席者を前に、「諸君が日本人のために開いた窓は小さいが、これを覗いた人々はえり抜きの人々だ。これをより多くの人を魅了する窓にするのが我々の課題だ」と、その熱意を語っていた。その他CIE情報課の展示、出版、視聴覚の各担当者がCIE情報センターで提供できる資料を説明した。

CIE教育課長補佐トレーナーは、CIEの政策目的と機能・運営を周知させ、SCAPの任務を再確認させ、これが報復・破壊ではなく方向づけである、懲罰期につづく建設的施策として「強制でなく価値ある民主的態勢を構築することである」と述べていた。その方策は、CIE各部門の担当官が行うCIE情報センターの活動に依存するとされた(10)。

3　CIE局長D・R・ニュージェントの推進策

ＣＩＥ局長ニュージェントは、積極的にＣＩＥ情報センターの活動推進に努めていた。ＣＩＥに寄せられる各地からのレポートにより図書館員が熱心に運営に携わっていることを理解し、これを評価した。それぞれのセンターの運営はひとえに図書館員の創意にかかるものであり、それがプログラムを活発にし、利用者を魅了し、アメリカの制度、思想、生活の明確な情報を提供しているのだと、その積極的活動を要請した[(11)]。

四九年九月二日、ニュージェントは「ＣＩＥ情報センターの計画」（SCAP-CIE Information Center Program）と題しＣＩＥ情報センターの任務について、陸軍次官宛覚書を出している。その覚書では、日本人の民主的傾向を助長するよう広く底辺までこれを拡大することを目的として、各地のＣＩＥ情報センターがアメリカ人の管理のもとサービスを提供していると、日本人の民主的傾向を強化する企画を次のように伝えた。

① 日本人が自由に利用できる地域奉仕型アメリカの施設のモデルを作る。
② アメリカの書籍、雑誌、新聞、パンフレットの総合目録を提供し、日本人がアメリカについて、その業績・理想・国民等を学ぶことができるようにする。
③ ドキュメンタリーフィルム、展示、アメリカ音楽のレコード鑑賞、討論会、英会話クラスなど種々の企画を提供する。

彼は、他のメディアより情報センターの機能が英語を読む日本人に影響を及ぼし長期的効果があると主張し、加えて日本人の思想が強力な反共産主義の砦として機能すると述べた[(12)]。

第4節　書籍・雑誌の調達

ＣＩＥ情報センターが提供する書籍・雑誌等の入手先や入手方法について全体像を明らかにした記録は見当たらないが、センター開設以後、所蔵資料充実のため断片的にさまざまな方法で蔵書が確保されていたことを示す次のような記述がある。

① 米国教育使節団からの贈り物も一部利用。

② アメリカ議会図書館の文献リストを手に入れ、各センターから必要文献の入手要請を受け、注文書を出し、これに基づき本国より送られていた。(13)

③ 第八軍からの寄贈があった。第八軍アメリカンスクールの余剰教科書数トンが学校、図書館に贈られた。(14)これらは分類された後、デポジット（後述する第5節3④を参照）用に、またＣＩＥ情報センターで利用できるとしている。

④ 各地アメリカ軍基地の図書館からの寄贈図書。(15)

⑤ 出版社からの寄贈（例えば一九四九年七月寄贈の『アメリカの家庭生活』（*American Way of Housekeeping*）。

⑥ アメリカ、イギリス、オーストラリア、インド、フィリピン、中国など世界各国から六〇〇冊あまりの種々の雑誌を受け取ったという記録もある（*CIE Bulletin*, Volume III, p. 118）。

第5節　横浜ＣＩＥ情報センターの設立と活動

1　設　立

一九四八（昭和二三）年八月三一日、海員会館（横浜市中区北仲通り）が接収されてＣＩＥ情報センターが開設された。

地元紙の『神奈川新聞』は、「世界人としての教養を身につける海をへだてたあちらの事情が一手に判る」と報道した。開館式は、ＣＩＥ局長ニュージェント、神奈川軍政部長ポーター、文部大臣森戸辰男、神奈川県知事内山岩太郎、横浜市長石河京市が出席して行われた。席上ニュージェントは、「神奈川、横浜の地域に住む人々に、世界中の人々の思想、生活様式、業績に親しませる機関を設けること」が開館の趣旨であると述べたと『神奈川新聞』は報じている。

建物は当時海員財団が所有していたもので、米軍に接収されていたが財団は当然返還を期待していた。この転用に財団は反発したがいかんともしがたく、地方行政機関が内部修理、改装工事、書架、机、椅子、図書館用備品等総額六〇万円を支出した[16]。ＣＩＥ情報センターは海外の文献にふれることができる貴重な施設であったが、国や都道府県は財政事情の悪い当時、大きな負担を強いられた。ＣＩＥ情報センターが四八年八月開館以来、五二年四月まで、特設図書館費としての経費は表５－１の通りである。

表５－１　横浜 CIE 情報センター特設図書館費（単位：円）

	総　額	国庫補助	県　費
1948年度	1,564,656	1,532,000	32,656
1949年度	2,678,541	1,364,691	1,313,850
1950年度	6,744,101	6,758,134	12,034（不用額）
1951年度	13,799,868	15,643,443	1,843,575（不用額）
1952年度	2,253,244	2,175,896	77,348

出典：『沓掛伊佐吉著作集――書物文化史考』（八潮書店、1982年）471～472頁。

さらに分館が弘明寺、鶴見、川崎、小田原、相模原、横須賀の六カ所に所在市町村の経費負担で設立された[17]。これに先立って、四七年、四八年当初、地方軍政部が占領軍使用の通称カマボコ兵舎と蔵書を提供し図書館設立を勧奨した[18]。弘明寺、川崎、小田原、鎌倉、秦野、三崎、逗子、松田、相模原などの十数館がそれである。占領軍の機構が軍政部から民事部に移行すると、前記六カ所が横浜CIE情報センターのサブセンターとしてSCAPの管轄下に入った。

2 設立一周年

四九年八月三一日横浜CIE情報センターは、設立一周年を迎えた。地元紙『神奈川新聞』は、「利用者も初めの物見気分から、真剣に勉強する熱心な人々が次第に増えている」と、さまざまな活動の成果と、前館長ヘレン・ウッドの功績を称えた。九月二四日付横浜CIE情報センターの報告書は、次のようなセンセーショナルな様子を伝えていた。

表5－2　横浜CIE情報センター1年間の蔵書・雑誌等の増加および利用者の内訳

	開設時（1948年8月）	1周年（1949年8月）
蔵　書	3000冊	6000冊
パンフレット	2000部	3000部
雑　誌	200種	500種

1949年8月まで1年間の利用者数、142,130人の内訳（単位：%）

男女別		年齢別		職業別	
男	74	20～30歳台	58	学　生	55
女	26	20歳未満	23	会社員	12
		30歳以上	19	技術系	7
				公務員	7
				その他	19

出典：「横浜CIE情報センター1周年 Press Release」1949年8月31日（GHQ/SCAP Records, CIE（A）02673）.

一周年記念は、多大な善意の興奮で包まれた。会場はメインフロアー、バルコニーとも人で溢れ、バルコニーの端にぶら下がらんばかりであった。一一〇〇人の来場があったものと推測できる[19]。

この一年間で利用者は一四万二一三〇人、一日平均五三五人であったと報告されている。一年間の状況は表5－2

の通りである。

3　横浜CIE情報センターの文化活動

さらに一年間で横浜センターは、「単なる図書館から文化センターへと拡大した」。五二回のクラシックレコードコンサートに九〇三七人、三〇回のコーラスに二三九一人、三二回の英会話教室に二三一六人が主な利用状況であった[20]。横浜CIE情報センターの活動は、CIEで高い評価を得ていた。開設七カ月後の四九年三月二五日、CIE情報課が通常の視察を行った。図書館としての機能以外にさまざまな活動が評価され「優れた活動を行ない、賞賛に値する」と評価された。さらに巡回購読を広げる示唆も受けていた[21]。

CIE情報課の要請で、各地CIE情報センターは、その活動内容をCIEに報告していた。横浜CIE情報センターの『ウィークリー・レポート』から次のような活動が明らかになる[22]。

①「バズセッション」

横浜の活動を特徴付けるものに、「ファミリーアワー」での「バズセッション」(Buzz Session)があった。アメリカ人が「アメリカの民主主義教育」と称するものである。一カ月に一回行われた「ファミリーアワー」では、家族向け映画、子供向けゲーム、両親向けに家族論の専門家による講演、そして講演後に「バズセッション」が行われた。特に「バズセッション」は、横浜情報センターが率先して始め他のセンターに普及したもので、討論形式の普及方法であった。その方法が五〇年六月、日本の図書館の機関紙に紹介されている。また五〇年一一月二五日の横浜CIE情報センター『ウィークリー・レポート』では「バズセッション」が「一週間の活動のハイライト」であると報じられた。

これは五〇人から五〇〇人のグループでも討論への一〇〇%の参加を確実にする方法であると紹介された。その方法は、スピーチの後、出席者をいくつかのグループに分け、リーダーを指名し、スピーチの内容について一〇分間話し合い、その後聴衆と講演者との話し合いという討論会の方法を啓蒙するものであった。村岡花子の「効果的な家庭生活」についての講演があり、当初「ファミリーアワー」に一五〇人を招待したが、実際には四〇〇人もが集まった。そのほかには「アメリカの民主的教育」、日本の家庭生活との比較の視点で「アメリカの家庭生活」についての講演と「バズセッション」があった。

② 英会話クラス

設立当初からの英会話クラスは盛況が続いた。一九五〇年頃になると教授法が研究され、読み物の範囲も拡大し、神奈川県内や、横浜市内の英語教師のためのクラスも開かれるようになった。県教育委員会から選抜された中学校の英語教師五〇人が神奈川県内から集まり、カンサス州言語研究所とコロンビア大学の教員養成学校で開発された教授法と教科書を取り入れていた。

③ 花嫁研修コース

アメリカ人と結婚する日本人女性のためのコースがあった。五一年四月に開講した。アメリカ居住経験のある日本人によるアメリカ人花嫁の予備知識について有効な企画であった。

④ デポジット

ＣＩＥ情報センターのデポジットとは、「情報センターがそのサービスを行き渡らせるために、図書館や公民館、会社の資料室等に、センターで重複している図書や雑誌を寄託して一般市民の利用に供したものである。資料以外は、施設設備、職員も寄託を受けた機関の責任で用意された」と説明されている[23]。

横浜CIE情報センターは、前述した弘明寺、鶴見、川崎、小田原、相模原、横須賀をサブセンターとしてデポジット活動の拠点としていた。横浜CIE情報センターのデポジット活動は全国で最も活発であったと思われる。連絡会議が月ごとに開かれ連携を密にし、蔵書の巡回、軍政部寄贈の書籍・雑誌が複数ある場合の配布計画など、これらの活動の活性化をはかっていたことを特記することができる。五〇年五月三日以前、約一カ月間の全国一七カ所のCIE情報センターの活動状況比較によると、横浜は利用者が東京についで一万四九四三人であるが、デポジットは全国のセンターの中でも群を抜いて、最も利用の多い二万七三〇四人であった。他のセンターとの比較は表5－3の通りである。

表5－3　各地CIE情報センターの利用者とデポジット利用者数
（単位：人）

	センター利用者数	デポジット利用者数
福岡	9,967	9,230
函館	11,635	—
広島	4,927	571
金沢	8,534	—
神戸	12,878	2,364
熊本	12,776	—
京都	13,377	—
長崎	11,306	32
名古屋	8,503	—
新潟	6,316	7,584
大阪	13,338	—
札幌	11,993	546
仙台	14,419	—
静岡	4,011	344
高松	5,765	—
東京	35,406	1,746
横浜	14,943	27,304

出典：*Branch Library Bulletin,* No.33、1950年5月3日。

⑤　講演会

講演会は、CIE情報センターが準備し、県の関係部署での講演会が頻繁に行われた。ユネスコ、公衆衛生、看護、労働問題、成人教育、食品衛生、国際貿易論、農業改善、視聴覚教育など広範囲の問題が取り上げられた。「アメリカより帰国して」と題するシリーズがあり、アメリカ視察を終えて帰国した人の話を聞く会もあった。

表5－4　横浜 CIE 情報センターの文化活動
（1951年1月25日～2月24日）

	活動回数（回）	参加者数（人）
英語クラス	34	969
講演会	4	370
討論会	12	1,966
映　画	3	480
コンサート	2	400
コーラス	12	548
スクエアダンス	4	880
計	71	5,613

出典：「横浜 CIE 情報センター活動報告」より（GHQ/SCAP Records, CIE (A) 02672).

⑥　ガリオア留学生のための研修

横浜ＣＩＥ情報センターの活動を特に特徴付けるものに、ガリオア留学生〔占領地域救済米国政府基金によって米国へ留学する学生〕のための研修がある。ＣＩＥ局長ニュージェントはガリオア留学生の支援プログラムをＹＭＣＡとの協力で策定するよう横浜ＣＩＥ情報センターに要望した。

⑦　ペンパルクラブ

開設以来一年間の活動報告にあげられた高校生年代の生徒たちのために組織されたクラブである。文通により国際理解を促進するため、最初の一年に一〇回の月例会が開かれ三八三三人の参加があった。その活動は文通ばかりではなく、ペンパルクラブが主催した五〇年のクリスマス会では「新しい国連企画」と題し、中国、インド、ハワイ、フランス、ドイツ、オランダから民族衣装を着た六〇〇人が集い、英語での情報交換会が開かれたという。

4　横浜CIE情報センターの企画宣伝

これらの活動が盛況を呈したのには、横浜ＣＩＥ情報センターの宣伝効果があったものと思われる。ＣＩＥ情報センターの活動内容の伝達方法は次の通りである。

①　県庁・市庁舎等公共施設に掲示

② ウィークリー・プログラムを駅、映画館、幹線道路沿いに掲示
③ 新刊の週刊紙に掲載
④ 民間放送によるイベント情報伝達
⑤ 音楽祭の招待状送付
⑥ センター職員が各種会合で行うＣＩＥ情報センターの活動に関する講演など

表5－5　横浜 CIE 情報センター読書調査（図書・雑誌）
（1949年1、3～7月）　（単位：％）

利用図書分野	1月	3月	4月	5月	6月	7月	平均
技術系	24.9	39.4	31.4	35.4	38.6	39.6	34.9
芸術、娯楽	6.5	18.3	10.8	9.7	18.0	11.1	12.4
文　学	22.7	6.1	18.9	20.3	15.2	15.0	16.4
経済･ビジネス	12.7	7.3	6.7	5.4	4.8	5.2	7.0
社会問題	5.2	17.9	8.0	4.0	5.6	7.3	8.0
政治、歴史	14.4	3.6	9.7	7.3	8.0	12.8	9.3
教　育	3.1	3.7	6.8	8.1	5.0	3.5	5.0
哲学、心理、宗教	0.9	0.4	0.5	1.7	0.8	2.4	1.1
広　告	0	0	0	0	0	0	0
その他	9.6	3.3	5.1	8.1	4.0	3.1	5.5
利用雑誌分野	1月	3月	4月	5月	6月	7月	平均
技術系	47.1	32.6	42.5	51.6	54.5	50.7	46.5
芸術、娯楽	22.5	10.6	12.3	13.6	25.4	34.0	23.8
文　学	5.6	17.3	6.2	0.5	2.0	1.4	5.5
経済･ビジネス	4.0	6.0	11.9	5.0	7.0	1.4	5.9
社会問題	10.4	4.0	10.2	4.5	3.0	2.1	5.7
政治、歴史	2.4	14.0	2.6	3.6	2.5	2.7	4.6
教　育	3.6	4.6	3.1	11.2	2.0	4.9	4.9
哲学、心理、宗教	0	4.0	1.0	0.9	0.6	1.4	1.3
広　告	1.2	0	0.5	0.5	0	0	0.4
その他	3.2	6.6	9.7	8.6	3.0	1.4	5.4

出典：「横浜 CIE 情報センター Reading Survey」により作成（GHQ/SCAP Records, CIE (A) 02673).

5　活動内容の充実

このように五一年になると、その活動は開館当初のセンセーショナルな様相から次第に内容の充実した啓蒙活動に変化していった。レコードコンサートからジュニアオーケストラ、コーラスと積極的活動がなされる一方で、美術展、講演会が加わり、英語クラスの内容も専門的に充実するようになった。特にその教授方法の充実と積極的な地域社会への貢献が注目される（表5－4）。

6　日本人の読書調査

一般に、豊かなアメリカを象徴するファッション雑誌や家庭生活に関する情報を求める傾向にあったとされているが、読書調査により次のような傾向が見られる。書籍・雑誌・パンフレットは、社会学、経済、商業、教育、医学、技術、文学、歴史のあらゆる分野の情報を提供していた。日本全体の利用者はアメリカの生活のあらゆる分野に興味を持ち、彼らの読書傾向はアメリカ史、習慣、ファッション、学校教育、技術であると報じている。[24] しかしこのアメリカの宣伝をよそに、次の読書傾向を見ると、圧倒的に技術系の関心が高いことがわかる（表5－5）。

特に雑誌の分野で五〇％を占める。この時期が戦後の経済的復興へと占領政策の重点が移行する時期であり、経済的発展に技術向上が求められていたとすると、整合性のある傾向である。『ブランチ・ライブラリー・ブルティン』には、ＣＩＥ情報センターが日本の経済復興に重要な役割を果たしていると認識し、積極的に専門的技術的情報を提供しようと努力したとある。

また、図書館専門家は直接ＣＩＥ情報センターから情報を得ることもできた。

四二年以来日本の図書館から遠ざかっていた文化面におけるアメリカの真相の一つであり、当時「日本人が血眼になって究めようとしていた」アメリカの議会図書館の『目録規程』（*Rule for Descriptive Cataloging*）を、ある図書館関係者は日比谷のＣＩＥ情報センターで手にすることができた。「目録分類棚」（Shelves in Cataloging Section）という棚があり、『目録法と分類法階梯』の再版やアメリカ図書館協会（American Library Association）の目録カード排列規則等がずらりと並んでいたことは当事者の衝撃的な発見であった。[25]

7　日本人の質問

ＣＩＥ情報センターの活動に日本人がどのような関心をもっていたかを窺うことのできる資料がある。ＣＩＥ情報課は、各地ＣＩＥ情報センターで日本人から寄せられた質問を毎週記録し、日本人読者の興味関心を調査していた。横浜ＣＩＥ情報センターが毎週ＣＩＥ情報課へ送っていた報告には、日本人から横浜ＣＩＥ情報センターに寄せられた多岐にわたる質問が報告され、当時の日本人が求めていた情報提供や関心事が明らかになる。

質問は、読みたい本の要求のほかに、やや専門的な質問から、日常の些細な事柄、興味本位のものまで非常に多岐にわたっていて、アメリカ文化への憧憬と、戦中の閉ざされた情報空間を物語るものであり、いかに当時の日本人が知識・情報を求め、その情報提供をＣＩＥ情報センターに求めていたかがわかる。五〇年一〇月から五一年六月までに寄せられた主な質問を分類すると次の通りである。

ビジネスマン――アメリカの製造会社の製品、繊維産業、貿易、インテリア美術産業の雑誌
デザイナー――輸出用織物デザイン、各種家具のデザイン、刺繍のデザイン、小規模市民ホールの計画（建築家）
報道関係者――アメリカの選挙方法、大統領制および大統領に指名された人の名前
学生――国連の安全保障理事会の選挙方法、第二次世界大戦の政治史概要、ルネッサンスについて、ベーブ・ルースの伝記
音楽関係者――アメリカで出版されている音楽雑誌について
校長・教師――学校図書館の設置、アメリカの教育方法論、体育教科、英語学習レコード、フラナガン神父の伝記
一般および女性―バターの作り方、アメリカの乳製品、アメリカ女性の活動、アメリカの小学生の夏休みの過ご

し方、聖歌の歴史、クリスマスの過ごし方

8　地域の特性

横浜CIE情報センターの利用状況が盛況を呈したのは、地理的特殊性にもあったことは否定できない。すなわち地方軍政部の組織は、いくたびかの改変を経ているが、四六年よりすでにマッカーサーの日本占領主力部隊第八軍中で、東京、神奈川は大阪と共に特別地域とされ超大型軍政部が配置されていた。また歴史的に早期に新しい文化の洗礼を受けた土地柄であったため、アメリカ文化の受容に積極的であったとも考えられる。

おわりに

CIE情報センターの果たした民主化政策の成果を、次の視点で考察する。

1　CIEの「民主主義」啓蒙政策の推進

CIEは、CIE情報センターを通して日本人の利用状況、読書傾向を調査し、占領目的である「民主主義」啓蒙を推進しようとした。その推進策はさまざまな記録およびCIE局長はじめ情報課、各CIE情報センターの活動から明らかである。「民主主義」啓蒙機関として、CIE情報センターを有効に機能させようとする施策の現れであった。

また図書館としてのCIE情報センターは、占領軍が民主化政策の手段として導入した戦後日本の図書館政策の一環として、制度・立法面の改革とは別に民間レベルでの普及と発展に画期的な役割を果した。図書館機能に加えてさまざまな文化活動を提供し、アメリカをモデルとした「民主主義」を顕示した。

2　CIE情報センターの図書館としての日本人の受容

CIE情報センターの図書館として、また文化活動としての施策は、日本人にどのように受け入れられたのだろうか。図書館として、また文化活動としてのCIE情報センター利用状況の盛況ぶりから判断すると、日本人がこれを歓迎したことは間違いない。報告書の記述・統計からも論証可能である。まずは、図書館機能の面では開架式で閲覧が無料であり、書籍・雑誌を自由に手にすることができ、図書館員の親切な対応とレファレンスサービスがある図書館に「民主主義」の一端を見たであろう。

一九五〇年代に自治体が歓迎し設立要請をしている場合もある一方、これに批判的なものも多い。「占領軍の対日文化政策の一環として、各地域最先端の啓蒙宣伝施設として生まれたこれらの図書館は、きらびやかな雑誌写真などに魅力を感ずるものはあっても、横文字の書籍利用は一部の人々を除いて、あまり歓迎されなかったようである」[26]とか、中心地を接収されたとか、見学者も数に入れて利用者を多くしているなどと回顧されている[27]。しかし、読書調査によると、終戦直後の知識・情報を渇望していた状況にあった人々にとって、何はともあれ活字に接する機会が与えられた喜びと、CIEの翻訳努力も機能し、広範囲の読書傾向も認められる。特に技術系の図書・雑誌の利用が毎年圧倒的に多かったことは、戦後日本の科学技術向上が求められた時期であったことから、CIE情報センターの情報提供が歓迎されたと見てよい。

また、自治体の側からすると、図書館という機関に対する認識を深め、図書館推進策の原動力となったことを認めながらも、維持運営費の支出による反強制的図書館設立奨励は、当時の自治体の財政事情からその費用の捻出はたいへんであった。占領費で賄うべきところ、これが実現せず各府県の負担になった。これだけの費用があれば府県図書館を充実したほうがよいとの不満もあった[28]。しかしCIE情報センターが提供した書籍・雑誌を日本人独自で提供することは不可能であったろう。

3　CIE情報センターの文化活動としての日本人の受容

CIE情報センターは、アメリカ文化との接触の場でもあった。CIE情報センターで行われた行事に殺到した日本人が歓迎したのは、音楽、ファッション、討論、英語学習、スクエアダンスであり、そしてフィルムを通してアメリカ文化への憧れを示した。「アメリカナイゼーションは国民一般の風俗・文化に大きな影響を与えたが、行動・思考様式の民主化という面では必ずしも一般庶民のものとはならなかった[29]」という記述もある。

活動項目を表面的に見るとそのような解釈が可能であろうが、活動記録を詳細に見ていくとCIE情報センターは、さまざまな実務的、あるいは長期的視点では人々の内面的革新に新しい行動・思考様式を育むための情報提供をしたと解釈できる。活動内容から言っても、アメリカ文化の宣伝とされながらも、一般市民が「バズセッション」のような討論や意見表明の手段、外国語や外国の音楽に触れる機会、世界の情報、文化講演会、図書館のありよう等、開かれた世界を体験できる機会を提供していた。

CIEの意図は何であれ、彼らの「民主主義」啓蒙政策とその活動が、日本人に受け入れられた要因として、日本側に受け入れの素地があったことを見逃すことはできない。戦禍により疲弊した図書館機能の回復が遅れたために、いち早く情報提供を行ったCIEの図書館に人々は殺到した。情報提供を率直に受け入れ、アメリカ文化の誇示を第二の文明開化であると認識し、戦中に閉ざされていた自由な自己啓発に向かったものと思える。

注

（1）CIE情報センターの呼び名は、日本ではあまり使われず、CIE図書館と呼ばれていたが、本章ではCIE情報課が正式名称として使うよう指示していた「CIE情報センター」とする（*Branch Library Bulletin*, No. 10, 12 August 1948）。

（2）トレーナーが認めた図書館分野における顕著な業績は、①国会図書館の設立、②CIE情報センターの運営、③図書館法の制定、④図書館職員の養成である（Joseph C. Trainor, *Educational Reform in Occupied Japan* 明星大学出版部、一九八三年）二七七頁。

（3）『沓掛伊佐吉著作集——書物文化史考』（八潮書店、一九八二年）四六六頁。

（4）CIE情報センターは、東京、京都、名古屋、福岡、大阪、新潟、札幌、仙台、金沢、神戸、熊本、広島、函館、静岡、長崎、横浜、高松各地に設立された。続いて岡山、松山、新宿、長野、秋田、小倉を加えて二三館になった。

（5）具体的には京都のクルーガー図書館ほか、名古屋市の建物を指定した（SCAPIN-4401-A, 23 August 1947）。次の指令は、福岡、仙台、札幌、高松、広島にある建物を追加してその提供を求め、SCAPの管理下で日本側の運営経費による図書館建設を指令した。さらに大阪、横浜、神戸、新潟、金沢、熊本、函館、静岡、長崎の設置を予告し、適当な建物を選び、CIEの許可を得て前記目的達成に機能するよう改装準備を求めた（SCAPIN-5083-A, 30 December 1947）。一九五〇年代岡山、小倉、松山のように地域の要請により設立を許可したものもあったが、その場合も自治体の費用負担を明記した［GHQ/SCAP Records, CIE（B）00715］。

（6）CIE『日本の教育』「第二部、連合国軍による日本の教育管理」（明星大学出版部、一九八三年）一五八頁。

（7）「民間情報教育局図書館は、情報普及課の一部門として、一九四五年一一月一五日に設立された。この図書館は、日本の文筆家・学者・官僚・政治家・諸団体並びに一般人を対象に、国際関係や第二次世界大戦についての参考資料や読み物を提供するとともに、米国の慣習・法律・社会及び政治機構に根ざす活動や政策の実態を知らせようとするものである。施設の規模も限られていることでもあるので、目下のところ積極的な広報活動を行っていないにも拘らず、各界の活動家が今までに図書館の施設を利用している。教員・大学教授・新聞及び雑誌記者・出版業者・政府職員並びに各種団体・機関の役員がそれである」（前掲、『日本の教育』一五八～一五九頁）。

（8）情報課の主な任務は、非民主的思想と方策の排除と、民主的思想と実践の定着を図り、一般日本人に占領目的、政策を周知させ、日本人の戦争犯罪を公表し、市民の自由を強調し日本人を自らの問題解決に向けて指導すること、最高司令官の既存政策に従って日本の民主化実践を援助することであった（GHQ/SCAP, CIE, 'Information release,' 16 August 1946. 横浜開港資料館所蔵「ブラウン文書」。

（9）以下各CIE情報センターの活動については、*Branch Library Bulletin*, ［GHQ/SCAP Records, CIE（A）02680–2682,（D）00065］により要約。

（10）*CIE Bulletin*, Volume III（1949.1.19）二三八、二四三～二四四頁。

（11）GHQ/SCAP Records, CIE（D）00065.

（12）図書館設置は戦時情報局（OWI）によるアメリカの国際的情報政策の一環（今まど子「アメリカの情報交流と図書館」『中央大

学文学部紀要』第一五六巻、一九九四年）であるが、運用面では米国陸軍省の管轄下にあり資料提供を受けていた［GHQ/SCAP Records, CIE (C) 01456］。

(13) *Department Army Office for Occupied Areas Reorientation Branch* [GHQ/SCAP Records, CIE (C) 01522–1541].

(14) 一九四九年一二月八日付内部覚書［GHQ/SCAP Records, CIE (C) 01521］。

(15) GHQ/SCAP Records, CIE (A) 02986. および横浜市教育文化センター所蔵「神奈川軍政部教育課長マックマナス文庫」の各書籍に記載あり。

(16)『横浜市中央図書館開館記念誌　横浜の本と文化』（横浜市中央図書館、一九九四年）六四〇頁。

(17)『神奈川県立図書館・音楽堂一〇年史』（神奈川県立図書館・音楽堂、一九六五年）一四頁。

(18)『神奈川県図書館史』（神奈川県立図書館、一九六六年）二五六頁。

(19) GHQ/SCAP Records, CIE (A) 02676, *Weekly Report,* 1949. 9. 24.

(20) GHQ/SCAP Records, CIE (A) 02673.

(21) GHQ/SCAP Records, CIE (A) 02673, Report of Field Trip to Yokohama.

(22) GHQ/SCAP Records, CIE (A) 02672–02677.

(23) 今まど子「ＣＩＥインフォメーション・センターの図書館サービスについて――デポジット編」（『図書館学会年報』第四二巻一号、一九九六年）一六頁。

(24) *CIE Bulletin,* Volume III（1949. 5. 11.）五一二頁。

(25) 大内直之「ＣＩＥの書架から（一）」（『図書館雑誌』第四二巻三号、一九四八年六月）一九頁。

(26) 前掲、『神奈川県図書館史』二六一頁。

(27)『図書館雑誌』第四六巻、一九五二年、九頁。

(28) 同前。

(29) 前掲、『横浜市中央図書館開館記念誌　横浜の本と文化』五七六頁。

第6章　占領期の翻訳権問題とブラウン――占領政策へのアメリカ本国の影響

中武　香奈美

はじめに

ドン・ブラウン（Donald Beckman Brown, 1905-80）は、占領期を通じてＧＨＱ／ＳＣＡＰ（連合国最高司令官総司令部）のＣＩＥ（民間情報教育局）情報課長として日本のメディア全般の「民主化」政策にふかく関わり、新聞・雑誌、図書、映画、演劇、ラジオなどの検閲、さらに輸入映画の配給や出版用紙割当にも影響力をもった人物として知られ、とくに出版検閲の責任者として日本人出版関係者の回想記などで言及されることが多い(1)。

Ｊ・Ｗ・ダワーはこのような出版の事前検閲や用紙割当の他に、また外国図書の翻訳権許認可においてもブラウンは大きな影響力を行使したと指摘している(2)。

占領期の翻訳権問題を扱った近年の研究に宮田昇『翻訳権の戦後史』(3)がある。宮田は、占領下では明治期に日本が調印した国際著作権条約であるベルヌ条約や日米著作権条約（一九〇六年に批准）の効力が超法規的措置として停止され、代わって翻訳権認可制度がＣＩＥを担当部局として実施された経緯を、おもに日本側の史料と研究を駆使して実証した。宮田の研究によって、日本側の政府関係部局や諸出版団体、出版社などの対応が明らかにされたが、日本側史料を中心にしたという史料的制約のため、直接に対峙したＣＩＥ（ブラウン）側の取り組みやＧＨＱの他部局の見解、さらにはアメリカ本国の関係部局や出版界が及ぼした影響については日本側史料からかいま見えるものの、明らかとなっていない。

本章では、横浜開港資料館蔵「ドン・ブラウン・コレクション」中の「ブラウン文書」にのこされたブラウンおよびCIEと本国間の交信文書（多くは写しと草稿）を中心に、「アメリカ側」と単純に一括りにできないCIE（ブラウン）、GHQ、およびアメリカ本国の関係部局や出版界それぞれの対応と、その背景について考察したい。

またブラウンが取り組んだ翻訳図書政策は、占領史研究の大きなテーマのひとつである日本のアメリカナイゼーションに、より直接的に影響をあたえた政策のひとつでもあった。翻訳図書を通して日本に流入してきたアメリカ文化の内容の考察と同様に、図書の受け入れ体制確立の経緯やその仕組み、運用実態の分析はアメリカナイゼーションの実相をより具体的にとらえるために必要だと考えるものであり、ブラウンの活動を検討することによって、その一端を明らかにしようとするものである。

第1節　占領開始時の翻訳権問題

1　ブラウンの翻訳権問題の認識

一九四六（昭和二一）年一月七日の記者会見でGHQは、日米開戦によって日米著作権条約が失効し、以後、アメリカ図書の翻訳はGHQの許可を必要とすると発表したが明確なものではなく[4]、また具体的な対応策も示されなかった[5]。

戦前の日本における翻訳権の状況は、宮田著『翻訳権の戦後史』などに拠ると、おおよそつぎのようであった。

一八八六（明治一九）年、初の国際著作権条約としてベルヌ条約が定められた。フランス、イギリス、ドイツ、イタリアなどが調印したが、アメリカと日本は会議に参加したものの調印せず、またロシアは不参加だった。この条約で、翻訳権は原著発行後一〇年で消滅すると規定された。しかし一八九六年のベルヌ条約パリ追加改正条約では、発行後一〇年以内に翻訳物が発行されなければ翻訳権は消滅する、と改められた。

日本は国内法を整備して一八九九年、このベルヌ条約に加盟し、翻訳権についてはパリ追加改正条約に倣うことになった。ところが一九〇八年、著作権保護をつよめるベルヌ条約ベルリン改正条約が結ばれ、一〇年という翻訳権保護期間が一般著作権と同じ、著作者の死後三〇年（のち、五〇年に延長）に改められた。しかし日本は条約で認められた留保規定によって、加盟当初のパリ追加改正条約に則ることが保証され、以後、翻訳権の拠り所となった（翻訳権十年留保――旧著作権法第七条）。翻訳権の有る著作を翻訳する際には、日本の出版社は著作権所有者に利用を申請し、契約書を締結して印税を支払うなどの手続きをおこなった。また戦時下でも翻訳権の保護につとめ、内務省指導の下、印税の供託金を支払うなどした。

一方、ベルヌ条約非加盟国であったアメリカとの間には日米著作権条約（一九〇六年に批准）が結ばれた。この条約には、両国の著作物は相互に許可なくかつ著作権料の支払いをせずに翻訳できることが明記されており、自由な翻訳が保証されていた。

また、同じくベルヌ条約非加盟国であったロシア（ソ連）と日本との間には著作権条約が存在しないため、アメリカ図書とは別の理由で自由な翻訳活動が可能であった。

占領開始後、ソ連や英仏といった他の連合国の図書の翻訳出版希望も寄せられてきたため、現状調査を命じられたと思われるブラウンは、対応策をとる前提として、四六年一月一九日付でつぎのような日本の包括的な翻訳権の状況を至急、確認する必要性をダイク（K. R. Dyke）ＣＩＥ局長に訴えた(6)。

一、日本が署名している諸国際著作権条約
二、日本著作権法が保護している外国図書の翻訳権の範囲
三、アメリカ以外の国の出版者に〔日本人の──引用者注〕翻訳権出願を伝える展望
四、日本在住の外国人著作者との間で締結された個人的契約問題

これを受けて、直ちにダイクからブラウンに調査指示が出されたのであろう。間もなくブラウンは日本の翻訳権がおかれた状況を把握し、「もし、外国人が著作権をもつ作品を日本人が使用する場合にわれわれがなすべきことがあるとしたら、それはアメリカの図書や雑誌の翻訳権契約の全手配事務作業を含むのであるが、われわれは国務省につぎの諸点についての説明を求める[7]」と、国務省の判断を仰ぐ必要をダイクに報告した。

まず第一に、日米著作権条約は無効となり、廃棄されたとみなしてよいのか、そうであれば国務省から直ちに正式な発表が必要ではないのか、発表するとなると、いつおこなうのか。

第二点目は、日米著作権条約に代わる条約が最終的に必要となるが、それまではGHQから日本政府へメモランダムという形で臨時的に対応するよう勧告されるのだろうが、それはアメリカの、それとも日本の著作権法か、ベルヌ条約を基とするのか。

第三点目として、戦前に国際著作権条約であるベルヌ条約に未加入であった連合国のソ連や中国の図書の著作権が日本において保護されるよう、国務省は手ほどきするのか。連合国代表らの中には、まだ誰一人、問題視している者はいないが、実際に日本人からソ連図書の翻訳希望が寄せられており、ソ連側からは法的には問題ないとの回答を得たと言っている。

またこの問題はGHQの他部局、LS〔法務局〕やESS〔経済科学局〕、あるいはGS〔民政局〕との調整も必要であること[8]、さらに法的に曖昧な状況をいいことにGHQに無断で翻訳図書が出版されつつある現状も、ブラウンは報告した。

なおCIEが翻訳権の担当となるまでは、翻訳書もG2〔参謀第2部〕のCCD〔民間検閲支隊〕の検閲を通過するだけで出版可能であり、翻訳権は問題となっていなかった[9]。

ブラウンの当時の翻訳権問題への関わりに方ついて、日本人関係者のつぎのような証言がある。

〔昭和〕二十年の秋、〔日本出版協会海外課〕課長の花島克巳らがCIE〔民間情報教育局〕のダン・ブラウンを協会に招待、〔……〕近々、彼が翻訳権の方の仕事に乗り出してくるということを聞きこんだからだが、ブラウンはこの方面のことはあまりよく分からず、その日は、ブラウンの方が日本の翻訳出版界の事情をたずねるという状態だった。〔……〕〔日本出版協会会長〕石井〔満〕は、翻訳権問題についての出版業者の意向を伝え、なんとか適切な処置を講じてもらえまいかと、何回もブラウンに頼んだが、「そのうち、はっきりした司令部の方針が決まるから、もう少し待て」という返事ばかりで、なかなか決まらなかった。〔……〕ブラウンも本国からの返事が来ないので、石井にたいして、はっきりしたことをいえなかったわけだろうが、かくするうちに二十二年も暮れた[10]。

ブラウンの来日は四五年一二月であるから、「二十年の秋」というのは記憶違いだろうが、おもに映画政策担当としてGHQに派遣されてきたブラウンが翻訳権問題にも取り組むようになった当初、この問題への理解がほとんどなかったこと、アメリカ本国政府は明確な方針をなかなか示さなかったことがうかがわれる。

2 アメリカ本国との調整開始

前述したように四六年一月末になってようやく状況を把握したブラウンは、一月三〇日付で「日本における外国図書翻訳権問題の概要」[11]（以下、「概要」と略記）をまとめた。「概要」には、早くもCIEがアメリカ図書を含む外国図書翻訳認可業務の窓口となることや、同年一二月に出される海外メディアの輸入規定である「総司令部回状第十二号――外国雑誌、図書、ニュース或は写真其の他の輸入及び日本におけるそれ等の普及に関する件」[12]（以下、「回状第十二号」と略記）につながる翻訳許可基準の設定など、その後の翻訳権政策の骨子が記されていた。

「概要」にはまず、日本における外国図書の法的地位の多様性や、翻訳出版を希望する日本人出版社と外国人著作権所有者との間の交渉や契約、翻訳権支払い手続きの整備といった課題が列挙されていた。つづいてアメリカ本国の著作権所有者と国務省が、日本人にアメリカの著作物の自由な翻訳を許す日米著作権条約の継続に反対の意向であることを非公式に伝えてきたこと、国務省IIIS[13](Interim International Information Service, 臨時国際情報局）がGHQに、アメリカの出版社がアメリカ国際図書協会（United States International Book Association）を通じて練ったアメリカ図書邦訳計画案を送ってきたこと、さらにCIEが日本の出版社とアメリカ人著作権所有者との仲介役となるようIIISに促されたことなど、詳細は不明だが、この間の本国の対応が記されていた。

CIEはアメリカ図書邦訳計画案の可能性をさぐるため、日本でアメリカ国際図書協会に最も近い立場にあると考えた日本出版協会を「翻訳権申請を扱い、契約の遵守と著作権使用料支払いに責任をもつ適切な日本側の組織」[14]に選び、同協会と非公式に相談を重ねた。その際に出されたさまざまな提案と質問を協議事項として国務省に送っていたが、四六年一月三〇日段階で、まだ回答はなかった。日本出版協会はCIE（ブラウン）と組んで、GHQのおもな出版規制政策のひとつである出版用紙割当政策にふかく関わっていく組織であるが、翻訳権問題でもCIEから同様の役割を期待されたのである。なおＣＩＥ（ブラウン）と日本出版協会は基本的には協力関係にあったが、つねに同じ立場であったわけではなかった。赤澤史朗は出版用紙割当をめぐる日本の出版社間の対立の中で四五～四六年におきた戦争責任追求問題において、両者の対立を明らかにした[15]。

「概要」によると、アメリカ以外の諸外国の翻訳権問題について、まだ正式な保護要請はないが、日本出版協会には英仏の図書に対する申請が多数寄せられており、ある日本人からソ連図書の翻訳出版許可の申し出がＣＩＥに出され、「この問題について決定した政策も方針もないため、ＧＨＱは許可・不許可を出すことができず、唯一〔ＣＣＤの〕検閲を通過するよう要求することしかできなかった[16]」という状況にあった。

この他、翻訳権使用料について、円建てで支払われ、外国送金が可能となるまで日本国内の銀行に預託されることを、すでにこの時点でアメリカ側は了解していたこともわかった。

ブラウンはまた、占領下の日本人が翻訳権問題をどう捉えているかについても言及し、「ほとんどの日本の出版社は、著作権所有者の同意を得てアメリカ図書の翻訳をおこなうことを、法的にではなく倫理的な責務と理解し、自制している」と、楽観視していた。しかし「出版社の中には〔解決策が出るまで出版を控えるようにという〕アドバイスを無視して翻訳図書を出版し、明らかに罰則から逃れようとする賭に出る者もいるが、今のところかれらに何らかの法的処罰が加えられるかどうかは疑わしい」とも記し、条約に代わる規定がまだないため罰則もなく、翻訳権が未解決なまま翻訳書が出版されるという混乱した状況に対し手をこまねいていたこともわかる。

新たな著作権法の整備や契約手続きの公表とともに、翻訳権認可基準の確立、翻訳の正確さや質の統制、用紙割当の優先権付与も検討課題としてあがっていた。これら三点は前述したように、やがてＧＨＱの「回状第十二号」策定と翻訳審査のための翻訳出版委員会の設置、翻訳権入札図書への用紙割当の優遇措置[17]へと具体化されていった。

占領下の翻訳権問題は、占領開始まもなく、ＣＩＥとアメリカ本国間[18]で検討が始まり、四六年一月段階ですでに一定の方向性が出されていたこと、検討案には国務省や本国の出版団体の考えが反映されたことがこの文書から明らかとなった。しかし具体策の決定、実行までにはまだ、かなりの時間を要した。

3 国務省の見解

四六年二月に入って、間もなく一時帰国するダイクCIE局長の不在中、CIEの運営は四名のスタッフからなる運営委員会（Operating Board）が組織され、委員会体制をとることになった。[19] ニュージェント局長代理の下、ブラウンも委員のひとりとして政策・企画と、ラジオ、新聞・出版、映画部門を任されたが、翻訳権問題も任務のひとつとなったと思われる。[20] 日本人出版社からの翻訳許可を求める動きが増大する一方で、アメリカ本国からは回答を得られないでいたブラウンは、四六年二月八日、本国の陸軍省G2宣伝班と国務省OIC[21]（Office of International Information and Cultural Affairs, 国際情報文化局）に著作権問題を直接に質した。[22] 一月三〇日にまとめた「概要」をもとに交渉したのであろう。日米著作権条約無効の正式発表の必要性、同条約に代わって日本政府へメモランダムの形で保護を指示する規定の法的根拠、他の連合国の著作権保護についての対応、また日本人に何の制限も加えずに翻訳させたいと望む国もあるのではないかなどのブラウンの問いに対し、国務省は法律顧問に検討させるので、結論が出るまで待つようにと返答してきた。ブラウンは、結論の遅延は日本での著作権侵害を助長し、最終的な処理を複雑にさせるものだと反論したが、受け入れられなかった。

この頃、イギリス連絡使節（Liaison Mission）の情報教育顧問として再来日した旧知のレッドマン（H.V. Redman）[23]が、CIEに非公式に接触してきて情報プログラムへのイギリス図書の提供を申し出、さらにこのプログラムへのアメリカ以外の国の参画を提議してきた。[24] 翻訳権問題に連合国のイギリスからも圧力がかかってきたのである。

GHQは、ようやく四六年一二月五日付で「回状第十二号」を策定し、翌四七年一月、情報部渉外課長名で外務省、終戦連絡中央事務局各部局課長宛てにこれを通達し、占領下の日本における外国著作権物の扱いを定めた。

この約一年間の本国とＣＩＥ（ブラウン）との間の交渉経過は、今のところわからない。四六年四月に日本に戻ってきたダイクからアメリカの様子を聞いたブラウンは、「ダイクが言うには、およそあらゆること、あらゆる人が彼を苛立たせ、ワシントンでさえ日本のプログラムについてあまり認識されておらず、関心ももたれていないとのことだ」[25]と、本国政府の日本への関心の低さを嘆いた。四五年一〇月に、すでにアメリカ国際図書協会の意向を受けた国務省ＩＩＩＳが、選別したアメリカ図書を日本の出版社に翻訳出版させる半営利計画を作成するなど[26]、本国側は早くから日本における著作権保護に関心を寄せていたが、概して占領下日本への理解度は決して高くはなかった。

翻訳権問題への対応が大幅に遅れた理由は、その後、アメリカ本国政府とＧＨＱの関係部局、日本出版協会など多方面との調整すべき問題が生じたためと考えられる。一方、ブラウンも四六年七月一日頃に情報課長職に就き[27]、翻訳権だけでなく出版問題全般に関わる責任者となり、多忙となったことも一因かもしれない。

4　総司令部「回状第十二号」策定とブラウン

四六年一二月、ようやく総司令部「回状第十二号」[28]が策定されて各連合国代表に回状され、翌四七年一月、日本政府にも通達された。回状文は作成目的、商業的媒体物、非商業的媒体物の三節から成り、「米国を含む諸外国からの雑誌、図書、映画、ニュース或は写真、其の他弘報的媒体物の日本への輸入及日本におけるそれ等の普及に関する規定を公示するにある」とその目的を明記し、商業的媒体物は占領目的に有害でない限り、非商業的媒体物は報道および教育に関して占領目的の促進に有益な限りは輸入が許され、また非商業的媒体物の配布に関してはＧＨＱがおこなうこととされた。さらに許可条件と手続きを示した四つの別紙が付されたが、図書の翻訳権に関するものはつぎの三つであった。残りの別紙三は、映画に関する規定である。

一、日本において配布される外国の商業的媒体物に関する許可手続及その規定
二、外国に版権がある資料に対する翻訳権、翻刻権及興行権の日本における譲渡に関する規定
四、非商業的弘報媒体物の日本における輸入、配布及利用に関する規定

これらには、翻訳権利用料の支払いは円建てであること、各国が推奨する自国図書を日本の出版業者による競争入札にかけて翻訳出版業者を決定すること、一方、日本の出版社は翻訳の校正刷を提出して検閲を受けること、といった新しい手続きが明記された。この規定に基づき、その後の占領下日本への外国著作物の流入がすすめられていった。

ブラウンはこの「回状第十二号」の策定者がブラウン自身であったと、のちに明かした。五四年に、当時、アメリカ極東軍に勤務していたブラウンが親共産主義者だと疑われて解雇を言い渡された際、提出した弁明書に記したものである。すべての商業用および非商業用情報メディアに関する承認および日本における普及を管理するための「回状第十二号」を策定し、その許可審査にもたずさわり、ソ連の出版物や映画の日本への浸透を阻止した、と記している。[29]現時点で、この文書の他にブラウンの関与を記した史料は確認できず、また弁明書作成の目的が嫌疑をはらすことにあった点にも注意しなければならないが、これまでみてきたブラウンの言動から推測すると、策定にブラウンが中心的役割を担ったこと、またその策定の裏に日本に対するソ連の影響を抑える目的があったことは明らかである。

第2節　翻訳権入札制度とアメリカ

1　アメリカ本国との調整

占領期の翻訳権の扱いを定めた「回状第十二号」策定は、その必要が検討され始めてから約一年を要したが、さらにそこに定められた翻訳権の競争入札実現は一九四八（昭和二三）年五月と、これもかなり遅れたことがわかる。この翻訳権の競争入札とは、第1節4の別紙二の（三）～（五）に定められた制度である。アメリカをはじめとする連合国が日本での翻訳（あるいは翻刻）を推奨する自国図書をG2の外国連絡課を通じて（アメリカは直接に）CIEに提出し（原文が英語以外の場合は、英訳を添付し）、CIEが占領目的に合致していると認めた図書を、日本の出版業者による競争入札にかけて最高値の印税を付けた業者に提供するという仕組みであり、アメリカの主導権下におかれた制度であった。

競争入札の実施が遅れた理由は、はっきりとしないが[30]、四七年三月一五日付でブラウンがワシントンのインファントリー・ジャーナル社（Infantry Journal, 以下、ジャーナル社と略記）へ宛てた翻訳権に関する回答書（草稿）[31]から、アメリカ本国との間で図書選定をめぐって調整が難航したことを推察することができるので、以下詳しくみていきたい。「陸軍と長く密接な関係にあったジャーナル社が、翻訳権を日本の出版社に手配するという重要な仕事を手がけてくれることになったことを知り、幸いに思う」との書き出しから、アメリカ側の翻訳権取り扱い窓口が陸軍省の関連雑誌社であるジャーナル社に決まったことがわかる。

回答書（草稿）によると、現在、陸軍省の担当部局である民政部（Civil Affairs Division）から日本に百冊以上の図書が入札候補として送られてきており、すでに約三〇冊が届き、CIEが慎重に再選定をおこなっているところだという。再選定にあたっては「最初の選定をおこなった人びとが重視したよりもずっと多くの要因を考慮する必要がある」とし、つぎのような考慮すべき点を、具体的に問題図書とその箇所をあげて説明した。

第一点目として、連合国の占領政策だからといって、イギリスやソ連、他の列強を扱ったアメリカ図書を当然のように出版させることは無分別と言わざるをえず、占領政策に害となる内容でないかどうか、慎重に検討する必要があるとした。

つぎに同様に著者がアメリカ人であっても、アメリカを批判し、日本人がアメリカの欠点をあげつらうのに荷担するような図書を公的な努力を払って提供することは愚行だと断じた。

三点目として、日本における深刻な用紙不足への配慮をあげた。全九三七頁におよぶ図書『アメリカ国民の外交史』（Thomas A. Bailey, *A diplomat history of the American people*）を例にあげ、「このような図書を日本人読者に提供したいという思いを否定するものではないが、その分の用紙をより広く受け入れられ、しかもより少ない頁数で済む何冊かの別の図書に振り分けることができるのなら、その用紙はより有効活用されたことになるだろう」と、大部の図書は不適当であることを伝えた。

ブラウンにとって本国の選定基準は、日本の状況に合致しない不充分なものだったのである。

一方でブラウンは、占領下の日本で翻訳権保護を問題としているのは、アメリカ図書だけでなく他国の図書も同様であり、アメリカ図書への保護政策は、同様に他国の図書にも適用されなければならないことについてのアメリカ側の理解を促した。「アメリカ人に許されることは、また他国の人にも許されなければならない。他国の人にそうすることが許されないことは、アメリカ人も同様に許されない」と、自国の利益ばかりを主張し、占領政策への理解が足りない本国、とくに出版界を牽制した。アメリカ図書の普及を図りソ連をはじめとする他の連合国の図書の影響を抑えようとしながら、ＧＨＱの一員という立場も重視し、一方的な締め出しをおこなわないというのが、ブラウンの占領政策実行者としての基本姿勢であったといえよう。

翻訳権使用料の支払いも大きな問題となった。その記述から、解決策として陸軍省から資金援助がおこなわれたことがわかった。陸軍省は四七年の予算に占領地域での翻訳権使用料の前払い金として二〇万ドルを計上し[32]、日本では前金で著作権所有者に一律、百ドルが支払われた[33]。この支援策によってアメリカの著作権所有者は満足するであろうが、他方、占領政策に必要な映画やニュースを提供しているアメリカの映画会社や通信社は、その対価を得ることができないままであり、不公平が生じるとブラウンは指摘した。

図書と同様、日本の「民主化」促進政策の一環として積極的な導入が図られたアメリカ映画[34]は、四五年一一月、本国の映画会社とGHQの間の仲介配給組織、CMPE（Central Motion Picture Exchange, セントラル映画社）が日本で設立され、アメリカのすべてのメジャー映画会社の作品を一元的に取り扱うことになった。四六年一二月の「回状第十二号」策定後は、アメリカ映画を含むすべての海外映画の日本への輸入許可はCIEの担当となり、実質的にCIEとCMPEが協力してアメリカ映画の輸入をすすめたが、本国と日本での作品選定基準の違いなど、つねに問題を抱えていた。日本側から円建てで支払われるレンタル料金の凍結も大きな問題のひとつであり、早くから凍結解除の要求がCIEに出されたが、占領終了の五二年まで凍結されたままであった。

この使用料支払いについての対応の違いは、アメリカの利害関係者への対応に不公平が生じることになり、ブラウンが心配したように、新たな問題とならなかったのだろうか。五二年の解除時の映画会社への支払い総額は六五〇万ドル、残額は三〇〇万ドルにのぼり[35]、図書翻訳権に較べて桁違いの高額であった。翻訳権料のような一律、百ドルの前払い金は映画会社にとって問題とならないくらいの少額であっただろうが、翻訳権所有者にとっては小さくない利益であり、このような措置をとることでアメリカの受益者への配慮を具体的に示すことは重要であったと思われる。また〇六年の日米著作権条約によって、戦前期は映画会社と異なり、著作権所有者は翻訳権使用料が支払われないという不利な立場にあったことが考慮されたということも考えられる。

本国側が疎くなりがちな日本の事情を説明し、占領政策への理解を求めながらも、占領政策遂行にはかれらの協力を仰がなければならない立場にあったブラウンは、ワシントンから示された百冊以上の候補図書の最も良質なものに日本人出版社の注意を向けさせ、入札へと導くことが期待されていることを理解し、一日も早い入札の実施を望んだ。しかし調整は容易でなかったとみえ、実現までに一年以上もの時間がかかったが、その間の経緯は今のところ不明である。

2　翻訳権入札制度の開始

四八年五月一九日、ＣＩＥは翻訳権入札の開始と、第一回の候補図書百冊を発表した。外国の出版諸団体から占領目的に沿うと推奨された図書のうちＣＩＥが認めた図書は、翻訳権及び翻刻権の競争入札をおこなうため業者に提供するよう取り計らい、また外国の出版諸団体に対し、そのような特種図書の翻訳権、翻刻権の提供を要求できる、という「回状第十二号」の規定に則り、アメリカ以外の図書も含めて入札にかけられた。

入札の日本側窓口は日本出版協会となった。四六年一月頃、すでに窓口となることに同意していた同協会はつぎのような役割を担った。入札図書名と諸条件、入札手続きが同協会の広報紙である『日本読書新聞』紙上で公表され、見本図書が協会事務所に置かれた。入札書は協会に提出され、さらに協会からＣＩＥに渡され、入札結果は『日本読書新聞』紙上で発表となった。落札出版社はＣＩＥを介してアメリカの著作権所有者との契約を進める一方で、翻訳を開始した。訳文は質を保つため、四七年に日本出版協会で組織された翻訳出版委員会[36]の審査を受けたのち、校正刷を提出して検閲を受け、出版の運びとなった。

第一回ではアメリカ図書七六冊とイギリス図書二四冊、計百冊[37]が入札にかかり、九一冊が落札されたが、入札にあたってニュージェント局長が、日本占領の目的を推進するのに役立つ図書という原則の下にＣＩＥが選定したが、必ずしもベストとは言えない、今回は「約四分の三が一般読者を対象としたもので、特殊な専門的学術研究書や文学書などは含まれていない」[38]が、将来的には専門書も提供するようになるとのコメントを寄せた。アメリカ図書七六冊は、ジャーナル社経由で本国から送られてきた候補図書の中からＣＩＥが再選定した選りすぐりのものであった。

第一回のおもな落札図書には、今日でもよく知られた図書が多数含まれた。全入札中最高の著作権使用料となる三六・〇％の高率で落札されたジョセフ・グルー著『滞日十年』や、アーノルド・トインビー著『歴史の研究』、ルース・ベネディクト著『菊と刀』、ジョージ・オーウェル著『動物農場』、エドウィン・ライシャワー著『日本――過去と現在』などがあり、順調な滑り出しを見せた。五二年一一月一三日付の占領下の図書出版問題をまとめたレポートによると[39]、入札は四八年五月～五一年五月の三年間に全一四回実施され、約千冊が入札にかけられた。そのうち四四一冊が落札され、さらに二五九冊が翻訳出版された。この二五九冊の国籍別内訳は、アメリカ二二二〔八六％〕、イギリス二四〔九％〕、フランス一一〔四％〕、ソ連二〔一％〕となり、ほぼアメリカ図書が独占したことがわかる。

3　ソ連図書の扱い

入札にかけられたソ連図書は、四八年九月二七日の第二回入札にあがったニコライ・チーホノフ著『レニングラード』（作品出版社落札）とソ連国立出版所編『ソ連短篇集』（真理社落札）、および四九年六月の第八回時に落札された[40]Ｆ・Ｒ・バイコフスキー著、江沢潔訳『工業調査』[41]（新教育事業協会落札、一九五〇年刊）の三冊のみであった。前述したとおり翻訳出版されたのは二冊とあるので、前者二冊の内の一冊は刊行されなかったことになる。

「回状第十二号」にはアメリカ図書を普及させる一方で、ソ連図書を抑えることが意図されていたが、それは早くも第二回入札時に実施された。

アメリカ図書とイギリス図書のみがかけられた第一回入札の落札結果が四八年六月一四日付で公表されると、すぐに同六月二三日付で、ソ連の著作権所有者の委任団体であるソビエト国際図書（メジクニーガ）を代表して駐日ソ連貿易代表がCIE宛てに、以下の一〇冊の図書を推薦してきた。[42] なお宮田の研究によると、同六月にGHQからソビエト国際図書に「占領目的に合致したソビエト図書の日本における翻訳出版を許可するから、入札を推薦する図書二冊に英訳をそえて提出するようにとの書簡があった。そこで七月第一回推薦図書として一一冊[43]」を提出したとするソ連側の証言があるが、二冊という推薦枠や提出冊数と時期についてはブラウン文書と一致しない。

1 『イアン・グロズニー』*Ivan Grozny*, by W. Wipper.

2 『ソ連短篇集』*Soviet short stories*.

3 『アーリー・ジョイズ』*Early joys*, by Constantin Fedin.

4 『レニングラード』*Leningrad*, by Nikolai Tikhonov.

5 『ヒロイック・レニングラード』*Heroic Leningrad*.

6 『バグラチオン』*Bagration*, by S. Golubov.

7 『スボロブ』*Suvorov*, by K. Ossipov.

8 『真実の人間の物語』（“The story of a real man,” by Boris Polevoy, *Soviet Literature*, No.4, 1947, page 2 and No. 5, 1947, page 52）.

9 『ノー・オーディナリー・サマー』（“No ordinary summer,” by Constantin Fedin, *Soviet Literature*, No.8, 1947, page 2 and No. 10, 1947, page 2）.

10 『ハッピネス』（“Happiness,” by Pyotr Pavlenko, *Soviet Literature*, No.11, page 2 and No. 12, page 2）.

このうちの2と4の二冊が前述のとおり、第二回入札にかけられたわけである。入札日の九月二七日付でニュージエントCIE局長は六月のソ連側の推薦図書に対する回答を作成し、選定経緯をつぎのように伝えた。占領目的に有害な、とくに軍国主義を鼓舞する図書が多く困惑したこと、そして二冊を採用したが「ソビエト国際図書が日本人出版社に翻訳権を与える次回の図書リストに代表として参加することができなくならないようにと、つぎの二冊は通過させた。後者〔2『ソ連短篇集』〕の図書は日本の用紙不足の観点からすると長文すぎるのであるが」。この回答書は九月二九日に参謀長の承認を受け、一〇月一日に送付された[44]。

ニュージェントは同じ九月二七日付で、ブラウンに回答書（草稿）を送った[45]。「回状第十二号」では輸入される図書が占領目的に沿ったものであるか否かはGHQが決定すると規定されており、ソ連に拒否理由を説明する必要はまったくない、と前置きしながらも、つぎのように不採用の理由を正式な回答書よりも詳細に記した。ソ連側への回答に記した軍国主義賛美という理由によるものは6～8の三冊のみで、5と9は共産主義のプロパガンダであり、1は軍事力に依拠した領土拡大主義を支持し、3は政府転覆活動を賛美しているからと説明した。10は、本文中の具体的な箇所をあげて英米を批判する内容で、不適切だと判断したというものであった。

ソ連側は同年一〇月にも二八冊の推薦図書を提出した[46]とあるが、その後の採用が四九年七月に実施された第八回の一冊だけにとどまったことから、ソ連図書の抑制策は、入札図書に関しては成果をあげたといえよう。

しかし「回状第十二号」の中心的策定者と考えられるブラウンであったが、一方でソ連図書への過剰ともいえる反応には抵抗感をもった。例えば四七年一〇月一七日付で「ソ連文学が日本人の精神を席捲することに関する「諸事実[47]」という一文を書いている。「日本の書店にはソ連の図書だけが並んでいる、日本人読者に提供されている翻訳図書はソ連のものだけだ、といったしばしば耳にする申し立てについて[48]」反論するため、G2のCID（民間諜報課）や日本人出版社などからあがってきた数値を基にまとめたものである。

ブラウンの反論によると、占領開始直後の四五年一一月から四七年八月三一日までの間に、GHQの認可を経て出版された図書とパンフレット総数は、二万六三二八タイトルで、約九割を日本の図書やパンフレットが占めた。のこり一割の翻訳図書は二五二五タイトルとなり、そのうちドイツ・フランス・イギリス・ソ連・アメリカの五カ国で約八割を占め、それぞれドイツ五六六、フランス五〇六、イギリス四一五、ソ連三二八、アメリカ二一八タイトルとなり、ソ連図書の隆盛はみられないとした。

ブラウンの反論の眼目であるソ連文学の出版状況についても、「邦訳されて印刷されたソ連図書三二八タイトルが何であったかを全て明らかにすることはできないが、多くはソ連がソビエト化する前の作家、チェーホフやトルストイ、クロポトキン、ツルゲーネフ、ゴーリキ、ドストエフスキーといった作家の作品である。であるから共産主義色を帯びたソ連図書の割合はさらに低いものとなる」(49)として、出版状況の実際を把握している立場からすれば、ソ連（ロシア）図書＝共産主義図書という単純な論理での抗議は、実態とはかけ離れたものだと主張した。

とはいえアメリカ図書の翻訳出版冊数が他国に較べて少なかったことをこの数字は示している。このような状況が本国に知られるところとなり、不満の声が寄せられたことは想像に難くない。翌四八年から始まった入札制度を通じて、ＣＩＥ（ブラウン）がソ連図書を抑制する一方でアメリカ図書の普及を図ったことは、これまで見てきたとおりである。

4　アメリカ本国からの圧力

ではアメリカ本国側、とくに出版界はＣＩＥの入札制度を中心とするアメリカ図書の普及策をどう受け取ったのだろうか。四六年以降、アメリカ図書を日本へ輸出させる際の本国の窓口となったのがジャーナル社であった。同社はまた、日本だけでなくドイツへの同様の窓口でもあった。同社から、第三回入札終了（四八年一一月）後の一二月一三日付で、ミューラー参謀長（Maj. Gen. Paul J. Mueller）宛てに書簡が送られてきた(50)。始まったばかりの日本の入札制度を疑問視する声が早くもアメリカ出版界から聞こえてきたことを、非公式に伝える内容であった。

ニューヨークの最大手専門書出版社が、陸軍の予算を使っているにもかかわらず日本で落札された専門書は厳密な意味で占領政策に適しておらず、この計画は失敗であり、その釈明を同社に求めてくることが非公式に伝えられたという。このような不満は一社にとどまらず、同様の意見が今後、寄せられることが予想され、しかもこのような出版社は過激な考えなどもたない一般的な出版社であり、これまでGHQの日本の再教育計画に積極的に関わってきた業者でもあるということであった。

さらに非専門書出版社についても、まだ何も言ってきてはいないが、おそらく専門書に較べて軽視されているとして、より強固な抗議手段に出ることが予想され、「日本における再教育計画に提供された図書リストは、たんによく練られたバランスのとれたものでないばかりか、アメリカ図書に関する全般的な知識をもつ人びとによって熟考されたものでもない[51]」と断じた。要するにアメリカ側の専門・非専門書出版社がそれぞれ、自分たちの図書の採用が少ないと不満に思っている、というものであった。

この警告に対する回答書（草稿）を、直接の担当であるブラウンが翌四九年一月四日付で作成した[52]。「これらの誤解はこちらでもまったくわからなかったわけではないが、異なる観点から見ると同じことがこうも異なった形で現れるのかということについて、改めて私の注意を喚起してくれた」との書き出しにつづいて、日本の事情を理解してもらうべく詳細な説明を記した。翻訳権をめぐる本国とGHQそれぞれの事情や思惑の違いがわかる史料であるので、以下、詳しくみていくことにしよう。

まず、入札の実施が四八年五月まで遅れたのはGHQ側の責任だとする一部の根拠のない誤解をジャーナル社も信じていると、ブラウンは指摘した。この遅れは日本側にとっても残念なことではあったが、長期的な継続が望まれる翻訳計画を実施していくための基盤が未整備だったという単純な理由からだと、ブラウンは反論した。

逆にアメリカから提供された図書の選定基準について、具体例をあげて「慎重に選定されたのであろうが、日本の再教育計画が必要としているものや日本人読者一般の関心に対して、ほとんど注意が払われていないという印象をぬぐい去ることができなかった」[53]と、疑問を呈した。四七年三月一五日付でブラウンが同社に宛てた翻訳権に関する回答書（草稿）で提示を要望したアメリカ側の選定基準が、今もってGHQ側にもたらされていないことへの不満も記し、本国から提出される図書がアメリカを代表する図書であるか否か、あるいは専門・非専門のバランスなどよりも、まず日本の占領政策に有用であるかどうかが重要であり、日本の現状に合致した図書選定を要望した。

そして専門・非専門書出版社両者からの相反する不満を知らせてきたジャーナル社の意図は、実は二者のバランスをとることにあると推測したブラウンは、図書名を具体的にあげて、これまでに翻訳契約が成立した図書の約四割が「純粋な専門書」とみなされているが、実際には専門・非専門の境界線上にある図書が多く、簡単にその多寡を判断することはできないとの見解を述べた。

さらに、本国が「日本への経済援助に対するアメリカの納税者の負担軽減をひじょうに重要視するようになった。翻訳が望まれる専門書は、自立した日本という究極の目的に向かう必要不可欠な手段である」として、専門書（中心は戦後復興に役立つ科学技術分野のもの）の普及は日本の自立化に役立ち、ひいてはアメリカの負担する日本占領費の軽減につながるとして近年のアメリカの日本占領政策の転換にも言及し、専門書の普及に協力を求めた。ここでブラウンの言う「アメリカの納税者の負担軽減」とは、四七年に入ってからアメリカ本国で始まっていたW・ドレーパー（William H. Draper）陸軍次官らに代表される、「納税者の論理」から占領政策の見直しを迫る動きを意識してのことであろうか[54]。この動きは冷戦外交とあいまってやがてGHQの占領政策に大きな転換を迫り、四八年に入ってから日本経済の自立化・安定化を優先する政策への転換を余儀なくさせ、「逆コース」と呼ばれる、それまでの「民主化」政策からの転換となった。アメリカの大きな変化が直接的に翻訳図書の分野にも影響を及ぼしてきたのである。

他方、ブラウンは「将来的には専門書要請の割合はしだいに減じていくと予想される。今会計年度における翻訳権充当金の大部分は一般図書向けとなるだろう」と、非専門書出版社への配慮も示してみせた。アメリカの納税者への負担軽減策によって専門書の輸入を増大するからといって非専門書を圧迫することがないことを、その翻訳権所有者に対して明言することを忘れなかった。

また、アメリカに比して占領費負担がほとんどないイギリス政府が日本の大衆向け図書輸出に二万五〇〇〇ポンドを融資し、ただでさえアメリカ図書に比べて安価なイギリス図書がさらにアメリカ図書を脅かす存在となっているとも伝え、大手専門書出版社の自己中心主義的な抗議に対し、またそれを伝えてきたジャーナル社に対して「ありもしない欠陥をつついて翻訳計画に圧力を加えようとするのは道義的に不当だ」と、辛辣な言葉で回答書（草稿）を締めくくった。ブラウンの草稿を基に作成されたであろう正式な回答書を確認できていないが、このような直截な表現は採用されなかったと思われる。しかしイギリスの攻勢への対応を迫られていたであろう当時のブラウンの苛立ちがよく表れている。

この回答書（草稿）で日米著作権条約への言及があった。それは専門書の翻刻権をめぐってであった。英語力のある日本人に専門書を原書で普及させたいが、高価なため充分に提供できていない、その代替として翻訳本の出版を促そうとするが、印税の支払いなどが妨げとなっているという実情に接し、自由な翻訳を認めた同条約の有効性を主張する人びとの存在が記されている。日米のいずれか、またどのような立場にある人びとか明らかでないが、ジャーナル社へもそのような声が届いていただろうとあるから、アメリカ側の可能性がある。もちろん法的に認めようとすれば、本国の出版社から猛反対されることは明白であり、実現不可能だと理解していると、ブラウンは記している。同条約の効力停止は、専門書の普及、ひいては日本の早期復興、経済の自立化という観点からはマイナスだとする意見が一部とはいえあり、ブラウンも同調していたことは注目していいだろう。

なお日米著作権条約の有効性についてこの回答書（草稿）でも「国務省が決して無効としたことがない」とあり、四九年一月段階でも国務省は正式に無効を表明していなかったことがわかる。

第3節　問題となった翻訳権入札外のアメリカ図書

これまで見てきた翻訳権入札外でも、図書の翻訳出版はCIEの許可手続きを通れば可能であり、ブラウンの元には許可申請が寄せられた。盛んになるのは、一九四九（昭和二四）年に外国人著作権仲介業者の活動が認められるようになってからである。不許可となる図書も出たが、本国のアメリカ図書といえど例外ではなかった。「ブラウン文書」には、不許可の決定がなされたアメリカ図書をめぐってブラウンと出版社や関係部局との間で直接・間接的にやり取りがあったことがわかるつぎのような文書が残っており、具体例を通して翻訳許可制度の実施責任者であるブラウンの判断基準やその姿勢を知ることができる。

1　ヘレン・ミアーズ著『アメリカの鏡・日本』

アメリカのジャーナリスト、ヘレン・ミアーズ（Helen Mears）[55]は戦前に二度の来日経験をもち、日米開戦の翌年の四二年に、この経験をもとに著した『野猪の年』（*Year of the wild boar: an American woman in Japan*）は、日本の実情を学ぶための必読図書として全米で好評を博し、ミアーズは日本専門家として知られるようになった。戦時中はミシガン大学とノースウェスタン大学で陸軍省民政要員訓練所講師として日本について教えた。

戦後すぐの四六年に労働諮問委員の一人として三度目の来日を果たしたミアーズが、四八年にホートン・ミフリン社から刊行したのが『アメリカの鏡・日本』（*Mirror for Americans: Japan*）であり、アメリカ側の戦争責任を問い、日本占領政策を批判的に扱った内容であった。さらにミアーズは翌四九年六月に『サタデー・イーブニング・ポスト』誌上で日本占領批判をおこなったが、マッカーサーがこれに反論を寄せ、大きな問題となった。

この頃、東京の暁書房がホートン・ミフリン社に同書の翻訳出版許可を申請し、その対応をホートン・ミフリン社がGHQに問い合わせてきた。四九年八月六日付でマッカーサーから同社に具体的理由をあげて不許可の回答が出された(56)が、その前に直接の担当者であるブラウンにも問い合わせが回状されてきた。

意見を求められたブラウンは回答書（草稿）を作成し、担当者としてつぎのように不許可の理由をあげた(57)。

当司令部は、一般的なアメリカ人が意見の表明に対して検閲や他の形で介入されることに対していだく嫌悪感に共感を覚えるものであるが、日本においては出版に提供されるアメリカのあらゆる図書の許認可政策に従事してきた。

このことは、かなりな数に上る二流図書やアメリカの生活や政策をいくぶんでも誤って伝える図書を排除してきたことを意味する。〔……〕

出版者である貴下は、日本人が決して一度も世界にとって軍国主義の脅威ではなかった、また戦争責任があるのは日本ではなくアメリカである、占領は日本国民を隷属化するものである、というこの図書の主題をよくわかっていることと思う。これらはミアーズさんが微かに暗示しているものではない。このような主題はあからさまな激しさをもって展開され、このような主題に対する反論が存在することをほとんど認めようとしていない。

ミアーズさんがそのような考えを表明し、アメリカの大衆がそれを読む権利については何も問題はない。しかしアメリカの納税者の支払う多大な費用を使って軍事占領している日本においては、彼女の考えは納得させたり、あるいはそれ以上の影響を与えるにはほど遠い少数意見でしかない。

これらの主題の中には戦前・戦中に日本人の思考を支配し行動を規定していた考えを再構築し、支援するものがある。占領に関する主題は、占領に憤り、反対する理由をもつあらゆる日本人の態度を反映している。東京という視点に立つと、日本でこの図書を出版することは、反動主義者と共産主義者両方を強化し、日本の再建という仕事に懸命に取り組んでいる中道派の多数を混乱におとしいれるのに荷担するようなことになるという思いから逃れがたい。

そこで貴下が日本の情況を考慮し、この時期に『アメリカの鏡』の邦訳を出版しても何の有益な成果も提供できないことに同意してくれることを望むものである〔よって、『アメリカの鏡』に邦訳出版権を与えることを許可することはできない——ブラウンの手書きの訂正書き〕。

ブラウンはアメリカ人の表現の自由を認めながらも、ミアーズの著書が提示した、戦争責任は日本ではなくアメリカにあり、占領政策は日本人を隷属化しているといった主題を非難し、その論理が反動主義者と共産主義者に都合のよい論理となり、日本での占領政策遂行には大きな妨げとなるため不許可とする、と大筋ではマッカーサーの回答と同じ考えであった。というよりもブラウンのこの草稿は、マッカーサーの回答書作成の際、参考にされたものと考えられる。

同書は結局、占領終了後の五三年、文藝春秋新社から原百代訳『アメリカの反省』として出版され、さらに九五年、角川学芸出版から伊藤延司訳で『新版　アメリカの鏡・日本』として刊行された。

2　A・フランク・リール著『山下裁判』

戦後すぐの四五年一二月、BC級戦犯の山下泰文陸軍大将がマニラ軍事裁判で死刑判決を下され、翌年二月に処刑されたが、この裁判を取り上げた『山下裁判』（*The case of General Yamashita*）が四九年、シカゴ大学出版部から刊行された。著者のA・フランク・リール（A. Frank Reel）は、山下の弁護団のひとりに選定されたアメリカ人将校であった。弁護団は死刑判決を不服として刑の執行停止の差し止めを請願している。弁護団の一員であったリールが著したこの図書も、山下に同情的な立場をとり、裁判のやり方やさらにはアメリカ軍を批判するものであった。

宮守正雄の回想記によると、四九年八月、日本人の批評が聞きたいので有識者のリストを送ってほしいと、シカゴ大学出版部から法政大学出版局に仮とじのままの原書が送られてきた。法政大学出版局がリストを送付したところ、GHQで問題となり、プレス・コード違反で当時の野上豊一郎総長に呼び出しがあり、また中央公論社、文藝春秋新社、改造社などにも送られてきた原書は没収となった。『タイム』や『ニューズウィーク』はこの事件を大きく報道し、占領軍といえども私有の図書を取りあげることは問題だとしてトルーマン大統領やマッカーサーに公開状を提出し、大きな話題となった[58]。

ブラウンの元に、シカゴ大学出版部からGHQ宛てに四九年七月二七日付で出されたこの図書の日本での原書販売と翻訳の手配に関する書簡が回状されてきた。ブラウンは同年八月二一日付で「山下に関する図書についてのシカゴ大学出版部への回答書（草稿）[59]」を作成し、冒頭でつぎのような判断とその理由を示した。

山下裁判およびその裁判で山下が明白に裁かれたそのやり方は、占領下の日本において公に議論されることに適しない事柄であり、リール氏の裁判批判を広めようという貴下の関心は、故意に日本国民の目に映るアメリカ、および日本におけるアメリカ代表者らの信用を損なわせようとしているように見える。よって英語の原書の輸入と翻訳出版のどちらに対しても許可を与えることに、当司令部として責任が持てない。

つづいて六頁にわたって図書の本文から裁判の正当性を疑問視し、あるいはアメリカ軍やマッカーサーを批判した問題箇所を抜き書きし、最後に不許可の判断を下した根拠が「回状第十二号」であり、同回状は当局に「占領目的に有害な」印刷物を日本に入れることを拒否する権限を与えている、という言葉で締めくくった。

しかしこの問題は五一年九月になって再燃した。同書の翻訳出版認可依頼書をＣＩＥに提出した日本教文社に対し、ブラウンは九月一七日付で「日本教文社への『山下裁判』に関する回答書（草稿）」[60]を記した。

ブラウンは「日本が、これまでになく良心と責任感のある出版社が求められる時代を迎えたこの五一年秋という時期に、自分の要請を裏付けるために貴下が展開した議論の言外に意味するところのことを読解し、失望といくぶんの落胆を覚えるものである」と、辛辣な言葉で書き始めた。早晩、誰かが翻訳することになる図書であるのだから、今すぐにその権利を得たいとの出版社の言い分に対し、ブラウンは、日本人の思考や世界の他地域への理解に助けとなる重要な外国図書の翻訳を用意することが経済的理由から次第に困難になっている時に、申請図書が翻訳図書に選ばれることは納得できない、また営業活動を熱心におこなったにもかかわらず本国アメリカでの原書の売れ行きははかばかしくなく、アメリカ人の一部の意見でしかないこのような図書の翻訳書を刊行し、日本人に普及させる意味が理解できない、と反論した。

この図書を通じて、アメリカ国民が公平さと正義感をつよく愛する国民であることを伝え、日本国民に民主主義の何たるかを教えるものであり、また日本国民は自分たちに関することすべてについて事実を知る権利がある、という出版社の主張に対して、その目的には大いに賛同するものであり、これまでＣＩＥがおこなってきたさまざまな活動こそが、そのためなのだと答えた。さらに四九年、シカゴ大学出版部に原書の日本への輸入を不許可としたにもかかわらず、すでに神田の古書店で公然と販売されるなどして日本国内に多数、出回っており、また同書の書評が掲載されたアメリカの雑誌もＣＩＥ図書館だけでなく日本の図書館でも閲覧可能であるのだから、すでに知る権利は満たされている、とブラウンは主張した。

ブラウンはさらに、日本教文社がこの図書で商業的成功を収めるにはアメリカの暴露本として宣伝し、反米感情をいだく日本人に売り込むことになるのだろうが、それは軍国主義復活の動きを助け、ひいては山下裁判の正当性などには関心がないが、反米感情を増幅させようと企図する共産主義者を利することになってしまう、と記した。

四九年時のシカゴ大学出版部に示した不許可理由は、占領政策に有害だというものであったが、この五一年段階での日本教文社への不許可理由は、レッドパージを受け反米感情を利用した運動を展開するようになった日本の共産主義勢力を念頭に置いたものに変わっている。

アメリカ本国でのマッカーシズムの台頭と、日本国内でのレッドパージという情勢の変化が、ブラウンの翻訳許諾基準に影響を及ぼし、共産主義に対してつよい警戒感をいだくようになったことがわかる。

しかしすでに翌五二年の占領廃止は決定され、刊行は時間の問題であった。占領終了直後の五二年六月、『山下裁判』は日本教文社から下島連訳、上・下二巻本で刊行された。

3　レオ・ヒューバーマン著『資本主義経済の歩み』

五一年一二月、岩波書店が翻訳出版を前提として、ハーパー・アンド・ブラザーズ社から三六年に刊行されたレオ・ヒューバーマン著『資本主義経済の歩み』(Leo Huberman, *Man's worldly goods: the story of the wealth of nations*)の原書輸入許可をＣＩＥに求めてきた。岩波書店は、ニューヨークで著作権代理業を営むマックス・フェッファー(Max Pfeffer)という人物から同書の翻訳権を取得しようとしていた。フェッファーは四九年にＧＨＱから著作権代理人の認可を受けていたが、審査段階でこの企画に疑念をいだいたブラウンは、五一年一二月一二日付でつぎのような「マックス・フェッファーの業務に関するＧ２へのチェックノート(草稿)[61]」を作成した。

岩波書店が、〔……〕最近、ＣＩＥにレオ・ヒューバーマン著『資本主義経済の歩み』の税関通過を申請してきた。ヒューバーマンはニューヨークの左翼新聞『ＰＭ』と関わりがあると思われる。三六年に初版が刊行され、現在でも出版されている。〔……〕同書の後半三分の一は、マルキシズム、および喧伝されているところのソ連におけるその実践成功例の無批判な紹介に充てられている。〔……〕

岩波書店の同書翻訳出版を思いとどまらせる可能性をさぐっていくうちに、ＣＩＥは翻訳権がフェッファーから出されつつあることを知った。交渉の主導者がフェッファーなのか岩波書店なのかはいまだ明らかでないが、フェッファーが同書の契約締結を喜んで受け入れると表明した書簡の中で、以下の図書の翻訳出版も岩波書店に検討するよう要望している点に、とくに関心をもつものである。

ブラウンは、この左翼の経済学者、ヒューバーマンの著書の翻訳計画の背景にアメリカの著作権代理人の存在と、さらにつぎのような図書〔全五冊をあげているが、ブラウンも内容がよく把握できなかったａ・ｂ二冊は略した〕の翻訳も薦めている事実を知り、Ｇ２に代理人フェッファーへの注意を促した。

ｃ．オーエン・ラティモア著『アメリカの審判』（Owen Lattimore, *Ordeal by slander*, 1950）――マッカーシーが海外にいるアメリカの敵を喜ばせようとするものとしてラティモアを非難した図書。

ｄ．アルバート・Ｅ・カーン著『叛逆』（Albert Eugene Kahn, *High treason*, [1950]）――実業家や銀行家が共産主義撲滅運動と称してアメリカ人から諸自由を奪おうと躍起になっていると主張する図書。

ｅ．アルバート・Ｅ・カーン、Ｍ・セイヤーズ著『反ロシアの大陰謀』（Albert E. Kahn, Michael Sayers, *The great conspiracy against Russia*, 1946）――ソ連が誤って伝えられており、その反動でアメリカ軍が配備されているとつよく主張する図書。

上記図書リストはアメリカの利益に無害な図書は一冊もなく、逆に海外でアメリカに害を与えそうな図書に限っている点からして釈然としない。

CIEはその釈明を承知していない。フェッファーはこのような類の図書を日本で普及させようという隠れた意図をもっているのかもしれないが、かれがこれまでに日本の出版社に斡旋した他の種類の図書にはっきりそうだと言える確証は見つからない。あるいはかれは抜け目ない商売人として知られる輩で、日本でそのような図書の需要があるとふみ、市場を食い物にすることに罪悪感をもたないのかもしれない。しかしどちらにしても、かれがアメリカの利益を害しつつあることにかわりない。

問題図書とみなされた一冊は、当時、中国専門家としてマッカーシズムの激しい攻撃を受けていたラティモア[62]の新刊書であった。本国でのマッカーシズムの高まりは、占領末期のCIE（ブラウン）にも影響をあたえ、親共産主義思想の疑いのある図書の日本輸入に、一段と注意を払うようになっていたのだろう。この企画が穏健な出版社とみなしていた岩波書店[63]が主導したのではなく、著作権代理業者のフェッファーによるものだと考えたブラウンは、さらにつぎのようにG2に調査の必要性を訴えた。

効果的な対抗策を講じることは難しいにしても、ニューヨークでフェッファーが共産主義運動の助けとなるアメリカ図書の海外手配を専らとしているかどうかを確かめるため、調査がおこなわれるべきだと提案するものである。

五一年末の動きであり、G2の調査が実施されたか否か、その後の経緯は不明であるが、この出版計画は一時、頓挫したと考えられる。占領終了翌年の五三年一月と四月に『資本主義経済の歩み――封建制から現代まで』というタイトルで、小林良正・雪山慶正訳、岩波新書上・下二巻本として刊行された。

なお、ブラウンが問題視したラティモアの『アメリカの審判』はすでに同五一年六月、みすず書房から陸井三郎訳で刊行されていた。同書は、著者が五〇年に共産主義者と疑われて呼び出されたアメリカ上院の国務省員聴聞会後に書いた、マッカーシズムの理不尽さを記した書であった。この時は無実となった。「訳者のあとがき」(64)によると、刊行には平野義太郎の尽力があったとある。また占領直後にポーレー賠償使節団の一員として来日したラティモアがE・H・ノーマンと共に平野義太郎を訪れた際、陸井も同席したというエピソードが紹介されている。ブラウンは前者三人と交流があり(65)、このような背景と、五〇年の聴聞会では無実となったことで、同書の翻訳刊行が許可された可能性がある。しかしこの五一年七月にラティモアは今度は、太平洋問題調査会(IPR)聴聞会に召喚され、マッカーシーらの執拗な審問を受けた。マッカーシズムの脅威は増大していた。ブラウンの同書に対する対応の変化は、この間のラティモアをめぐる情況の変化と無関係ではないだろう。

カーン著『叛逆』は、占領終了後の五三～五四年に岡倉古志郎訳で筑摩書房から二巻本で刊行された。

第4節　アメリカ図書翻訳に対する支援策

1　翻訳本の買い取り

ＣＩＥは、アメリカ本国の無理解や度を過ぎた利益追求の態度に反発する一方、落札アメリカ翻訳図書の買い取りという新しい施策を開始し、その普及を助けた。日本の出版社にとって支援策となったが[66]、アメリカの翻訳権所有者の利益にもつながるものであった。

買い取りの開始時期は、おそらく一九四九（昭和二四）年七月に実施された第八回入札後の同年八月頃だと考えられる。入札制度はこの第八回を境に、入札図書に対する日本の出版社からの関心が低下し、また外国人著作権仲介業者の活動が認められるようになって、かれらを介して日本の出版社自らが企画した翻訳書の出版が可能になったため、落札率や印税率が下がり始めた[67]。ＣＩＥは、ブラウン情報課長管轄下のＣＩＥ情報センター（ＣＩＥ図書館）、および占領軍として日本に駐留したアメリカ太平洋陸軍第八軍の図書室に備え付けるために、これまでに落札されたアメリカ図書のうち、すでに出版された翻訳図書を各二〇〇冊ずつ買い取るという新たな翻訳計画推進策を打ち出した。

その初回と思われる四九年八月二七日付で、ブラウンが課長をつとめるＣＩＥ情報課は、全四五タイトル、総額二三二万四〇〇〇円分の購入指示を同庶務課に出した[68]。

買い取りはその後、少なくとも五〇年四月一八日（全四六タイトル、総額二三〇万五〇〇〇円）、同年一〇月一九日（四九タイトル、二九五万四〇〇〇円）、五一年八月八日（三三タイトル、二一二万八〇〇〇円、および入札外図書五タイトル、七万二〇〇〇円）、同八月二五日（八七タイトル、総額不明[69]）の四回、実施され、合計二六〇タイトルの入札翻訳アメリカ図書が購入された。中には複数回購入されたものもあり、実際のタイトル数はこれより少ないが、第2節2で述べたように、全一四回の入札で落札、出版されたアメリカ図書は二二二タイトルあり、その多くが購入されたと考えられる。また五一年八月八日分では、入札外の翻訳図書も五タイトルという少数ながら買い取られた[70]。

総額が不明な記録もあるが、入札外図書も含めて二六五タイトル（重複を含む）の購入に、約一五〇〇万円（約四万米ドル）が充てられたと推定される。買い取りによって入札図書、とくにアメリカ図書への関心が高まり、また増刷への後押しともなり、本国の利害関係者の増益につながったことが推察できる。日本人出版社に利する政策であったが、CIEによる本国出版界に対する配慮の具体策という側面もあった。

2　英米図書のリプリント版展示会

五〇年九〜一〇月、アメリカ出版界とCIE間でアメリカ図書のリプリント版展示会をめぐるやり取りがあった。アメリカ図書よりもはるかに多数のイギリス図書が日本での展示会に出品されるといううわさがアメリカ出版界に広まり、アメリカ図書の権益が妨げられると不安を覚えたアメリカ出版界が、CIEに事情を問い質してきたのである。公式にはニューヨークのアメリカ図書出版協議会（American Book Publishers Council）とCIE間の、個人レベルではアメリカの出版関係者[71]とブラウンとの間のやり取りであった。アメリカの権益を守るようにとつよく迫る本国に向かって異を唱えたニュージェントCIE局長とブラウンの姿勢は同じであり、とくにブラウンはアメリカ図書の扱いについて、自身のつぎのような基本姿勢をはっきりと述べた。

日本の占領は、少なくとも概念と名目において連合国によっておこなわれており、アメリカの独占ではない。よって日本の周囲にアメリカ以外の商品を閉め出す障壁を設ける根拠は何もない。〔……〕図書は、他のいかなるメディアよりもずっと効果的な伝達手段であり、われわれの仕事の本質部分であるが、だからといって新聞や雑誌、映画、スライド、ラジオ、写真、ポスター、展示も本質部分であることにかわりない。〔……〕図書購入費にわれわれの予算の大部分を割いているのは確かだ。われわれの任務のひとつとして同様に図書利用の促進も図っている。アメリカ図書のことをまず第一に考えるが、排他的な考えはしない。〔……〕他のすべての利益に優先して、かれら〔アメリカの出版社〕の利益を真っ先に考える義務があることを考慮するよう頻りに言ってこら

れても、それに応えることは難しい。(72)

日本における占領は、アメリカ太平洋陸軍と連合国最高司令官の二つの総司令部が同時に存在した、いわゆる二重構造といわれるものであったが、翻訳権問題におけるCIE（ブラウン）とアメリカ本国出版界との間の軋轢はまさしくこの複雑な二重構造に起因したものであり、ブラウンのおかれたこのような立場について、またCIEが扱うメディアの多様さについてアメリカ出版界の理解を得ることは容易ではなかったことがうかがえる。

3　出版貸付金計画

サンフランシスコ講和条約が調印された一九五一年九月八日、翻訳権入札制度にも新たな動きがみられた。同年五月、最終入札となった第一四回を終了したが、落札図書のうちで、あるいは四九年から認められるようになった代理人を通じて入札外で翻訳権を得た多数の図書のうち、資金不足のため出版できないままの翻訳図書がかなりあった。そのうちのアメリカ図書に対して貸付金を出し、翌年の占領終了までに出版させようという計画がうまれた。「この基金の目的は慈善でもなければ助成でもなく、市中銀行や他の金融機関から資金援助を受けられず、社会的に有益なアメリカ図書を出版するのに不利な立場にある出版社に資金援助することだけにある」と、その意図は明らかであった。作成部署は不明だが、GHQ（CIE）とおそらく日本出版協会（原文はJapan Publishers' Cooperative）との間で締結することを前提とした一二項目から成るつぎのような内容の合意書案（提案書）が作成された。(73)

一冊につき最高貸付金は百万円、最大で総額二億円が日本出版協会を通じて貸し付けられるとした。少なくとも二〇〇冊が融資を受けられる額である。

受給資格については、それまでに翻訳契約不履行があった出版社や、金融機関から融資を受けることができると判断された出版社、計画外図書の出版に充てようとする場合は資格がないこと、また窓口をつとめる日本出版協会の会員は利用できないという制限があった。

貸付金申請手続きはつぎのようであった。希望する出版社はCIEを通じて締結した翻訳契約書のコピーを添えて翻訳料、活字組み、製本材料を含む用紙や印刷諸経費の見積合計額を日本出版協会に申請する、協会は申請額に問題があれば出版社に説明を求める、申請が受理された出版社は担保として、翻訳原稿と活字や紙型、完成図書の在庫を協会に預ける、出版後に貸付金は出版社でなく翻訳者や印刷所、用紙取引業者といった図書の債権者に請求書をもって直接、支払われる。この他、利子は協会の手数料に充てるくらいの低額である、またこの制度は日本の出版社が必要とする限り継続されるが、GHQと協会のどちらかが六カ月前にその旨を通知すれば終了すること、などが記されていた。

これまでみてきた経緯から、計画立案の背景に、未だ出版されず翻訳権利用料の支払いを受けられなくなるアメリカ本国の翻訳権所有者への配慮があったことが推察される。しかしこの計画が実行に移されたか否かは確認できない。手続きや印刷に要する時間を考えると、占領終了を翌年に控えたこの時点での実施は難しかったと考えられる。占領終了後の一時期、アメリカ大使館の文化交換局書籍課がアメリカ図書の翻訳を刊行する日本の出版社に対し、本国政府の支援を受けて援助金を出している(74)。

おわりに

占領期に超法規的措置として、戦前に日本が結んだ国際著作権条約であるベルヌ条約と日米著作権条約が実質的に効力を停止させられ、これに代わる管理制度としてGHQによって翻訳権認可制度が策定、実施された。さらにこの制度に基づき翻訳権入札制度が実施された。翻訳権問題の直接の担当となったブラウン（ＣＩＥ）は、当初、国務省に明確な法的判断を表明する必要を訴えたが曖昧なままにおかれた。そこで一九四六（昭和二一）年一二月、ブラウンが中心となって「回状第十二号」を策定し、占領下における国際条約に代わる規定を日本側に示して翻訳権認可裁定と翻訳権入札をおこなうこととなったわけであるが、これには共産主義の浸透を阻むためのソ連図書の抑制と、アメリカ本国出版界の意向をくんだアメリカ図書の輸入促進という二つの隠れた目的が加えられた。

この二つの目的を体現したのが翻訳権入札制度の実施であったが、本国の窓口となったジャーナル社やアメリカ出版界との間で、候補図書の選定基準や翻訳権使用料支払いなどをめぐって調整が難航したのであろう、「回状第十二号」策定から一年半を経た四八年六月、ようやく開始された。関係省である陸軍省や国務省、さらにアメリカ出版界でも大手専門書出版社と非専門書出版社では利害を異にし、加えて日本の状況に対する関心や理解の低さ、経済的利益を占領政策に優先するかのような姿勢は制度の速やかな実施の妨げとなったと考えられる。入札開始後もそのような状況はつづいた。

翻訳図書分野における日本のアメリカナイゼーションは、この本国の支援を受けた翻訳権入札制度という仕組みを通してかなりの展開が可能であったと考えられるが、その開始は四八年半ばと大幅に遅れ、また実施後も本国の出版界の全面的な支持を得ることは容易でなかったことがうかがわれる。しかしアメリカ図書は、落札され実際に出版された全図書のうちの九〇％近くを占め、一方、ソ連図書はわずか一％でしかなく、アメリカのもくろみは一定の成果をあげたといえよう。

ブラウンは、本国出版界の経済的関心にも理解を示し、占領政策の理念や日本が必要とするものを繰り返し説明する一方で、占領政策の妨げとならない限りにおいて本国の要求を入れ、本国の受益者らの意向も尊重した。その市場である日本においてソ連図書はもちろん他の連合国の図書も抑制してアメリカ図書の輸入を促進させ、さらに後半には翻訳図書の買い取りも実施するなどして、一層の促進を図った。占領政策には本国の協力が不可欠であったからである。

だがブラウンは、連合国による占領軍の一員としての立場も堅持し、制限を加えるが決して他国の図書、ソ連図書に対してさえも極端な排除をおこなうことはなかった。ブラウンは共産主義とは相容れない考えをもっていたが、アメリカ太平洋陸軍と連合国最高司令官の二つの総司令部が同時に存在した二重構造組織のＧＨＱの一員として、二つの立場のバランスを保つことを占領政策を実施していく上での基本姿勢としたといえよう。翻訳権許認可という各国の利害が直接的に反映され外交問題化しかねないこの分野では、このような姿勢はとくに求められたと思われる。

このような行動の背景には、ブラウン個人の占領政策実施者としての姿勢も浮かび上がってくる。ブラウンは特定の政治的立場に与することなく、占領政策の原則や諸規定にできるだけ忠実に従う立場をとることを日本の「民主化」政策の実施担当者としてとるべき姿勢と見なし、またそれがブラウンが考えるところの「民主主義」だったのではないだろうか。[75] そのため、ブラウンのこのような姿勢は左右両派から攻撃を受けることとなった。[76]

しかしブラウンの姿勢は占領期を通じて、まったく一貫していたわけではない。ＧＨＱの一員であるブラウンの判断規準や姿勢は、占領期後半の内外情勢の変化に影響を受けた。四九年と五一年に出されたリール著『山下裁判』の翻訳申請をどちらも不許可としたが、その判断理由は異なっていた。五一年の不許可理由には、レッドパージの影響がつよく表れていた。また五一年のラティモアの著作に対して見せた対応の変化は、本国でのマッカーシズム台頭の影響を受けたものだということは明らかである。

本章はブラウン文書を中心にしたため、ＧＨＱの他の関係部局であるＣＰＣ（民間財産管理局）やＬＳ（法務局）、ＥＳＳ（経済科学局）、ＧＳ（民政局）、Ｇ２（参謀第２部）の関わりまで充分に考察できなかった。本国の関係省、関係団体についても同様である。ブラウン文書などから間接的に考察できた部分もあったが、翻訳権問題をより多面的、重層的にとらえるためには関係部局の史料を直接に用いた考察が欠かせない。今後の課題としたい。

注

（1）例えば、総合風刺雑誌『VAN』創刊者の伊藤逸平は「ドン・ブラウンという検閲の大将（ボス）がいて、ここがイカン、あそこが違っているといじめられ、何度も原稿を書き直した。たとえば民草――それはどんな草だ、と文句をつける。立ち会いの2世がいるのだが、僕は英語で直接にドン・ブラウンと何十回も話した」（木本至『雑誌で読む戦後史』新潮社、一九八五年、四五頁）。

（2）John W. Dower, *Embracing defeat*, 1999, p. 433.

（3）宮田昇『翻訳権の戦後史』（みすず書房、一九九九年）。とくに第二章「占領下「五〇年フィクション」による統制」と、第三章「入札と占領後期の攻防」。

（4）国際法学者、高野雄一は、「伝為」と表現している（同前、三七頁）。宮田は、日本の翻訳出版は著作権を侵害した無断翻訳が多いというレッテルが貼られた要因のひとつに、このようなGHQの翻訳統制のやり方があったと論じている。

（5）「GHQは現在、日本人が翻訳権を購入するための機構を準備中だが、まだ完成していない」（ブラウンのボブ宛て書簡（控）、一九四六年一月九日付　「ブラウン文書」）。

（6）「ブラウンのダイク宛てメモランダム――外国の著作権物を日本人が利用することについて（写し）」一九四六年一月一九日付（'Memorandum - subject: Japanese use of foreign copyrighted material'「ブラウン文書」）。

（7）「ブラウンのダイク宛てメモランダム――著作権問題に関する質問（草稿）」一九四六年一月二八日付（'Memorandum - subject: Draft query on copyright problem'「ブラウン文書」）。

（8）この他にCPC（民間財産管理局）やG2（参謀第2部）も関係するようになった。

（9）前掲、宮田『翻訳権の戦後史』二七～二八頁。

（10）宮守正雄『ひとつの出版・文化界史話』（中央大学出版部、一九七〇年）一八〇～一八三頁。なおブラウンへの言及には、誤りもある。

（11）ブラウン作成「日本における外国の著作権問題の概要」一九四六年一月三〇日付（'An outline of the problem of foreign copyrights in Japan'「ブラウン文書」）。作成者名は明記されていないが、ブラウンと考えられる。

（12）「ブラウン文書」にも写しがのこっている（'Circular No.12: Admission of foreign magazines, books, motion pictures, news and photograph services et cetera, and their dissemination in Japan'）。

（13）ブラウンが戦時期に所属した情報機関であるOWI（戦時情報局）が四五年一〇月、国務省と合併した際にできた後継組織。

（14）前掲、「日本における外国の著作権問題の概要」。

(15) 赤澤史朗「出版界の戦争責任追及問題と情報課長ドン・ブラウン」（『立命館法学』第三一六号、二〇〇八年三月）。
(16) 前掲、「日本における外国の著作権問題の概要」。
(17) 『日本読書新聞』（一九四八年五月二六日付）に拠ると、落札された図書は「出版に当っては特に翻訳の正確が要求され、また用紙入手の援助が与えられる予定である」（古平隆「敗戦直後の翻訳権入札制度」(1)『横浜市立大学論叢　人文科学系列』第三十七、一九八六年三月、六六頁）。
(18) 一九四五年一二月に至るまで、日本におけるアメリカ図書の著作権の法的地位について、ほとんど関心は払われておらず、アメリカ国際図書協会でさえもが日本がベルヌ条約非加盟国であると誤解していた、とブラウンは記している（ブラウン作成「記録化のためのメモランダム（草稿）」一九四六年三月三日付（'Draft memorandum for the record'「ブラウン文書」）。
(19) 「ブラウンのボブ宛て書簡（控）」一九四六年二月六日付（拙稿「ドン・ブラウンとＥ・Ｈ・ノーマン――ドン・ブラウン書簡（控）から」『横浜開港資料館紀要』第一九号、二〇〇一年三月、一四一頁）。
(20) 「著作権問題についての別の手紙がいくつかの通信経路を経て送られてきている。この問題はわれわれにとって最悪で最も時間がかかる頭痛の種だ」（「ブラウンのフランク・シュラー〔Frank Schuler, 国務省ＯＩＣ（Office of International Information and Cultural Affairs, 国際情報文化局）所属〕宛て書簡（控）」一九四六年二月二三日付、「ブラウン文書」）。
(21) 戦時中ＯＷＩに所属していたブラウンは、戦後、ＯＷＩが国務省と合併すると国務省に移り、当時はこの部局に所属していた（'Testimony taken and Proceedings: Security Hearing Board at Zama, 27 April, 1954' 生活クラブ生活協同組合蔵「ブレークモア文書」）。ブラウンはこの文書では、Office of Information Corps と記している。
(22) 「ブラウンのＣＩＥ運営委員会宛てメモランダム――ワシントンとのテレコン通話について」一九四六年二月八日付（'Memorandum - subject: Telecon with Washington'「ブラウン文書」）。
(23) 戦前、アメリカ系英字紙『ジャパン・アドバタイザー』でブラウンの同僚であった。
(24) ブラウン作成「ダイクとのテレコンでの提案事項」一九四六年三月四日付（'Suggested items for Telecon with General Dyke'「ブラウン文書」）。ブラウンはこの提議を政治問題と理解し、判断を上部組織に委ねた。
(25) 「ブラウンのボブ宛て書簡（控）」一九四六年四月一六日付（「ブラウン文書」）。
(26) 前掲、「記録化のためのメモランダム（草稿）」。
(27) 「ブラウン宛て任命書」一九四六年七月一九日付（'Assignment of civilian employee to Don Brown'「ブラウン文書」）。
(28) 前掲、宮田『翻訳権の戦後史』四〇〇〜四〇七頁掲載の訳文に拠った。
(29) 「ブラウンのアメリカ極東軍司令部国家安全保障査問委員会行政書記官（Executive Secretary, Security Hearing Board, Headquarters, Far East Command）宛て弁明書（写し）」一九五四年三月六日付簡易裁判所の証明文付き'、三四頁（生活クラブ生活協同組合蔵「ブレークモア文書」）。拙稿「元ＧＨＱ情報課長とマッカーシズム」（栗田尚弥編著『地域と占領』日本経済評論社、二〇〇七年）

で紹介。

(30) 宮田昇は日本人関係者、宮守正雄の回顧録（前掲、『ひとつの出版・文化界史話』）を引用して、「入札の実現が遅れたのは、CIEが「本国の出版業者に陸軍省を通じて呼び掛けたところ、出版社側からの反対があったのか、その点はわからないが、とにかくスムーズにはいかなかったようで、このため陸軍省は、保証金を業者に出すなど、種々工夫し」なければならなかったせいかもしれない」と推測している（前掲、宮田『翻訳権の戦後史』八一頁）。

(31) 「ブラウンのインファントリー・ジャーナル社への翻訳権に関する回答書（草稿）」一九四七年三月一五日付（'Draft reply to Infantry Journal letter on translation rights.'「ブラウン文書」）。同社は同年二月二七日付でミューラー参謀長（Maj. Gen. Paul J. Mueller）宛てに書簡を送ってきた。よって正式にはブラウンの草稿を基に参謀長名で回答書が作成、送付されたと考えられる。

(32) 同前。

(33) 「ブラウンのマクミラン社への翻訳プログラム図書に関する回答書（草稿）」一九五二年四月一〇日付（'Draft reply to Macmillan on translation program books.'「ブラウン文書」）。

(34) 占領期のアメリカの映画政策については、谷川建司『アメリカ映画と占領政策』（京都大学学術出版会、二〇〇二年）に詳しい。

(35) 同前、三六二頁。

(36) 委員は、英語・フランス語・ドイツ語・中国語・ロシア語の五カ国語別に二〜一六名の各分野の第一人者らに委嘱された。主な委員に岩崎民平、都留重人、河盛好蔵、古在由重らがいた（前掲、古平「敗戦直後の翻訳権入札制度」(1)、六三頁）。

(37) 二冊はリスト掲載後に著作権所有者の希望ではずされたため、実際には九八冊が入札対象となった（前掲、宮田『翻訳権の戦後史』八三頁）。

(38) 前掲、古平「敗戦直後の翻訳権入札制度」(1)、六六頁。

(39) 「占領下の図書出版問題」一九五二年一一月一三日付（'Book publication problem under Occupation.'「ブラウン文書」）。内容から、占領終了後に日本人関係者が入札制度をまとめた文書と思われる。また「入札提供図書冊数は、重複するものも含み、落札図書冊数はあとで義務不履行となったものも含んでい」た。なお、各冊数は、前掲、宮田『翻訳権の戦後史』記載数字と少し異なるが、大きくは違わない。入札実施状況については他に、前掲、古平「敗戦直後の翻訳権入札制度」(1)・(2)（『横浜市立大学論叢　人文科学系列』第三十八、一九八六年一一月）が詳しい。

(40) 前掲、古平「敗戦直後の翻訳権入札制度」(1)。なお前掲、宮田『翻訳権の戦後史』では第九回となっているが、これは誤り。

(41) 前掲、古平「敗戦直後の翻訳権入札制度」(2)で紹介された『日本読書新聞』（一九四九年七月二〇日付）に拠ると、落札時のタイトルは、「ラッセル・ビジョースキー『産業調査』」であった。

(42) 「ニュージェントのブラウン宛て書簡——ソ連図書について（写し）」一九四八年九月二七日付（'Letter concerning Soviet books.'）の「添付文書A——駐日ソ連貿易代表のG2外国連絡課経由CIE宛て書簡（写し）」一九四八年六月二三日付（L. A. Razin. Trade

Representative of the U.S.S.R. in Japan to Foreign Liaison, G2 Section, GHQ/SCAP, Tokyo, Attention: CIE Section, GHQ/SCAP)。この「添付文書A」には、G2、CIEの他にDS（外交局）にも配布、とのメモ書きがある（「ブラウン文書」）。

(43) 前掲、宮田『翻訳権の戦後史』七二頁。

(44) 「ニュージェントの駐日ソ連貿易代表宛て回答書（草稿）」一九四八年九月二七日付（前掲、「ニュージェントのブラウン宛て書簡——ソ連図書について（写し）」の「添付文書B」、「ブラウン文書」）。

(45) 前掲、「ニュージェントのブラウン宛て書簡——ソ連図書について（写し）」。

(46) 前掲、宮田『翻訳権の戦後史』七二頁。

(47) ブラウン作成「ソ連文学が日本人の精神を席捲することに関する「諸事実」」一九四七年一〇月一七日付（'The "facts" on engulfment of Japanese minds by Soviet literature'「ブラウン文書」）。

(48)(49) 同前、ブラウン作成「ソ連文学が日本人の精神を席捲することに関する「諸事実」」。

(50) 「ブラウンのインファントリー・ジャーナル社宛て翻訳計画に関する回答書（草稿）」一九四九年一月四日付（'Draft reply to Colonel Greene's letter on translation program'）の「添付文書B——インファントリー・ジャーナル社のGHQ宛て書簡（写し）」一九四八年一二月一三日付（'Letter from Col. Joseph I. Greene, Infantry Journal, Ret. Editor to General Paul J. Mueller, GHQ, Far East Command'「ブラウン文書」）。

(51) 同前、「添付文書B——インファントリー・ジャーナル社のGHQ宛て書簡（写し）」。

(52)(53) 前掲、「ブラウンのインファントリー・ジャーナル社宛て翻訳計画に関する回答書（草稿）」。

(54) 福永文夫『占領下中道政権の形成と崩壊』（岩波書店、一九九七年）一六七〜一七二頁。また当時の経済局顧問、S・ファインにヒヤリングをおこなった雨宮昭一は「ファインの仕事はアメリカ議会の占領費用の軽減の要求に対していかに占領費用が必要かということを説くことであって、それがだいたい四七年くらいから非常に厳しくなってきたと言っていた。納税者の論理がはっきりあらわれたのである」と指摘している（雨宮昭一『占領と改革』岩波書店、二〇〇八年、一五五〜一五六頁）。

(55) ミアーズについては、御厨貴・小塩和人『忘れられた日米関係——ヘレン・ミアーズの問い』（筑摩書房、一九九六年）に詳しい。

(56) 主要部分は、同前、一一七〜一一八頁で紹介されている。マッカーサーはこの図書を自ら検証したという。

(57) 「ブラウンのホートン・ミフリン社からのヘレン・ミアーズの図書に関する書簡への回答書（草稿）」一九四九年七月二九日付（'Draft reply to Houghton Mifflin letter on Helen Mears' Book'「ブラウン文書」）。

(58) 前掲、宮守『ひとつの出版・文化界史話』一九一頁。佐藤亮一の回想は、宮守と少し異なり、すでに法政大学出版局からの出版が決まっており、この企画がアメリカ側（GHQか）に知れると占領政策批判図書でありプレス・コード違反だとして叱責され、法政大学は出版計画を取り止めたという。また佐藤本人もGHQから翻訳を意図しているかと尋ねられたという（佐藤亮一『翻訳騒動記』政界往来社、一九八七年、一三四頁）。

(59)「ブラウンの山下に関する図書についてのシカゴ大学出版部宛て回答書（草稿）」一九四九年八月二一日付（'Draft reply to University of Chicago Press on Yamashita Book'「ブラウン文書」）。このブラウンの回答書は上層部に提出され、GHQとしての正式な回答書作成の参考とされたと思われる。

(60)「ブラウンの日本教文社宛て『山下裁判』に関する回答書（草稿）」一九五一年九月一七日付（'Draft reply to Nippon Kyobun-Sha on Case of General Yamashita'「ブラウン文書」）。

(61)「ブラウンのマックス・フェッファーの業務に関するG2へのチェックノート（草稿）」一九五一年一二月一二日付（'Draft check note to G-2 on Max Pfeffer's operations'「ブラウン文書」）。

(62) ブラウンは戦時期、ラティモアと同じOWIに属し、また戦後間もなく、ポーレー賠償使節団員として来日したラティモアと東京で親しく交流した（前掲、拙稿「ドン・ブラウンとE・H・ノーマン——ドン・ブラウン書簡（控）から」一一一頁）。

(63)「アメリカの利益に資する多数の図書を出版しているだけでなく、共産主義者にとって益となる図書はほとんど出版していないことで有名な出版社」という説明書きをブラウンは記している。岩波書店は占領下、出版用紙割当政策などにおいて基本的にCIEに同調した方針をとった日本出版協会に属した。

(64) ラティモア著、陸井三郎訳『アメリカの審判』（みすず書房、一九五一年）二六四頁。

(65) 拙稿「ドン・ブラウンのもう一つの顔——日本関係図書の収集家」（横浜国際関係史研究会・横浜開港資料館編『図説　ドン・ブラウンと昭和の日本』有隣堂、二〇〇五年）一一三頁。

(66) 前掲、宮守『ひとつの出版・文化界史話』一八七頁。

(67) 前掲、宮田『翻訳権の戦後史』九七頁。

(68)「CIE局内メモランダム——翻訳図書の購入について」一九四九年八月二七日付（'Intra-Section Memorandum - subject: Purchase of translated books, from OIC, Information Division to OIC, Administrative Division'「ブラウン文書」）。

(69)［CIE局内メモランダム——翻訳アメリカ図書の購入について］一九五一年八月二五日付（['Intra-Section Memorandum - subject: Purchase of translated American books, from OIC, Information Division to OIC, Administrative Division']「ブラウン文書」）。全四頁のうち一〜二頁が欠で、また総額も記載されていない。

(70)『アメリカの農業』（岩波書店）／『国際連合読本』（国連出版社）／『話しあいましょう』（社会教育連合会編、印刷庁）／『平和のまもり国際連合（高等学校社会科用）』（国連出版社）／『平和のまもり国際連合（中等学校社会科用）』（同前）の五冊（「CIE局内メモランダム——翻訳アメリカ図書の購入について」一九五一年八月八日付（'Intra-Section Memorandum - subject: Purchase of translated American books, from OIC, Information Division to OIC, Administrative Division'「ブラウン文書」）。

(71) ブレット（Brett）と名前が記載されているのみで、フルネームや所属は不明である。

(72)「ブラウンのリプリント版展示会に関するブレット書簡への回答書（草稿）」一九五〇年一〇月二九日付（'Draft reply to Brett's letter on reprint exhibit'「ブラウン文書」）。

（73）「CIE入札図書落札出版社向け貸付金の取り扱いに関する日本出版協会（Japan Publishers' Cooperative）との合意書提案書」一九五一年九月八日付（'Proposed Agreement with Japan Publishers' Cooperative on handling of loans for publishers of SCAP-CIE books.'「ブラウン文書」）。同日付で原文書はG2のCID（民間諜報課）課長のユアート（Col. Ewert）宛て送付され、「写しは情報課でファイルするように」というメモ書きが付されていた。なお、Japan Publishers' Cooperative は日本出版協会とした。同協会はJapan Publishers' Association と記されてきたが、このような業務を担う組織は他にないため同協会と判断したが、新たな組織設立を考えていた可能性もある。

（74）前掲、佐藤『翻訳騒動記』一六六、一九五〜一九六頁。前掲、宮田『翻訳権の戦後史』九八頁で紹介されている。

（75）赤澤史朗は、占領初期の四五〜四六年におきた日本出版界の戦争責任追及問題におけるブラウンの対応から「ブラウンは共産党には距離感を持っていたが、反共主義勢力の「意図的なキャンペーン」が民主化に敵対的であることの方をより強く警戒していた」と指摘している（前掲、赤澤「出版界の戦争責任追及問題と情報課長ドン・ブラウン」三〇頁）。

（76）例えば、四九年に共産党機関紙「アカハタ」への用紙割当をめぐって、ブラウンは吉田茂首相やG2から共産党への用紙割当を優遇して左翼的だと批判された（前掲、『図説　ドン・ブラウンと昭和の日本』九八〜九九頁）。逆に、政党機関紙への用紙割当を修正して「アカハタ」への割当が事実上、削減されると、CIE（ブラウン）は共産党からは反民主的だとの攻撃を受けた（井川充雄『戦後新興紙とGHQ』世界思想社、二〇〇八年、二一八頁）。また五四年にブラウンは戦前・戦後を通じて共産主義者との関係が疑われ、当時勤務していたアメリカ極東軍司令部の解雇を言い渡された。占領期にとった中立的姿勢によって親共産主義者との疑いがかけられたのである。査問の結果、解雇は撤回された（前掲、拙稿「元GHQ情報課長とマッカーシズム」）。

付記　本章執筆にあたり、とくに赤澤史朗氏には貴重なご意見をいただいた。ここに記して感謝申し上げます。

第7章　ドン・ブラウンとジョン・マキ——GHQ文官の戦中と戦後

天川　晃

はじめに

横浜開港資料館が所蔵する「ドン・ブラウン・コレクション」には、ドン・ブラウンが収集した大量の新聞・雑誌・図書などの蔵書とともに、彼の個人文書類（「ブラウン文書」）が残されている。「ブラウン文書」のなかで特に貴重なものは一九三〇年代の「日記」と、一九四五（昭和二〇）年から四六年にかけてブラウンが占領初期に来日した直後にアメリカ本国の友人たちに送った「書簡」であろう。[1] その書簡の多くは、ボブことロバート・E・キンジェリーに送ったものであるが、これら書簡にはブラウンとボブの共通の知人と思われる人物の名前が何人か登場する。本章で扱うジョン（ジャック）・M・マキもその一人である。

マキの名前は三通の手紙のなかで言及されている。最初のものは一九四六年一月二七日付けのボブ宛のものである。[2]

ジャック・マキ（Jack Maki）が数日中に姿を見せるはずだが、運悪く、CI&Eのためではなく民政局の調査スタッフとしてくる。なぜシュラー（Schuler）が彼を解放したか理解しがたい。

第二の手紙は、二月二三日付けのフランク宛のものである。

われわれが知らない政策上の理由で、おそらく君たちは追加人員を送り出すことができそうにないという印象を持ったとジャック・マキが伝えてくれた。残念なことだ。

そして最後は、二月二四日付けのシム宛のもので

民政局は今や日本『専門家』の素晴らしい集団を抱えている。数日前に着いたジャック・マキを含め、ハリー・エマソン・ワイルズ、ミリアム・ファーレーや、そしてもちろんピークだ。ビッソンが近々彼らに加わることになっている。

当時、ブラウンは総司令部（ＧＨＱ／ＳＣＡＰ）の民間情報教育局（ＣＩ＆Ｅ）に所属していたが、これらの手紙から、ドン・ブラウンと手紙の相手であるボブ、フランク、シムらはマキと旧知であっただけでなく、引用されている人物たちとも何らかの関係を持っていたことがうかがえるのである。

ここでとりあげるジョン・マキは一九四六年二月二二日にＧＨＱの民政局（Government Section: 以下ＧＳ）に着任し同年八月に離日した人物である。彼がＧＨＱに在職したのはわずか六カ月に過ぎなかったが、その間に故国に残した妻のメアリー宛に書簡を送っている（以下、「マキ書簡」という）[3]。本章の課題は、「ブラウン書簡」と「マキ書簡」を通してうかがえるマキとブラウンの交友関係、そして両者を取り巻く人間関係を見ることであり、これを通じて初期の占領の担い手の一つの側面を明らかにすることである。

第1節　ジョン・マキの経歴

最初に、ジョン・マキの経歴を簡単に見ておきたい(4)。

ジョン・マッギルブリー・マキ（John McGilvrey Maki）は一九〇九（明治四二）年四月一九日、米国ワシントン州タコマで日本人移民の杉山純一と梅との長男として生まれた。日本名は杉山宏雄である(5)。父親の杉山純一は、青森県横浜村（陸奥横浜）の杉山家の出で、東北学院で学んだ後にアメリカにわたり移民会社の手伝いをしていた。母親の梅は会津の武家の出身だった(6)。宏雄は生後間もなく、タコマ近郊のスコットランド系でカナダから移民してきたアレグザンダー・マッギルブリー（Alexander McGilvrey）夫妻の下に養子に出された。両親がどうして生後間もない長男を養子に出したのかははっきりしないが、新しい家族では杉山宏雄の名前からジョン〔ジャック〕マッギルブリー（John〔Jack〕McGilvrey）という名前に改められた。ジョンはアメリカ人の家庭の子供として育てられ、タコマの小学校、中学校を終え、シアトルの高校を卒業後、二九年にワシントン大学に進学した。

一九二〇年代に西海岸に住む日系人にとっては排日移民法などによる人種差別が大きな問題であった。それまで比較的そうした扱いを受けずに来たジョンは、大学に入る時期に人種差別を経験する。彼は大学でジャーナリズムを専攻しようとしていたが、担当教授から日系人ではジャーナリストとして採用されないと聞かされて、専攻を変更して英文学を勉強することにしたのである。ジョンは日本人の血筋を受けていたものの、生後間もないころからアメリカ人家庭で育てられたため、日本語の読み書きができなかっただけでなく、日本文化とは無縁で過ごしていた。とはいえ、彼は大学の学部時代に「好奇心から」初歩的な日本語の勉強を開始した。三二年、英文学で最優秀の成績で大学を卒業後、一時シアトルの日系人を読者とする『ジャパニーズ・アメリカン・クーリエ』（以下『クーリエ』）という週刊新聞の編集スタッフとして働くこととなり、はじめて日系人社会との関係を持つことになった。この新聞はシアトル生まれの元ボクサーのジェームズ・サカモトという人が創刊した新聞である。(7) この編集室でワシントン大学出身者のビル・ホソカワなどといっしょに仕事をした。

その後、ジョンはさらに英文学を研究するためにワシントン大学大学院の修士課程に進学したが、それは彼の生涯の仕事とはならなかった。というのは、ここでも人種差別問題があったのである。修士課程二年生の時に、英文学の教授夫人で秘書をしている人物から日本人の顔を持つジョンは英文学の教授には任命されないだろうという話を聞いた。しかしその教授夫人から、もしジョンが英文学から日本文学に専門を切り替えるなら東洋学部から教育助手になる道があることを教えられた。学部の選択の時と同様に選択を迫られたジョンは、「イエス」と答えて日本文学専攻へと道を転ずることとなったのである。

こうして専攻を英文学から日本文学に切り替えたジョンの前に、日本との交流を深めるいくつかの重要な機会が訪れた。一つは、一九三五年の第二回日米学生会議に参加したことである。日米学生会議は、満州事変後に日本の学生の間で米国の学生との対話を行うことを目的として始められ、第一回会議は三四年に四〇名余のアメリカ人学生を招いて東京で開かれた。翌三五年には第二回会議がオレゴン州ポートランドのリード・カレッジで開催されることとなった。『クーリエ』編集長のビル・ホソカワはこれに参加することを決め、第一回会議にも参加したワシントン大学の日系人学生のメアリー・ヤスムラとジョンにも声をかけたのである。そしてこの会議への参加が機縁となって、ジョンとメアリーの交際が始まり、その後の結婚にまでつながることとなった。

もう一つは日本留学のための奨学金を得たことである。一九三五年からジョンは東洋学部の教育助手として教え始めたが、その頃に日本領事館から日本政府の奨学金が作られたことが発表され、ジョンはこれに応募したのである。日本の奨学金は、結婚を控えたジョンとメアリーの当面の財政問題も解決した。日本人家庭の下で育てられたメアリーは日本語の会話ができたので、ジョンが日本に留学するにしても大きな支えになる筈であった。こうして両者は来日することになったが、結婚の前にメアリーの父親からの要請で John McGilvery という日本人離れした名前を John McGilvery Maki という名前に変えることにした。Maki は McGilvery を日本語風に発音したものだったのである。

一九三六年一〇月三〇日、ジョン・マキと一八日に結婚したばかりの妻のメアリーは、日本郵船の平安丸でシアトルを発った。二週間後に横浜に降り立った二人は、奨学生の世話をする国際学友会の援助で東京市小石川区に宿所を見つけた。マキは日本でどこかの大学に所属して研究を行う義務があるというものではなかった。彼はまず東京帝国大学の学生（亀井孝、金田一昌三）をチューターとして日本語の勉強を始め、その後は東洋文庫で日本の文学、歴史、文化などに関する内外の本を読み進めることを中心に研究を進めた。

マキ夫妻が日本に滞在したのは一九三六年一一月から三九年二月までの二年三カ月であった。その間、一九三七年七月には「日華事変」が始まり、国内では軍や政府による日常生活のさまざまな統制が厳しくなっていった。マキ夫妻の日本到着以後には、彼らを監視する警察官が配置され、次第に国内での思想取締が厳しくなっていったとしている。

一九三九年二月、マキは急遽帰国することとなった。ワシントン大学の日本文学の主任教授であったロバート・ポラード教授が心臓発作で倒れたので、代講のために帰国ができるかとの電報が来たためである。急いで荷物をまとめたマキ夫妻は二週間後にはシアトル行きの氷川丸に乗り、春学期の始まる前に帰国した。

思いがけない形で母校の教壇に立つこととなったマキが担当した科目は「日本歴史」、「翻訳による日本文学」、「翻訳による中国文学」などであった。彼は四〇年夏にはアメリカ学術評議会（ＡＣＬＳ）の奨学金を得て、ハーバード大学でアジア研究の研修を受ける機会があり、若き中国研究のジョン・フェアバンクや日本研究のエドウィン・ライシャワーらの講義を受講した。

このようなマキの生活を大きく変えたのは、四一年一二月の真珠湾攻撃による日米開戦であった。開戦後間もなく、一世の日本人に対する拘禁が始まったのに続いて、四二年二月の大統領命令で日系人に対する隔離措置が始まり、マキ夫妻もかつて育ったピュアラプの一時収容所に送られた。しかし、入所前に友人から連邦通信委員会（Federal Communication Commission: 以下ＦＣＣ）での勤務を打診されたのでそれを受け入れて審査を待っていた。ピュアラプでの生活が始まった一カ月後にＦＣＣでの採用が決定し、四二年六月からワシントンで新たな任務についたのである。

ＦＣＣでマキが配属されたのは外国放送諜報サービス（Foreign Broadcast Intelligence Service: 以下ＦＢＩＳ）だった。ＦＣＣは米国各地だけでなく世界各地で外国放送を聞くリスニング・ポストを置いて情報収集をしていた。日本の放送を聞くリスニング・ポストはオレゴン州にあったが、ここで聴取された日本語放送が英語に翻訳され、それがワシントンのＦＣＣに転送されてきた。ＦＢＩＳではこうして集められた情報をまとめて関係政府部局に配布する週刊のレポートを作成していたのである。

マキは一九四三年六月から戦時情報局（Office of War Information: 以下ＯＷＩ）に移った。そのきっかけは、ワシントン大学でポラード教授の後任だったジョージ・テイラー教授（中国史）との関係からである。テイラーは戦争が始まるとＯＷＩの海外局極東部次長に就任し、ワシントンで働いているマキを自分の局に誘ったのである。ＯＷＩでのマキの仕事は、ＯＷＩの日本向け短波放送としてどのような放送が望ましいのかということを現地の放送局に指示をすることと、日本関連のニュースをＯＷＩの作戦にどのように扱うのかについても検討することだった。マキはＯＷＩ在職中の四四年に一カ月の休暇をとって本を執筆した。『日本の軍国主義――その原因と処方箋』と題されたこの本は、四五年五月一五日にアルフレッド・クノップ社から刊行された。

四五年八月、日本の降伏が決まると戦時機構であるＯＷＩは廃止され国務省に統合されることとなった。日本の放送を聞いて分析する仕事は残ったとはいえ、戦前の日本を知っており、戦後の日本の処方箋を書いていたマキは日本を直接に見たいと希望して陸軍省で募集している民間人の占領要員に応募して日本を訪れることにしたのである。一月末にワシントンを発ったマキがホノルル、グアム経由で東京に到着したのは二月二〇日のことであった。

この日にマキが書いた妻への手紙には、その日に出会った人物の名前があげてある。妻への最初の手紙に名前をあげるのであるから、夫妻の共通の知人たちであろう。

今日、ひょっこりと出会った人たちがいる。ハリー〔・ワイルズ〕、ドン・ブラウン、ジョー・ブラウン、マーガレット・カヴェニー、マイク・バーガー、ボブ・バーコフ、サイラス・ピーク、デニス・マキボイ、トム・ブレークモア（彼のテーブルに今朝偶然座ったのだ）。ドンは、ハディもここにいるといっていた。僕が思うにエレノア・ハドレーも来ているはずだ。(8)

来日した最初の日にマキとドン・ブラウンが会っているのは奇遇であるが、興味深いことに、ここに出てくる人名の多くは「ブラウン書簡」にも登場する人物であり、両者に共通の知人というべきものであろう。それではマキとブラウンをつなぐ人間関係がどのようなものであったのか。最初に、マキとブラウンの接点がどこにあったのかを探っておくこととしたい。

第2節　マキとブラウン

マキとブラウンとが一九四六（昭和二一）年二月以前に知り合っていたとすれば、それはいつ頃からであろうか。

両者はともに戦前の日本に居住した経験をもっており、マキの留学生時代に知り合っていた可能性がある。第二の可能性は戦時のＯＷＩ時代である。マキの勤務先がワシントン、ブラウンの勤務先がニューヨークと異なってはいたが、日本に対する心理戦に携わっていたことで接点があった可能性はなくはない。最後に、ＯＷＩが廃止され国務省に統合された時期に両者の接点があったとも考えられる。これらの異なる時期の異なる場所に即して両者の出会いの可能性を検討してみたい。

1　戦前日本の留学生

マキが二月二〇日の手紙で言及しているエレノア・ハドレー（Eleanor M. Hadley）は、後にマキと同じ総司令部民政局（ＧＳ）に勤務することとなるが、マキ夫妻とは旧知の仲であった。ハドレーは一九一六年にシアトルで生まれ、マキとメアリーが参加したポートランドでの第二回の日米学生会議に参加しており、マキ夫妻とも面識があったのである。ハドレーもマキと同じ国際学友会の奨学金を得て、一年後の一九三八年秋から四〇年まで日本に滞在しているのである。(9)

ハドレーは回想録『財閥解体　ＧＨＱエコノミストの回想』で、当時は「外国からの留学生の数はわずかであった。想像だが、あの一九三八年の秋、欧米からの学生の数は片手で数えられる人数以上はいなかったと思う」と書いている。(10) 内務省の調査によれば三八年末に東京府に在住するアメリカ人は八五一名（男四六八名、女三八三名）であり、そのうち学生は二一六名であった。この数字には日本在住家族の子弟で大学生以下のものも含むと考えれば、ハドレーのあげた数字は、そのままではないにせよ、それほど誇張ではない。(11)

ハドレーは『回想録』でアメリカから法律を学びに来ていたトーマス（トム）・ブレークモア（Thomas Lester Blakemore）に出会ったことに触れている。ブレークモア（一九一五年生まれ）も占領下の日本で、マキやハドレーの同僚としてGSで働くことになる人物である。ブレークモアは一九三九年一〇月に日本に来て、東京帝国大学法学部で日本法の勉強を始めていた。彼の場合は、日本の国際学友会ではなく、米国の世界問題研究所の奨学金で来日しており、アメリカ大使館の三等書記官であったフランク・シュラー（Frank Schuler）の助言もあり、大使館の言語研修生として日本語を勉強していたのである。(12)

ブレークモアが留学生として来日した時期には、マキはすでに帰国してワシントン大学にいた。したがって、留学生として両者が日本で接触を持ったわけではない。しかし、マキは、後にブレークモア夫人となるフランシス・ベイカーが自分の留学時代に同時に東京にいた旨の回想をしている。(13)フランシスは一九〇六年生まれでマキと同時期にワシントン大学に在籍して絵画を学んでおり、三五年に卒業した。その後、同大学の英文科出身のグレン・ベイカーと結婚して同年夏に来日していた。(14)マキは同じ大学の英文科出身のベイカーとフランシスを知っていたのである。

ところで、マキの留学期間中にはブラウンは東京で『ジャパン・アドバタイザー』の記者として活動をしていたが、マキとブラウンがこの時期に知り合っていた可能性はどうであろうか。これまでのところ両者の関係を確証する材料はない。とはいえ、ハドレーがいうように、当時数少ない留学生であったマキ夫妻をブラウンはこの当時から知っていた可能性がまったくないとはいえない。

こうした推測の傍証となるのはブレークモアとブラウンの関係である。ブレークモアが来日した時にもまだブラウンは『ジャパン・アドバタイザー』の特派員であった。ブレークモアは、後の証言で、両者の関係はブレークモアの留学中に始まった旨を述べており「ブラウンは東京在住のアメリカ人の状況をよく把握していた」と証言している。(15)ブラウンがブレークモアを知っていたように、留学中のマキ夫妻のことを知っていたとしても不思議ではない。

2　FCC、OWIとの関係

先に見たように、マキは一九四二年六月からワシントンのFCCで勤務をしていたが、四三年六月からOWIに移籍した。一方、ブラウンは一九四一年九月にUPに入社したとされるが、四二年九月にOWIに入るまでの経歴は明らかではない(16)。

最初にマキが勤務したFCCのFBISは一九四一年二月に海外放送モニタリング・サービスの予算を得てワシントンで業務を開始し、一〇月一日にはオレゴン州ポートランドに日本放送傍受の施設が設置された。公開の放送から情報を得るために、軍その他の諜報機関と競争しつつ語学に堪能な人物を集める必要があり、特にアジア系のスタッフを集めるには苦労をしたとされる。そうした中で、日本関係については後にエール大学教授となるチトシ・ヤナガがワシントンで采配をふるい、ハワイ出身のサトル・スギヤマがハワイの太平洋支部の日本モニター部の責任者となり、後にGHQでマキの同僚となるベアテ・シロタがサンフランシスコのリスニング・ポストにいたとされる。その他、元ジャーナリストもFBISと関わりを持っていたことが指摘されている(17)。とはいえ、日本語の聴き取り能力がないブラウンがリスニング・ポストの仕事に関わったことは考えにくい。

マキはFCCのFBISのことを以下のように記している。「FBISは全世界をカバーしていた。FBISで働いていたのは三〇名程度であるが、ワシントンで日本の放送に関わっていたのは三人だった。その他、オレゴンで聴取者や翻訳者がいて、そのうちの何人かは日系人で朝鮮人も多少はいた(18)」。筆者が行ったインタビューでは、FBISにいた日本関係の人物で日本在住経験者はマキひとりであり、他はすべて女性で、中国に在住経験のある女性が日本の中国向け放送を担当していたと答えており、ヤナガやブラウンに関する言及はなかった(19)。

それではOWIでの接点はどうであろうか。ブラウンは四二年九月にOWI入りをした後には、海外部（Overseas

Branch）のニューヨーク支部を中心に活動をしていた。他方、マキは四三年六月にＯＷＩに入り海外部の極東課に配属された。両者は異なる部署に勤務をしていたが、ともに海外部で日本関係の業務についていたので仕事を通じて間接的には接触する可能性があった。

ＯＷＩの海外部は当初は六課で編成されていたが、四三年二月に宣伝戦を地域ごとに行うために七課に再編され、中国・日本・インドネシアを担当する第七課の課長にジョージ・テイラーが就任した[20]。同年六月、テイラーの要請でＯＷＩに入ったマキが所属したのは、テイラーの下の日本担当の班であったと思われる。

アメリカの対日占領政策の準備過程を分析したルドルフ・ヤンセンスは、ＯＷＩで日本と関わりのあった部局は、日本セクションと外国士気分析課（Foreign Morale Analysis Division: FMAD）だったと指摘しており、日本セクションではハロルド・ヴィナッケ、ハーバート・ブルーマ、ポール・クライドなどの名前をあげている[21]。しかし、ここでいう日本セクションが海外部の日本担当班を指すのか、さらにその時期的前後関係はどうなのかなどは必ずしも明確ではない。

マキ自身の回想によれば、ＯＷＩでの日本班には地域専門家として日本居住経験者が四人いたという。その一人は銀行家、もう一人は元小樽高等商業学校の教員。その外には日本居住経験は無いが、日本に対する心理作戦を行ったアービング・ヴェクセラー（Irving Wechsler）という人物がいた[22]。

一方のブラウンはＯＷＩ海外部のニューヨーク・オフィス勤務である。したがってＯＷＩ勤務とはいっても同じ職場で対面する同僚というわけではないが、間接的な繋がりを推測させるものは存在する。

ＯＷＩ文書の中には、ニューヨークのブラウンがワシントンのテイラー宛に報告や相談を行っている一九四三〜四四年の手紙がいくつか残っている。また、ワシントンのＯＷＩにいたマキが上司のテイラー宛に書いた覚書も残されている。マキとブラウンが直接に相互にやり取りをした文書類を発見できなかったが、マキがテイラー宛に書いた覚書の一つに、テイラーのブラウン宛の書簡の下書きをしているものがある（一九四三年一一月一日）。また別の覚書で、マキがニューヨーク・オフィスの将来的な閉鎖、ブラウンの現場への派遣などを提案しているものもある（四三年一一月二日）。これらを見れば、直接的な接触は少なかったかもしれないが、仕事を通じて互いにその存在を知っていたことは間違いのないところであろう。(23)

3　ＯＷＩ廃止からＧＨＱへ

日本の敗戦とともにワシントンではＯＷＩや戦略情報局（Office of Strategic Services: 以下ＯＳＳ）などの戦時情報関係機関は廃止され、国務省などの既存組織に統合されることとなった。ＯＷＩは四五年八月三一日に廃止され、その人員は国務省に新設された臨時国際情報局（Interim International Information Service: 以下ＩＩＩＳ）に配属となり、四六年一月からは国務省の国際情報文化局（Office of International Information and Cultural Affairs: 以下ＯＩＣ）に統合された。ＯＳＳにいた人員はやはり国務省の臨時調査課報局（Interim Research and Intelligence Service: IRIS）に移された。(24)

ここで、ブラウンのＣＩ＆Ｅでの仕事を理解するために、戦時および占領下の情報政策におけるワシントンとマッカーサー司令部との関係について見ておこう。アメリカの戦時および占領下の情報政策は情報政策を形成するワシントンの組織とその執行を行うマッカーサーの司令部との関係が重要となる。政策を形成するワシントンで情報政策を主導したのは陸軍省のＧ－２で、これは敵である日本と日本本土を目標とする心理戦に関わる情報政策の責任を負っていた。もう一つは陸軍省の情報・教育課で、これは戦闘中の米軍を対象とするものだった。ＯＷＩの海外部と国内部はほぼこれに対応して情報政策に対して陸軍省に支援を与えていたのである。しかもこれら政策のマッカーサー司令部における受け手も異なっていた。すなわち、Ｇ－２からの指示はマッカーサー司令部のＧ－２ではなく彼の軍事秘書であるボナ・フェラーズ准将の心理戦課（Psychological Warfare Branch）が担当し、情報・教育課の政策は司令部内の情報・教育課（ケン・ダイク課長）が担当していたのである。[25]

日本の敗戦は陸軍省とマッカーサー司令部の関係にも再編の動きをもたらした。マッカーサー司令部の心理戦課は廃止され、八月二七日に情報頒布局（Information Dissemination Section：以下ＩＤＳ）が新設され、その局長には心理戦課のボナ・フェラーズが就任し同課にいたウッダール・グリーンが次長となった。九月初めにフェラーズはグリーンに対して、ＩＤＳにはＯＷＩや心理戦課の主要なスタッフを採用するように指示した。こうして西太平洋司令部以来フェラーズの下で心理戦課にいたドナルド・ヘンダーソン（Donald Henderson）がここに採用された。[26]

それだけでなく、ワシントンのＯＷＩにいたブラッドフォード・スミス（Bradford Smith）がＩＤＳに入ってきた。スミスは、戦前の立教大学で英語の教師をするなどの経歴があるＯＷＩ職員であったが戦後にはＩＩＩＳに移籍した。四五年九月にはワシントンから東京に派遣され、身分上はＩＩＩＳ所属でありながらマッカーサー司令部のＩＤＳのメンバーとなったのである。[27]

他方で、ＯＷＩ海外部で日本担当だったジョージ・テイラーはＩＩＩＳに移り極東担当になっていたが、彼が四五年九月末に日本にいるスミスに対して送った書簡がある。テイラーは急激な変化が進行中で将来のことは不明だと断りつつも、国務省が新たに情報教育政策を取り込むことに関心を持っているとして、旧ＯＷＩ関係者が何とか政策の主導権を維持する必要がある旨を明らかにしている。ワシントンで作成する政策とマッカーサーの下での政策実施を一貫させる必要があるとし、近く陸軍省Ｇ－２のバトレス（Bruce Buttles）と国務省のシュラー（Frank A. Schuler）が訪日することを伝えた。さらにスミスと交代するためにドン・ブラウンが日本に向かうことも伝えている。[28]

ここで言及されているシュラーは、戦前の神戸で副領事、東京の大使館で三等書記官として勤務した経験があり、一九四五年にはＯＷＩの日本係長だった人物で、終戦前の海軍のザカリアスによる対日放送にＯＷＩ側から関わった経歴の人物である。デイル・ヘレガースのシュラーに対するインタビューによれば、ＯＷＩの海外部には極東課があり、この課長がジョージ・テイラーでその下に日本係があり、シュラーはその係長だったという。ヤンセンスがあげていたハロルド・ヴィナッケはシュラー就任以前に代理日本係長だったがシュラー就任後はその下で仕えたという。シュラーは、日本係には最大時には八名がおり、その中にはハリー・エマソン・ワイルズがいたと証言している。このインタビューでは日本係の名前としてジョン・マキの名前はあがっていないが、マキはここに所属していたと思われる。また、ドン・ブラウンは時にはシュラーのところで、時にはニューヨークのオフィスで仕事をしていたとしている。(29)

シュラーはOWI廃止後に、テイラーとともにIIISに移りそこで日本担当となっていたと思われる。(30)冒頭であげたブラウンの書簡に「なぜシュラーが彼を解放したか理解しがたい」という文言から見ると、OWIが国務省に統合されて以後は一時的にマキもブラウンもシュラーとともに仕事をしていたと思われるのである。

それ以前の経歴でもありえたかも知れないマキとブラウンの接点は、OWIの国務省への統合時代に、より直接的なものとなったと考えられるのである。

第3節　GHQの文官たち

すでに見たように、マキがGHQに在職したのは一九四六（昭和二一）年二月下旬から八月初旬の六カ月弱に過ぎなかった。この間にマキとブラウンは何度かの接触を持っていることがマキ書簡から明らかになる。以下、マキ書簡とブラウン書簡をより詳しく見ることによって両者の交友関係と両者をめぐる人間関係がいかなるものであったのかについて検討してみたい。

1　マキとブラウン——OWI人脈

一九四六年二月二〇日、東京での初日に多くの友人に出会ったマキは、二日後の二二日にドン・ブラウンに誘われて彼の所属する民間情報教育局（CI&E）のオフィスをラジオ東京ビルに訪ねた。ちょうど日本交響楽団のローゼンストックがその夜の放送のためにシベリウスのヴァイオリン協奏曲の最後のリハーサルをしているところだった。ブラウンとの会話を通じて、彼が上司のケン・ダイクCI&E局長の仕事を高く評価しており、さらに日本での自分の仕事に満足して楽しんでいることを知った。ダイクも一時はOWIの職員であったが、四三年九月からマッカーサー司令部に入りフェラーズとともに心理戦に携わってきており、四五年一〇月から新設されたCI&Eの局長に就任していた。(31) マキは書簡でブラウンの近況に触れた後で、「ぼくはこのことを彼〔ブラウン〕のために喜んでいる。君がこのことをフランク・シュラーに伝えてくれてもよい。ぼくはフランクに手紙を書くといってきたが、いつ書くことができるかわからない」と妻宛に記している。(32)

ブラウンがマキに言及した第二の手紙を書いたのは、ブラウンと会った翌日のことである。ブラウン書簡の宛名の「フランク」とはフランク・シュラーにほかならない。

シュラーは四五年一一月に訪日したが（なお、テイラーの書簡にあるように、シュラーは四五年一一月に来日してその報告書を作成している模様であるが、筆者は未確認である）(33)、ブラウンがこの手紙で書いているのは、その後の東京での仕事の進捗状況の報告である。一つには、四五年一二月に極東委員会が設置されることとなり、アメリカの情報政策と連合国の政策を調整する必要があり、CI&Eという組織自体の再編が必要かどうかという問題を指摘している。さらにブラウンの扱う図書館、映画、著作権問題などの現状を報告するとともに、CI&Eで働くOIC関係者の地位と待遇問題について報告をしている。(34) ブラウンは、OIC関係者の給与は軍人並みでも陸軍省採用の民間人並みでもなく、さりとて国務省の大使館・領事館とのスタッフとも異なり、官僚制の狭間に置かれていて待遇が恵まれず、このことがOIC関係者の士気に影響している旨を訴えたのである。(35)

マキとブラウンは三月一三日にも夕食をともにしているが、ここでもブラウンは自由に働けるだけでなく直接に結果を見ることができる地位にいるので、本国にいるときよりも張り切って仕事をしているといっていたと記されている。その後、一カ月余り両者は会っていないが、五月五日には夕食を共にしこの時にはシュラーは以前ほど仕事をしなくなっており、誰も彼の仕事に期待しなくなっているとして、シュラーが両者の共通の話題になっているのである。(36)ところで、ブラウン書簡とマキ書簡で共通に出てくる名前は、シュラーのほかにもOWI人脈でつながってくるものが少なくない。

マキが来日初日に出会ったハリー・エマソン・ワイルズ（Harry Emerson Wildes）は一八九〇年生まれで一九二〇年代の日本に滞在し慶応義塾で教えた経験のある人物であるが、滞日時期はマキの留学時代とは重ならない。その後、ジャーナリスト活動をしており、戦時中はOWIに所属していた。ワイルズは、ヘレガースとのインタビューでOWIでは日本に関する最近の公開情報を整理したほか、著名人の名前で日本向けの放送原稿のゴースト・ライターをしたと答えている。マキもOWI時代に同様に著名人のゴースト・ライター的な仕事をしたとしているから、仕事を通じての交友関係があったのであろう。(37)ブラウンも「彼（ワイルズ）はたぶんGSのために、陸軍省の調査員としてやってきたばかりである。ワシントンでジョージ・テイラーの設立した機関にいた」としており、相互に以前から知っていたことがうかがえる。(38)

ワイルズのほかのジャーナリストでOWIを経由してGHQに来ているものが少なくない。特に、ブラウンが属したCI&EにはOWIを経由したジャーナリストが多いようである。マキの最初の書簡に出てくるロバート・バーコフ（Robert Berkov）は、ブラウンが最も親しくしていた人物であるが、戦前の上海でUP支局長などの経験があるジャーナリストで、日本居住経験はないもののOWI経由で日本に来た人物である。

同じく、最初の書簡にデニス・マキボイ（Dennis McEvoy）の名前が出てくるが、ブラウンをOWIにリクルートしたのはこのマキボイだった。(39) OWI計画委員会の極東代表という役割を持っており、ワシントンとサンフランシスコの間を行き来していたとされる。(40) 日本向けに終戦工作の放送を行ったエリス・ザカリアスは、マキボイをこの「チームの重要なメンバーで、海軍の中で私の連絡将校の役割を果たしてくれた」と賞賛している。(41) 彼はCI&Eのスタッフとしてではなく『リーダーズ・ダイジェスト』の代理人として東京に来ていたのである。

このほか、レイ・クロムリー（Ray Cromley）の名前も両者の書簡に共通して登場する。彼は戦前の『ジャパン・アドバタイザー』でブラウンの同僚であり、後に『ウォール・ストリート・ジャーナル』に移ったが、マキともどこかで接点があったのであろう。(42) マキとの接点はないが、ブラウンの書簡に頻出するアーサー・ベアストックは、ワシントンのOWIでブラウンの下にいたとされる。(43)

このようにマキとブラウンに共通の知人を見るだけでも、占領下の日本にOWI関係者が数多く参加してきたことがわかるのである。

2　マキとビッソン——IPR人脈

マキに言及したブラウンの三番目の書簡には、ワイルズのほかに、ミリアム・ファーレー、ピーク、ビッソンの名前がマキのGSの同僚の日本専門家としてあげられている。これらの人物名は「マキ書簡」にも登場するが、彼らはOWIとは異なる系統の人間であった。

ここで名前のあがっているビッソン（Thomas Arthur Bisson）は、やはり一九四六年から四七年にかけてGSに勤務しており、マキと同様に故国の妻に対して手紙を出している（以下、「ビッソン書簡」という）。(44) ここでは、マキとブラウンの書簡だけでなく、「ビッソン書簡」も併せて彼らをめぐる人間関係を検討してみたい。

一九〇〇年生まれのビッソンは、日本問題というよりは中国問題を専門とする学者であった。一九三七年から太平洋問題調査会（Institute of Pacific Relations：以下ＩＰＲ）に勤務したビッソンは、同会の機関誌の『パシフィック・アフェアーズ』や同会のアメリカ支部の機関誌である『ファー・イースタン・サーベイ』などの寄稿者として知られていた。(45) ビッソンは四六年四月一一日に、マキとブラウンの宿舎でもある東京の第一ホテルに投宿した。到着を知らせる妻への手紙ではビッソンは東京で何人かのＩＰＲ関係者と再会していることがわかる。

昼食のあと、ミリアム・ファーレーとロビーでばったり出会い、彼女にカメラとカラー・フィルムを引き渡すことができた。〔……〕うれしいことにアルビン・バーバーとフランク・タマーニャも第一生命ビルに部屋を割り当てられていた。〔……〕フランクが帰ったあと、アルビンといっしょにぼくの部屋に移った。われわれはワシントンのこと、ＩＰＲのこと、東京と中国にいる友人のこと、その他ぼくらが思いつくあらゆる人々のことについて語り合った。(46)

この手紙に出てくるミリアム・ファーレーはアメリカＩＰＲの機関誌である『ファー・イースタン・サーベイ』の編集者でこの時期にはＧＨＱの労働課に在籍していた。また、アルビン・バーバーは経済問題の、フランク・タマーニャは金融問題の専門家としていずれも『ファー・イースタン・サーベイ』への寄稿者でもあった。彼らの場合、研究者ではあるが大学に職を持っているというよりは、戦時の政府機関である外国経済局（Foreign Economic Administration：以下ＦＥＡ）に勤務していた。

マキの手紙にビッソンの名前が登場するのは四月一五日のことである。「Ｔ・Ａ・ビッソンが今朝現われた。彼は列車と船で旅をしたのだが、われわれが飛行機で来たよりも時間がかからなかった。自分が知る限り、彼はまだＧＳに配属されていない」というものである。[47] マキはビッソンとの関係をＩＰＲの機関誌で有名であった旨のことを回想していたが、両者の接触の発端については明確ではない。

その後、マキ書簡にビッソンの名前は頻出するが、主としてアルビン・バーバーやサイラス・ピーク、ワイルズなどと一緒にブリッジをする仲間としてである。ビッソン書簡にもブリッジの記事は出てくる。五月一九日の手紙で「いまコントラクト・ブリッジのやり方を学んでいるのさ。アルビンはブリッジではトーナメント・クラスにいて、ぼくを指導してくれている」。一方、ビッソン書簡にマキの名前が登場するのはかなり遅い。

来週はマキとネルソンの二人がハーバードでの研究を完成させるため帰国する予定だ。日本に関するジャック・マキの本は君も覚えているだろう。マキは君を助けるだろうから、そのときは食事に誘ってやってほしい。マキは六一一号室のコールグローブの机を引き継ぎ、サイとぼくといっしょに仕事をするようになってから、とくに親しい間柄になった。（八月二日）

ビッソンから見ると、ＩＰＲ関係者に比べるとマキとの間には距離があったということであろう。

マキとビッソンが共に仕事をしたアンドリュー・グラジダンゼフ（Andrew J. Grajdanzev）もＩＰＲ関係者だった。彼は農業問題、朝鮮問題の専門家として『ファー・イースタン・サーベイ』への寄稿者であった。ビッソンがグラジダンゼフと共に仕事をしたのは、主として農地改革法を通じてであった。マキとの関係は後述するが、グラジダンゼフはＯＷＩではなく、ＯＳＳに参加していた時期がある。このように、ＯＷＩ以外の戦時行政機構で働いていて占領に参加したものも少なくなかったのである。戦前の日本留学生として見たハドレーもブレークモアも、戦時中にＯＳ

Sに勤務していた経験がある。

そのほかに、ビッソンと親しかったサイラス・ピーク（一九〇〇年生まれ）は、ノースウェスタン大学卒業後、日本で一年半余英語教師をした後、コロンビア大学大学院で中国問題を研究し、コロンビア大学の講師になっていた。戦時下では経済戦争委員会（Board of Economic Warfare: BEW）、後には外国経済局（ＦＥＡ）に勤務した人物である。ビッソンとは同室で仕事をした仲間であるが、ＦＥＡ勤務の経験があるので、タマーニャなどとも知人であった可能性はある。ピークはブラウンの書簡にも、来日する時のグリプスホルム号で同室だった人物として、またシムという人物のコロンビア大学での先輩として出てくる。(48)

ともあれ、ビッソンの書簡を通じてＩＰＲ関係者が来日していたことが知られるが、彼らの中でＯＳＳやＦＥＡ戦時行政機関に勤務していた者も少なくなかったのである。

第４節　憲法改正問題との関わり

マキがＧＳに着任したのは、ＧＳが起草した憲法草案を日本政府に提示した直後のことであり、ＧＳと日本政府の間で憲法問題が急展開をしていた時期であった。すなわち、一九四六（昭和二一）年二月一日に『毎日新聞』が日本の松本委員会の案なるものをスクープしたが、それをきっかけとしてＧＳでは二月四日から憲法改正草案の起草を始め、二月一三日にはこれを日本政府に手交してこの草案を基礎として憲法改正案を作ることを求める。日本政府は事態の急展開に驚くが、二月二二日にこれに従うことを決定し、三月二日に日本側草案を作成したのである。そしてこの草案についてのＧＳと日本側の折衝が三月四日から五日にかけて行われ、三月六日に日本政府から憲法改正草案要綱が発表されたのである。

二月二〇日にＧＳに着任したマキは、ＧＳの憲法草案起草に参加することはなかったが、三月にはいると憲法問題との関わりをもつことになっていった。

ハッシー文書（26-C-13）には、マキとグラジダンゼフの手になる「草案に対する概括的コメント」というトップ・シークレット文書がある。[49] これは日本政府が三月二日に持参した案に対するコメントではないかと思われる。この文書は、グラジダンゼフとマキの連名で書かれているが、マキが日本語を読み主要な部分を書いたのであろう。「概括的」コメントとして、「日本政府案は原案の言葉遣いや意味を薄めることに最大限の配慮を行ったものである」として、日本側草案に批判的なものである。この覚書は、三月四日の折衝に備えてマキの上司のハッシーが準備させたものであると思われる。実際、日本側で折衝した佐藤達夫によれば、この夜の折衝にはマキもグラジダンゼフも同席していたのである。[50]

マキは保安上の理由から故郷の妻には詳しく憲法問題についての報告をしていないが、三月五日の手紙で、「昨夜は最も興味のある経験をした。僕はいつかこれについて書くか、君に全部話をするよ。今は守秘義務がありもうすぐ職を離れても当分は話すことができないだろう」と記している。

さらに四月二四日のマキの書簡には、「ここ数日、アンドリュー・グラジダンゼフと小さなプロジェクトをしてきた。彼はこれについて小さな書き物をした。その途中で僕は彼とは実にうまくやってゆくことができた」と記している。そして四月二四日付けでグラジダンゼフとマキの連名で行政課長（ケーディス）宛に提出した覚書がある。これは三月二〇日付けで国務省調査情報課が作成した「日本憲法草案」と題する文書についてのコメントである。全体として、マキらの評価は、国務省のこの文書は憲法草案の趣旨の理解に不十分で誤解もあることを指摘しているのである。[51]

この間、マキは戦前に彼の日本語チューターをしてくれ、この頃には東京商科大学に就職していた亀井孝と再会している。そして亀井からの助言も得ながら明治憲法関係の文献資料の収集を始めている。憲法問題に間接的に関与することになったマキは、次第に憲法史の研究で博士論文を書こうとする決意を固めて五月五日にはその決意を妻に書き送っている。

昨日、君に書いたが、私は憲法についての博士論文を書こうと考えてきたが、今はそれをせねばならないと思う。今日、一〇冊本を買ったが（全部で三一三円）、そのうち九冊は憲法に関するものだ。一〇冊目は日本法制史概説だ。憲法に関する九冊のうち、三冊は美濃部のもの、一冊は伊藤の憲法義解の日本語版。相当もうけものだった。亀井は憲法の専門ではないが、著者がよく知られた学者かどうかを教えてくれ、本の価値についての意見を言ってくれるので大いに役に立つ[52]。

しかし、それ以後八月に帰国するまでマキが仕事として携わったのは日本の中央政府機構の実態分析とその改革覚書の作成である。戦時下での思想統制の経験を持っている彼は、とりわけ内務省の組織のあり方に関心を持っており、内務省を分権化する方向の覚書を提案したのである[53]。

一方、憲法問題の進展はブラウンの経歴にも影響を及ぼすことになっていった。ことの発端はマキとブラウンの共通の友人であるロバート・バーコフが行った憲法問題に関する記者会見がGSとの間でさまざまな摩擦を引き起こすこととなったことであり、これを契機にバーコフが辞任するに至ったからである。

一九四六年二月一日は『毎日新聞』が憲法問題調査委員会の草案なるものをスクープした日であるが、他の新聞各紙がとりあげた憲法関連の大きな記事があった。例えば、『朝日新聞』は「管理理事会で審査・憲法改正問題と連合国――マ司令部態度を表明」の見出しの元に、「マ司令部スポークスマンは三十一日の記者会見において左の如く言明」として、以下のような記事を掲載している。

マ司令部は憲法改正の如き重要問題は当然その諮問機関たる日本管理理事会（米、ソ、華、英及び自治領の四国代表より成る）の審査を経るものと解せられ、もし同理事会中の一国の反対ある場合に於ては憲法改正の基本的問題の最後的決定権は極東委員会が持つことになると見られる。(54)

この記事は、バーコフが一月三一日に行った記者会見を元としてかかれたものである。この記事の中に「日本管理理事会の審査を経る」というくだりがあるが、同じ二月一日付けでホイットニーはマッカーサー宛に極東委員会が開始されない限りマッカーサーの権限は無制約であるという趣旨の覚書を提出しており、これを根拠に極秘裏にGS草案の起草に動いていったのである。こうした状況の下で、GSの理解とはまったく異なる意見が「総司令部スポークスマン発表」として堂々と公表されていたのである。(55)

GSの意図が非公式にGSからCI&Eに伝達されたのか、それともバーコフが自発的に行ったのかは不明であるが、バーコフから日本側に会見の修正の意図が伝えられている。すなわち、二月二日の政府の終戦連絡委員会では、弘報部から「CIE『バーコフ』の許に於いて毎日『プレス・コンファレンス』催され居る処日本側記者よりの質問振り（通訳を介す）拙劣らしく過日『バ』より当方に対し『日本新聞紙上に米側意向の曲解され掲載せらるること驚くべきものあり』との申し越しあり。御参考迄御含み置きあり度。尚右『コンファレンス』に当方より出席することは拒絶され居れり」（原文・カタカナ）との報告がなされている。(56) バーコフはさらに二月七日にも記者会見を行い、「決定した改正憲法案は原則としてマッカーサー司令部の内諾を得ることは勿論であるが特に案の詳細にわたって内諾を得ねばならぬということはないと思う」旨の会見も行っている。(57)

この間、GSは自らの憲法改正案の起草にとりかかっていたが、完成した草案を二月一三日に日本政府側に提示した後は日本側の対応待ちになっていった。こうしてGS側からの憲法問題の動きが一段落した二月一五日、GSとCI&Eの首脳部がバーコフの記者会見についての会談を行った。GSからの出席者はホイットニー局長、ロビソン、ハッシーの三人、CI&Eからはニュージェント局長代理とブラウン、バーコフの六名である。この席でホイットニーが最近のバーコフの記者会見について苦言を呈したのである。(58)

ホイットニーはまず、一月三一日の記者会見でバーコフが発言した憲法改正問題に関する「管理理事会」(Allied Control Commission)とは何かについての質問を開始した。ホイットニーが新しい機構は対日理事会(Allied Council for Japan)であると訂正するとバーコフは正確な名称を間違えて発表したことを謝罪した。次いで、ホイットニーは、最高司令官の権限は無制限なのに、バーコフの会見は総司令官の持つ権限に限界があるかの印象を与えたとして批判した。ホイットニーはさらにバーコフの二月一一日の記者会見をとりあげた。この日の会見でバーコフは、一月四日の公職追放指令では二七団体に所属したものが追放に該当するとしているが、個別のケースについては日本政府に裁量権があるとしており、この発言を問題としたのである。バーコフは自分の発言の誤りを認めて翌日の会見で訂正したと釈明した。しかし、ホイットニーはバーコフの翌日の訂正は自分の発言の誤りを認めたというよりは発言の誤解の責任を日本側の記者の理解に転嫁したものだと厳しく批判した。ホイットニーはこれら一連のバーコフの記者会見での発言は最高司令官の日本人に対する権威と威信を損なうものであり、占領政策のスムーズな展開を妨げるとしたのである。こうした批判に対して、ニュージェント局長代理は、標準業務手順書を整備し今後の再発防止を表明して謝罪する以外のことはできなかったのである。

この日の会談に同席したブラウンは翌日の手紙で「めちゃめちゃ忙しい日が続いている。昨日は、足場に乗って天井に長い壁紙を貼ろうとして一方の端を取り付けようとするともう一方の端がたるんでしまってうまくいかない壁紙張りに似た気分になった。ニュージェントとボブと一緒に午前中にホイットニー将軍との会議に出た。ホイットニーは大いに努力をしているがその要求がボブの頭に入ったとは思えない」と書いていた。(59)

政府の憲法改正草案要綱が発表された翌日の三月七日、マキは友人でもあるバーコフがＣＩ＆Ｅで行った記者会見を見ている。

　今朝は面白い経験をした。私はＣＩ＆ＥＳ〔ママ〕でボブ・バーコフがやっている記者会見を視察した。四〇人から五〇人の記者がいたが、質問をしたのは五、六人に過ぎなかった。本当に行儀のよい集まりだった。記者の一団にとっては不思議なほど静かで作法がよい。しかし、質問をした連中は有能だった。彼らは本質的なことに迫り、アメリカの高級な知的記者のように仕事をした。(60)

ところが、この記者会見におけるバーコフ発言がまたまた問題化したのである。翌三月八日、終戦連絡事務局次長の白洲次郎がホイットニー民政局長を訪れ、バーコフが記者会見で新憲法案は日本政府ではなくＧＨＱで書かれた、また天皇制が維持されているが故に個人的には新憲法には反対であると語った、と抗議してきたのである。九日、ホイットニーはＣＩ＆Ｅ局長代理のニュージェントとバーコフをＧＳに呼び出して事情を聴いた。バーコフは記者会見の意図について釈明をしたが、ＧＳ関係者とＣＩ＆Ｅ関係者が協議してバーコフにはＧＨＱスポークスマンに必要な「成熟した判断力」に欠けるとした。このような度重なるＧＳのと間のトラブルがあったからバーコフが「新聞・出版係長」から解任されドン・ブラウンに交代するきっかけとなったのである。(61)

四月二日のブラウンの書簡はこれについて記している。

数週間前に、ボブ（バーコフ）はいくつかのばかげた声明のために面倒に巻き込まれた。今度は、言わば、二度目の攻撃であったので、彼を救い出すことができなかった。彼の仕事に就かせる者が居なかったので、私が新聞出版課の代理課長として引き継ぐ必要があった。ボブが行ってしまうまで交代を内密にしたいと願ったが、インボデン大尉は昨日の記者会見でその件について質問を受け、秘密を漏らさねばならなかった。この仕事にとっては不当であるが、私にとってはこの仕事は片手間でやるしかなく、得意になるつもりはほとんどない。たぶんダイクが帰ってくれれば解決してくれるだろう。〔……〕彼〔ボブ〕はカルフォルニアのサン・ガブリエルに彼が所有する週刊新聞に専念したいと思っている。彼が居ないと、ここでのひょうきんな人が減ってしまう。なぜなら身近な仲間には彼と同じようなユーモアのセンスのある人は他にはいないからである。[62]

憲法問題をめぐる記者会見でバーコフが失脚したことが、ブラウンを新聞出版課長に押し上げたのであった。

おわりに

マキとブラウンの書簡を手がかりに両者の交友関係の接点を探っていくと、初期のＧＨＱに勤務した文官にいくつかの人的系譜があったことを見ることができる。

ＧＨＱに勤務した文官の一つの系譜は、ヴァジニア大学の軍政学校で訓練を受けた後にさらにいくつかの主要大学におかれた民政訓練学校で日本の軍政将校としての訓練を受けて日本の占領に臨んだケースである。こうした訓練を受けた将校は、戦前において必ずしも日本居住経験はないが、これらの学校で日本語や日本に関する基本的な教育を受けて日本に来ようとしたものである。しかし、日本の占領が直接軍政ではなく間接統治となった影響で、実際に来日して占領業務を行ったものは訓練を受けたものと比べるとその数は少なかった(63)。

もう一つの系譜は、本章で検討した戦前においてさまざまな形での日本居住経験がある人物たちである。ドン・ブラウンのようにジャーナリストとして滞日経験のあった者、ジョン・マキのように留学経験のあった者は戦争が始まると戦時情報機関であるOWIやOSSに採用されて日本関係の業務に携わっていたのである。これに加えて、直接に日本に居住経験はなかったかもしれないが広くアジア研究をするなかで日本に関心を持っていたIPR関係者等がいる。こうした人物たちが戦争終結後の戦時機関の再編成の中で来日して日本の占領に携わったのである。

さらに本章では十分に検討できなかったが、GHQの課報部門（G-2）に勤務した日本関係者がある。彼らは軍の諜報関係者や日系二世が多かったようであるが、必ずしもそれだけではない(64)。

いずれの系譜であれ、占領下の日本で展開された改革の起源やその内実を理解するためには、戦前・戦時のアメリカの日本研究・日本認識・交流史等をさらに深く理解する必要があるだろう。

最後に、占領終結後のジョン・マキの経歴について触れておけば、一九四六（昭和二一）年八月に帰国後、ハーバード大学大学院博士課程に入学、一九四八年に政治学で博士号を得た。同年から母校のワシントン大学で教鞭をとったのち、六六年にマサチュセッツ大学アマースト校に転じ八〇年に引退した。この間、日本の政治や憲法史に関する著書を著すとともに、W・S・クラークの伝記を書いたこともあり、北海道とマサチュセッツ州との交流にも力を尽くし、二〇〇六年に死去した。邦訳されたものして、「憲法調査会は何をしたか」（『自由』一九六六年七・八月号）、『W・S・クラーク――その栄光と挫折』（新装版、北海道大学図書刊行会、一九八六年）、『天皇神話から民主主義へ――日本の二つの憲法　一八八九-二〇〇四年』（ロレンス・ビーアとの共著、信山社出版、二〇〇五年）などがある。

注

（1）ドン・ブラウンについては横浜国際関係史研究会・横浜開港資料館編『図説　ドン・ブラウンと昭和の日本――コレクションで見る戦時・占領政策』（有隣堂、二〇〇五年）を参照。「ブラウン書簡」の概要については、中武香奈美「ドン・ブラウンとE・H・ノーマン――ドン・ブラウン書簡（控）から」（『横浜開港資料館紀要』第一九号、二〇〇一年三月）に紹介がある。

（2）横浜開港資料館蔵「ブラウン文書」。

（3）「マキ書簡」の一部は、マキの私家版『自伝』であるJohn Maki, *Voyage Through Twentieth Century*, Modern Memoirs Publishing, 2004 に抄録されている。未公刊の「マキ書簡」については、ジョン・M・マキ氏の子息であるジョン・A・マキ氏のご好意によってコピーを得ることができた。この書簡を利用することについては同氏の了解を得ている。

（4）ジョン・マキの簡単な経歴は、ローレンス・ビーア、ジョン・マキ著、浅沼澄訳『天皇神話から民主主義へ――日本の二つの憲法　一八八九～二〇〇四年』（信山社出版、二〇〇五年）でマキ自身が「著者紹介」をしているほか、前掲の『自伝』にも詳しく記されている。筆者は、一九九三年九月一一日と二〇〇三年八月一七日にマサチュセッツ州アマーストでマキ氏自身にインタビューをしている。また、秋田市在住でマキのいとこに当たる石井二三子氏にも父方の親族関係に関して二〇〇四年と二〇〇七年にインタビューをした。以下の記述はこれらの情報を総合したものである。

（5）公式の出生証明書の誕生日は一一月一九日であるが、日本の戸籍では四月一九日になっているとのことである（Maki, *Voyage*, pp. 9–11）。

（6）石井二三子氏からの聞き取り。二〇〇七年三月。陸奥杉山家の系譜については、佐賀郁朗『石田三成と津軽の末裔』（北の街社、一九九七年）を参照。

（7）古森義久『遥かなニッポン』（毎日新聞社、一九八四年）二五頁。

（8）John Maki to Mary Maki（以下、JMM to MMと表記する）, 20 February 1946.

（9）エレノア・M・ハドレー著、田代やす子訳『財閥解体　GHQエコノミストの回想』（東洋経済新報社、二〇〇四年）四八～五六頁。

（10）同前、五五頁。

（11）内務省警保局編『厳秘　外事警察概況』第4巻　昭和13年（復刻版、不二出版、一九八七年）、添付の「内地居住外国人国籍別人員表」および「内地居住外国人職業別人員表」による。

（12）Griffith Way, 'Thomas L. Blakemore – From Beginning Up to Occupation（1946）';（Unpublished Manuscript）, p. 6. なお、ブレークモア関係の資料に関しては、出口雄一氏（桐蔭横浜大学）から教示を得た。記して感謝したい。

（13）天川とのインタビュー、二〇〇三年。

（14）Michyo Morioka, *An American Artist in Tokyo: Frances Blakemore 1906–1997*, The Blakemore Foundation, 2008. pp. 27–43.

（15） 中武香奈美「元GHQ情報課長とマッカーシズム――ドン・ブラウンに対する陸軍省査問委員会」（栗田尚弥編『地域と占領――首都とその周辺』日本経済評論社、二〇〇七年）。

（16） 前掲、『図説 ドン・ブラウンと昭和の日本』、巻末の「ドン・ブラウン年譜」を参照。

（17） Stephen C. Mercado, "FBIS Against the Axis, 1941–1945: Open-source Intelligence From the Airwaves," *Studies in Intelligence*, Fall-Winter 2001, No. 11, https://www.cia.gov/library/center-for-the-study-of-intelligence/csi-publications/csi-studies/studies/fall_winter_2001/index.html

（18） Maki, *Voyage*, p. 89.

（19） 天川とのインタビュー、二〇〇三年。

（20） "Overseas Branch, Pacific Operations Office of Deputy Director," pp. 15–16, RG208, #6B National Archives & Records Administration: NARA.

（21） Rudolf V. A. Janssens, *What Future for Japan?: U. S. war-time planning for the postwar era, 1942–1945*, Rodopi, 1995, pp. 76, 186–189. なお、後にシンシナチ大学教授となったヴィナッケに対する記念論文にマキは寄稿している。Han-Kyo Kim ed. *Essays on Modern Politics and History: Written in Honor of Harold M. Vinacke*, Ohio University Press, 1969.

（22） 天川とのインタビュー、二〇〇三年。

（23） Maki to Taylor, Letter to Don Brown, November 1, 1943; Maki to Taylor, Leaflets, Approximately November 2, 1943 RG208, #551 NARA.

（24） Merline J. Mayo, "Psychological Disarmament: American Wartime Planning for the Education and Re-education of Defeated Japan, 1943–1945," in *The Occupation of Japan: Educational and Social Reform*, edited by Thomas W. Burkman, MacArthur Memorial, 1988, p. 121, note 96; Nicholas John Bruno, *Major Daniel C. Imboden and Press Reform in Occupied Japan, 1945–1952*, Ph. D. thesis, University of Maryland, 1988, p. 50.

（25） Bruno, *Imboden*, pp. 11–12.

（26） Mayo, "Psychological Disarmament", pp. 83–84.

（27） Bruno, *Imboden*, p. 50, note25.

（28） George Taylor to Bradford Smith, 28 September, 1945, RG208, #551 NARA.

（29） Interview with Frank A. Schuler, Jr. by Dale Hellegers, Truman Library トルーマン大統領図書館資料の利用はコンペル・ラドミール氏（横浜国立大学）の好意による。なお、シュラーに関してはフランク・シュラー、ロビン・ムーア著、仲晃訳『パールハーバー カバーアップ』（グロビュー社、一九八一年）も参照。

（30） Bruno, *Imboden*, pp. 177, 204 note 4.

(31) Bruno, *Imboden*, pp. 6, 13.
(32) JMM to MM, 22 February 1946.
(33) Mayo, "Psychological Disarmament," p. 81.
(34) 臨時機関だったIIISは四六年一月から国務省の国際情報文化局（Office of International Information and Cultural Affairs: OIC）に再編されていた。
(35) Brown to Frank Schuler, 23 February 1946.
(36) JMM to MM, 6 May 1946.
(37) Interview of Harry Emerson Wildes by Dale Hellegers, p. 2, Truman Library; Maki, *Voyage*, p. 93; ワイルズはハロルド・ヤーネル提督、ジョージ・フィールディング・エリオット、それにエルマー《ママ》・トマス上院議員のゴーストライターとなったという。一方、マキはエルバート・トマス上院議員、ハンソン・ボールドウィンの名前で原稿を書いたといっている。エルバート・トマスについては、Iguchi Haruo, "Elbert D. Thomas: Forgotten Internationalist Missionary, Scholar, New Deal Senator, Japanophile and Visionary," *Nanzan Review of American Studies*, vol. XXIX,（2007）, pp. 115–123.
(38) Don Brown to Bob, 11 January 1946.
(39) Overseas Branch, Pacific Operations, Office of Deputy Chief, RG208, #6B, NARA p. 11; Don Brown to Executive Secretary, Security Hearing Board, Headquarters, Far East Command, p. 7（生活クラブ生活協同組合蔵「ブレークモア文書」）。
(40) "Overseas Branch, Pacific Operations Office of Deputy Director," p. 11, RG208, #6B, NARA.
(41) Ellis M. Zacharias, *Secret Mission: The Story of an Intelligence Officer*, G. P. Putnam's Sons, 1946, p. 352.
(42) ジョセフ・ニューマン著、篠原成子訳『グッバイ・ジャパン――五〇年目の真実』（朝日新聞社、一九九三年）二二四頁。
(43) 平野共余子『天皇と接吻――アメリカ占領下の日本映画検閲』（草思社、一九九八年）六五頁。
(44) トーマス・A・ビッソン著、中村政則・三浦陽一訳『ビッソン　日本占領回想記』（三省堂、一九八三年）。
(45) ビッソンの経歴については、同前の中村政則の「解説」による。
(46) 同前、一九四六年四月一一日、六五頁。訳者によれば、ファーレーは『ファー・イースタン・サーベイ』誌の編集者、バーバーは経済戦略局の前同僚、タマーニャは極東金融問題の専門家、である。
(47) JMM to MM, 15 April 1946.
(48) Brown to Bob, 14 April 1946.
(49) A. J. Grajidanzev and J. M. Maki to Commander Hussey, no title, no date, Hussey Papers 26–C–13.
(50) 佐藤達夫『日本国憲法成立史』第3巻（有斐閣、一九九四年）一五二頁。
(51) Memorandum for the chief, Public Administration Division, Comment on Division of Far Eastern Intelligence, Office of Research

and Intelligence, Department of State, by Andrew J. Grajdanzev and John M. Maki, 22 April 1946, Hussey Papers, 27-A-7.

(52) JMM to MM, 5 May, 1946.

(53) マキの中央政府機構の調査と改革提案は、天川晃編『GHQ民政局資料 占領改革 6 中央省庁の再編』（丸善、二〇〇一年）に収録してある。

(54)『朝日新聞』一九四六年二月一日。

(55) 二月一日前後のGSの動きについては、天川晃「三つ目の『偶然』——憲法制定史研究ノート」（松田保彦ほか編『国際化時代の行政と法』良書普及会、一九九三年）、金官正「憲法制定過程におけるGSとESSの関係——占領直後からGHQ／SCAP憲法草案が作成されるまでの時期を中心に」（『横浜国際経済法学』第一六巻一号、二〇〇七年九月）を参照。

(56)「終戦連絡各省委員会議事録 二月二日（土）」（荒敬編『日本占領・外交関係資料集』第二巻、柏書房、一九九一年）七〇頁。

(57)「憲法問題 マ司令部の見解 民間案も十分考慮 政府案内諾は全面支持と限らず」（『読売報知新聞』一九四六年二月八日）。

(58) Memorandum for the Record, Conference with CI&E Section officials concerning recent statements made in press conference by Mr. Berkov, by H. E. Robison, GS（A）-02255, 国立国会図書館マイクロフィッシュ。

(59) Brown to Bob, 16 February 1946.

(60) JMM to MM, 7 March 1946.

(61) 有山輝雄『戦後史のなかの憲法とジャーナリズム』（柏書房、一九九八年）五九～六四頁。

(62) Brown to Bob, 2 April 1946.

(63) 天川晃「軍政要員の訓練」（東京経済大学『現代法学』第八号、二〇〇五年一月）。

(64) その一例として、ポール・ラッシュがいる。山梨日日新聞社編『清里の父 ポール・ラッシュ伝』（ユニバース出版社、増補二版、一九九三年）。また、Theodore McNelly, *Witness to the Twentieth Century: The Life story of a Japan Specialist*, Xlibris, 2004 も参照。

あとがき

本書は、横浜国際関係史研究会（通称ドン・ブラウン研究会）の研究成果の一端である。研究会は一九九九年に発足し、九九年六月より横浜開港資料館から同館が所蔵する「ドン・ブラウン・コレクション」についての総合的研究を委託された。研究会のメンバーは、赤澤史朗、天川晃、今井清一、枝松栄、大西比呂志、吉良芳恵、寺嵜弘康、山極晃、山本礼子の諸氏および北河賢三（代表）である。また、研究会の運営にあたって、横浜開港資料館から、「ドン・ブラウン・コレクション」を担当している中武香奈美氏の協力をえた。

コレクションは、ドン・ブラウン（Donald Beckman Brown 一九〇五〜八〇）死亡後の一九八一年、横浜開港資料館がブラウンの古くからの友人であり遺産管財人となったトーマス・ブレークモア（一九一五〜九四）を通じて譲り受け、整理を進めてきた。コレクションは、約一万点の図書、約八〇〇タイトルの新聞・雑誌、約六〇〇件の文書類からなり、図書および新聞・雑誌については、すでに整理されそれぞれ目録が刊行されている。図書、新聞・雑誌の多くが一九世紀から二〇世紀にかけて刊行されたものであるのに対して、文書類の大半がブラウンが活動した一九三〇年代から戦後、とくに占領期の資料であるため、横浜開港資料館では日本現代史・占領史の研究者からなる横浜国際関係史研究会に、文書類の検討を中心とする研究を委託したのである。

ブラウンについては本書の各章で言及されているが、彼は「情報」へのかかわりを通じて戦前・戦時・戦後の日本と深くかかわってきた人物である。日本とのかかわりの第一は、一九三〇年の初来日から四〇年に帰国するまでの、とくに『ジャパン・アドバタイザー』記者の時期。第二は、帰国後ＵＰ記者を経てＯＷＩ（戦時情報局）に入り、日本人向け宣伝ビラの作成や対日映画政策の立案など、対日心理戦に携わった一九四五年までの時期。第三は、一九四五年末に再来日してから一九五二年の占領終了までのＣＩＥ（民間情報教育局）情報課長の時期である。その後、ＧＨＱ廃止に伴ってブラウンはアメリカ極東軍司令部渉外局に移り、一九五七年頃に引退している。なお、ブラウンは一九四七年、民間の日本研究団体である日本アジア協会（一八七二年設立）の理事に就任、五〇年からは同協会紀要の編集担当となり、晩年まで事実上の編集長を務めた。

これまでの研究で、ＧＨＱ情報課時代のブラウンについてはある程度言及されてきたが、それは限られた一側面であり、また、それ以外の時期のブラウンについてはほとんど知られていなかった。そこで研究会ではブラウン文書の記述を基軸にすえて、戦前・戦時・戦後各時期の関係者がブラウンに言及した文章や、研究書・論文などのブラウンに関する記述でこれを補い、「ドン・ブラウン年譜」を作成した。そして、その後の調査で得られた情報でそれを補訂し、年譜の改訂を重ねた。さらに、年譜を手がかりとして各時期のブラウンの活動に関連する事項や交流のあった人物についての調査をおこない、ブラウンの生涯と事績の全貌の把握に努めた。

研究会では、ブラウンに関する資料と彼が所属した組織や彼と交流のあった人物について調査するために、アメリカ国立公文書館、ハーバード大学（「グルー文書」）、カリフォルニア大学ロサンゼルス校（「ブラッドフォード・スミス文書」）、ワイオミング大学（「ウィルフレッド・フライシャー・コレクション」）、ピッツバーグ大学など、国内ではポール・ラッシュ記念センター、外務省外交史料館、国立国会図書館憲政資料室、国立公文書館、あきる野市の生活クラブ生活協同組合施設（「ブレークモア文書」）などで資料の調査・収集をおこなった。また、ブラウンの友人や知人、同じ組織に所属した人など一三人の方にインタビューをおこなった。インタビューへの応答からは、ブラウンの人となりについて、従来の指摘・受け止め方とは異なった側面を窺い知ることができた。

以上の「ドン・ブラウン年譜」、調査資料の概要やインタビュー記事の一部は、横浜国際関係史研究会・横浜開港資料館編『図説　ドン・ブラウンと昭和の日本――コレクションで見る戦時・占領政策』（有隣堂、二〇〇五年）で紹介している。

横浜国際関係史研究会では、委託研究期間終了の二〇〇五年三月までに二五回、その後四回、計二九回の研究会をおこなった。研究会での報告は、会のメンバーのほか、ＯＷＩやＣＩＥなどに関する研究をされている方を随時招いて、ブラウンと関連づけた報告をお願いした。お名前は挙げないが、ゲスト・スピーカーとして貴重な報告をしていただいた方々、ならびに前記のインタビューに応えてくださった方々に、心よりお礼申し上げる。

この間、研究会は横浜開港資料館が主催した二〇〇三年度第四回企画展示「ある知日家アメリカ人と昭和の日本――ドン・ブラウン文庫一万点の世界」、および二〇〇五年度第二回企画展示「ドン・ブラウンと戦後の日本――知日派ジャーナリストのコレクションから」、同展示記念連続講座に協力し、前記『図説　ドン・ブラウンと昭和の日本』の編集に当たった。研究会の成果の概要は同書に反映されているが、そのほかに、中武香奈美「元ＧＨＱ情報課長とマッカーシズム――ドン・ブラウンに対する陸軍省査問委員会」（栗田尚弥編著『地域と占領――首都とその周辺』日本経済評論社、二〇〇七年）、赤澤史朗「出版界の戦争責任追及問題と情報課長ドン・ブラウン」（『立命館法学』第三一六号、二〇〇八年三月）がある。中武論文は、前記の「ブレークモア文書」の調査にもとづいて、マッカーシズムの影響がブラウンにまで及んだことを明らかにした研究である。

研究会では図説に続いて論文集の刊行を企画したが、大幅に遅れて今日に至った。当初は、これまでの研究会での報告と図説の解説にもとづいて、ブラウンの関与した政策、関係者・関係機関などについて九本の論文を予定したが、諸般の事情から掲載論文は七本にとどまった。そのうち赤澤氏は、前記の論文に続いて「占領期の新聞出版用紙統制と情報課長ドン・ブラウン」を準備していたが、先に井川充雄『戦後新興紙とＧＨＱ――新聞用紙をめぐる攻防』（世界思想社、二〇〇八年）が刊行され、井川著と内容上重なる部分が多いので掲載を見合わせたいとの申し出があった。赤澤氏の意思を尊重して掲載を見合わせることとした。

なお、第三章を担当した森岡三千代氏は研究会のメンバーではないが、アメリカでの調査に協力していただいたことがあり、その縁で執筆をお願いした。森岡氏はシアトル在住の美術史家であり、トーマス・ブレークモアの妻フランシス・ブレークモア（フランシスは画家であり、ＯＷＩ時代に対日宣伝ビラの作成に携わり、戦後ＣＩＥに所属した）の研究者である。

末筆ながら、長期にわたって研究会を援助し、本書の出版を共同しておこなってくださった横浜開港資料館、ならびに終始研究会を支えてくださった同資料館の中武氏に、心より感謝申し上げる。また、本書の出版を引き受けてくださった日本経済評論社社長栗原哲也氏、同社出版部の谷口京延氏と新井由紀子氏に厚くお礼申し上げる。

二〇〇九年一月

横浜国際関係史研究会代表　　北河　賢三

執筆者紹介（執筆順）

今井　清一（いまい・せいいち）
1924年生まれ。東京大学法学部政治学科卒業。横浜市立大学名誉教授
主な業績：『昭和史（新版）』（共著、岩波書店、1959年）、『開戦前夜の近衛内閣――満鉄「東京時事資料月報」の尾崎秀実政治情勢報告』（青木書店、1994年）

寺嵜　弘康（てらさき・ひろやす）
1957年生まれ。中央大学大学院文学研究科博士課程後期単位取得退学。神奈川県立歴史博物館学芸部専門学芸員
主な業績：「戦前期における史蹟名勝天然記念物の保護活動について」（『かながわ文化財』第97号、神奈川県文化財協会、1998年３月）、「関東大震災と復興」（北原糸子編『日本災害史』吉川弘文館、2006年）

森岡　三千代（もりおか・みちよ）
1949年生まれ。ワシントン州立ワシントン大学美術学部美術史科博士課程修了　Ph.D.　美術史家
主な業績：*An American Artist in Tokyo: Frances Blakemore, 1906-1997*, Seattle: Blakemore Foundation, 2007. *Literati Modern: Bunjinga from Late Edo to Twentieth-Century Japan*, Honolulu: Honolulu Academy of Arts, 2008.

大西　比呂志（おおにし・ひろし）
1955年生まれ。早稲田大学大学院政治学研究科博士後期課程単位取得退学。フェリス女学院大学国際交流学部教授
主な業績：『横浜市政史の研究――近代都市における政党と官僚』（有隣堂、2004年）、『横浜をめぐる七つの物語――地域からみる歴史と世界』（フェリス女学院大学、2007年）

山本　礼子（やまもと・れいこ）
1933年生まれ。明星大学大学院博士課程単位取得退学、教育学博士
主な業績：『米国対日占領政策と武道教育――大日本武徳会の興亡』（日本図書センター、2003年）、『米国対日占領下における「教職追放」と教職適格審査』（学術出版会、発売：日本図書センター、2007年）

中武　香奈美（なかたけ・かなみ）
1956年生まれ。津田塾大学大学院国際関係学研究科修士。横浜開港資料館主任調査研究員
主な業績：「ドン・ブラウンとＥ・Ｈ・ノーマン――ドン・ブラウン書簡（控）から」（『横浜開港資料館紀要』19号、2001年３月）、「元 GHQ 情報課長とマッカーシズム」（栗田尚弥編『地域と占領――首都とその周辺』日本経済評論社、2007年）

天川　晃（あまかわ・あきら）
1940年生まれ。東京大学法学部政治学科卒業。放送大学教授
主な業績：『地域から見直す占領改革――戦後地方政治の連続と非連続』（増田弘と共編著、山川出版社、2001年）、「軍政要員の訓練」（『現代法学』第８号、東京経済大学、2005年１月）

GHQ情報課長ドン・ブラウンとその時代
——昭和の日本とアメリカ

2009年3月31日　第1刷発行　定価（本体4200円＋税）

編　者　横浜国際関係史研究会・横浜開港資料館
発行者　栗　原　哲　也

発行所　株式会社　日本経済評論社
〒101-0051　東京都千代田区神田神保町3-2
電話　03-3230-1661　FAX　03-3265-2993
E-mail: info8188@nikkeihyo.co.jp
URL : http://www.nikkeihyo.co.jp

装幀＊渡辺美知子　印刷＊文昇堂／製本＊高地製本所

Printed in Japan
乱丁落丁本はお取替えいたします。　ISBN978-4-8188-2049-4

横浜近郊の近代史――橘樹郡にみる都市化・工業化　横浜近代史研究会・横浜開港資料館編　本体四二〇〇円

昭和史論争を問う――歴史を叙述することの可能性　大門正克編著　本体三八〇〇円

占領とデモクラシーの同時代史　同時代史学会編　本体二七〇〇円

帝国日本陸軍　ヒリス・ローリィ著／内山秀夫訳　本体二二〇〇円

報道写真と対外宣伝――15年戦争期の写真界　柴岡信一郎著　本体二八〇〇円

首都圏史叢書

4「大東京」空間の政治史――1920～30年代　大西比呂志・梅田定宏編著　本体四〇〇〇円

5 都市と娯楽――開港期から1930年代　奥須磨子・羽田博昭編著　本体四二〇〇円

6 地域と占領――首都とその周辺　栗田尚弥編著　本体四五〇〇円

〈税抜き価格〉

日本経済評論社